2021년
**서울아파트,
大폭락**이
시작된다!

2021년 서울아파트, 大폭락이 시작된다!

발행일   2020년 12월 28일

지은이   엘리엇
펴낸이   손형국
펴낸곳   (주)북랩
편집인   선일영   편집   정두철, 윤성아, 최승헌, 배진용, 이예지
디자인   이현수, 한수희, 김민하, 김윤주, 허지혜   제작   박기성, 황동현, 구성우, 권태련
마케팅   김회란, 박진관
출판등록 2004. 12. 1(제2012-000051호)
주소   서울특별시 금천구 가산디지털 1로 168, 우림라이온스밸리 B동 B113~114호, C동 B101호
홈페이지 www.book.co.kr
전화번호 (02)2026-5777   팩스   (02)2026-5747

ISBN   979-11-6539-556-8 13320 (종이책)   979-11-6539-557-5 15320 (전자책)

365개 아파트 실거래가의 통계적 분석을 통한 서울아파트 大전망

2021년 서울아파트, 大폭락이 시작된다!

엘리엇 지음

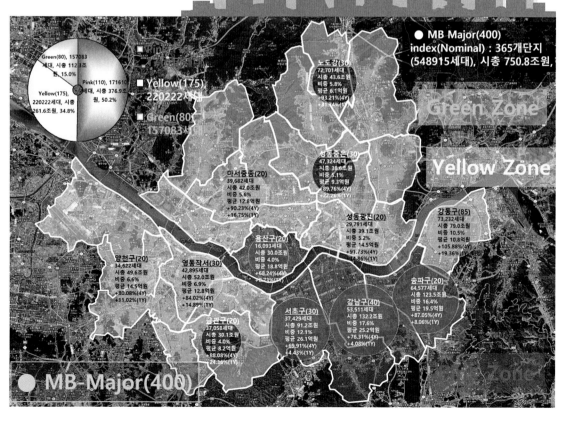

북랩 book Lab

서울아파트는 살아 있는 생명체다.

이미 내재되어 있는 유전자 지도에 따라 상승과 하락을 반복한다.

이 책에서는 필자가 특허출원한 MB-Major(400) index 분석을 통하여 그 유전자 지도를 추적하며 2021년부터 시작될 서울아파트의 -52% 대폭락에 대비할 것을 주장한다.

그리하면 8년여간의 대세하락이 마무리되는 2029년 전후에는 또다시 새로운 상승파동이 시작될 것이다.

필자 엘리엇은 연세대학교 경영학과를 졸업하고 삼성증권과 하나금융 등에서 증권/선물 영업 및 리서치 업무를 하였으며, 이때 익혔던 금융상품의 기술적 분석과 통계분석 기법을 최근의 부동산 시장에 적용하며 서울아파트 시장 분석에 새로운 방법론을 제시한다.

C O N T E N T S

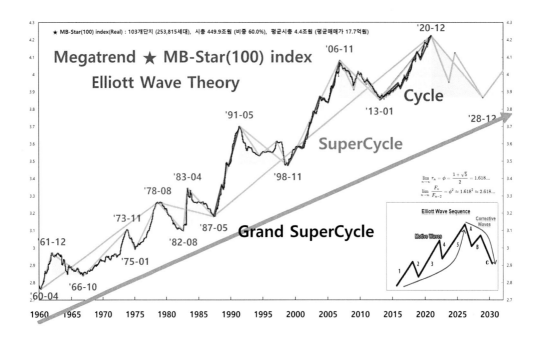

필자가 특허출원한 MB-Major(400) index(서울아파트 시가총액 상위 400개 아파트 실거래가 일일지수)를 '엘리어트 파동이론'에 적용하면, 1960년 시작된 서울아파트 매매가 실질지수(물가 환산)의 그랜드 슈퍼사이클 1파는 1978년까지 23년 여간의 상승파동을 거친 후 1987년까지 9년여간의 조정기를 거쳤다.

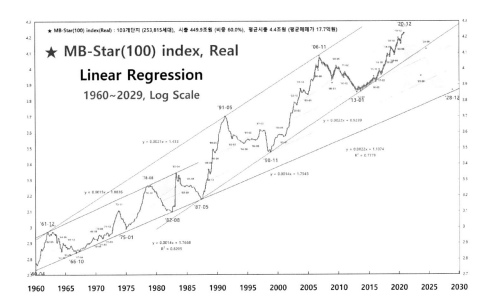

이때 형성된 추세선과 지지선은 수십 년이 지난 현재까지도 중요한 맥점마다 그 영향력을 행사하고 있으며 필자가 예상하는 2029년의 최종 저점도 1960년부터 올라오고 있는 초장기 추세선 부근까지도 하락할 가능성을 열어 두고 있다.

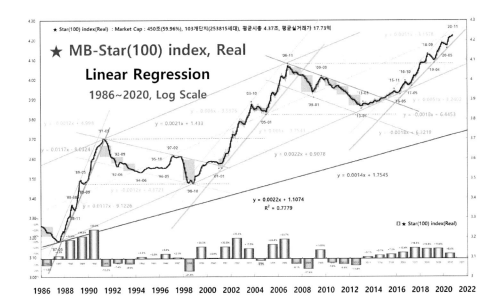

특히 1991년과 2008년에 주추세선이 무너졌을 경우를 현재와 비교하며 시장판단을 해 나간다면 보다 효과적으로 대응할 수 있으리라 생각된다.

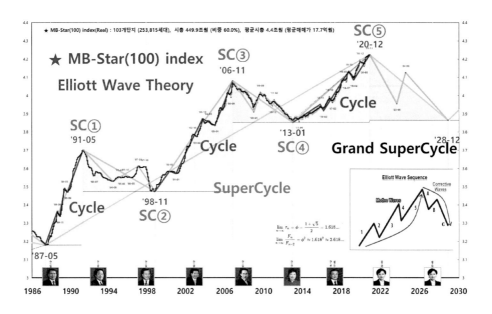

    다시 파동이론으로 돌아가서, 이후 1987년 5월 다시 시작된 그랜드 슈퍼사이클 3파는 올해 연말 또는 내년 1분기까지 34년여간의 상승파동을 마감한 후 2029년 전후까지 8년여간의 조정기에 들어설 것으로 예상된다(이 책에서는 서울아파트 흐름의 정권별 국면을 구분하고자 대통령 취임기마다 각 대통령의 사진을 배치시켰는데 차기 대통령 부분을 비워 둘 수 없어 부동산 대통령인 현 국토부 장관을 배치시켰다).

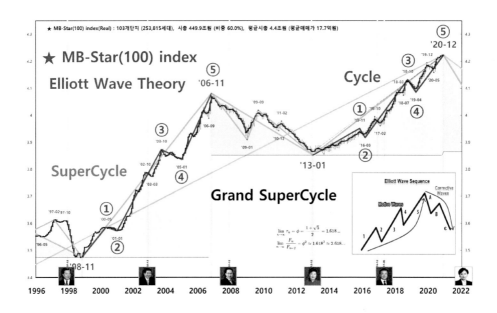

여기서 주목할 부분은, 1998년 이후 8년간의 슈퍼싸이클 3파는 2013년 이후 현재까지의 8년간의 슈퍼사이클 5파와 매우 흡사한 패턴을 보이고 있으나 최근의 5파는 그 강도와 기울기가 상대적으로 약한 모습이다.

필자가 예상하는 이번 상승파동의 고점은 올해 11월 이후부터 내년 4월 사이에 출현할 것으로 보는데 이 책에서는 작업의 편의를 위하여 고점을 12월로 통일하여 차트를 만들었으나 시장 상황에 따라 그 시기는 변동될 수 있음을 미리 밝혀 둔다.

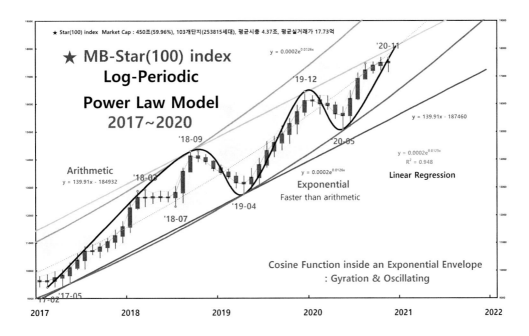

그러나 고점이 언제가 되었든 그 이후의 조정파동은 우리가 지난 수십 년 동안 겪었던 그 어느 때보다도 강력할 가능성이 크다. 따라서 다주택자뿐만 아니라 실거주 목적의 1주택자라도 과도한 레버리지를 사용하고 있다면 서울아파트 매매가의 급락으로 인해 자칫 한계상황에 처할 수도 있으니 이를 경계하고자 하는 바가 이 책의 주된 목적이다.

또한, 이 책에서는 파동이론뿐만 아니라 각종 부동산 시계열 데이터와 경제 및 정치, 사회, 심리지표 등 최대한의 통계자료를 분석하여 현재의 상승파동이 조만간 종료될 것과 향후의 조정파동 이후를 대비할 것을 논하고자 한다.

서울아파트 바로미터
(Market Barometer index)

기압계(氣壓計, Barometer)는 공기의 압력을 측정하는 과학적 장치로 기압의 변화 정도를 지속적으로 측정하면 단기간 내의 날씨 변화를 예측할 수 있다.

그런데 사회학 또는 경제학적으로 '기압계' 또는 '풍향계'라는 용어는 어떠한 사회적 현상에 대해서 그 상황 또는 사람들의 인식이 어떻게 바뀌었는지를 측정하는 지표로도 사용된다.

지구상에서 가장 큰 빅데이터로 유로바로미터(Euro Barometer)가 있다.

유럽 연합 집행 위원회에서 실시하는 공동체에 대한 유럽인의 인기도, 태도, 의견 및 행동 따위에 대하여 조사하는 것으로 유럽 연합의 모든 회원국에서 실시되며 월 단위로 조사 결과가 공표된다.

최근 서울아파트 매매가 추이를 발표하는 한국감정원과 KB 등 민간기관의 데이터에 대한 신뢰도가 큰 문제로 대두되기도 하였다.

문재인 정부가 들어선 2017년 5월 이후부터 올해 9월까지 서울아파트의 상승률을 보면 감정원에서는 불과 +13.6% 상승했다고 발표한 반면, KB국민은행에서는 +25.0% 상승했다고 발표했다. 무려 2배의 수익률 차이가 난다.

이 또한 실제로 거래된 아파트들이 +43.5% 상승한 것에 비하면 턱없이 낮은 수치들이다.

이유는 각 기관에서 발표하는 지수가 실제 데이터가 아닌 공인중개사와 전문요원들의 시세집계를 통해 이루어지기에 현실을 정확히 반영하기 어렵기 때문이다.

또한, 감정원에서 발표하는 실거래가 지수도 실제 거래가 이루어진 후 2개월 반이 지나서야 발표되기 때문에 시기적으로 너무 늦은 정보가 된다.

그래서 필자는 보다 정확하고 신속한 서울아파트 '바로미터'가 필요하다는 생각이 들어 '실거래가 일일지수'를 개발한 후 'Market Barometer'라 이름을 붙였다.

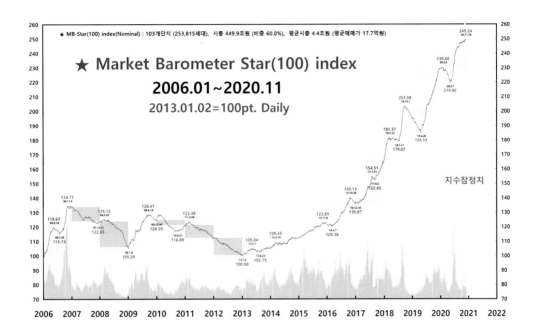

결론적으로 필자가 서울아파트 시가총액 상위 103개 아파트단지의 국토부 실거래가로 만든 2006년 이후의 일별 지수는 위와 같다. 12월 9일 최종 집계한 데이터로 국토부 신고 기한 30일을 감안하면 11월 10일 이후의 지수는 잠정치이다.

위 지수에 따르면 서울아파트 매매가 지수는 2006년 11월 9일 목요일에 고점을 형성한 이후 하락세에 접어들었고 2013년 1월 2일 수요일에 저점을 형성하였다.

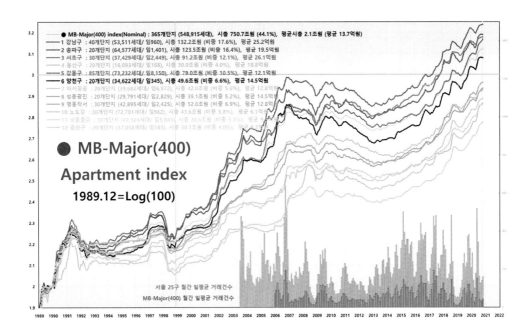

2006년 이후의 국토부 실거래가와 그 이전의 KB 및 부동산뱅크 시세를 합성하여 만든 1988년 이후의 25개 구의 월별 지수는 앞과 같다.

분석과 관리의 용이성을 위해 서울시 25개 구를 지역과 매매가의 유사성에 따라 12개 지수로 분류하였다.

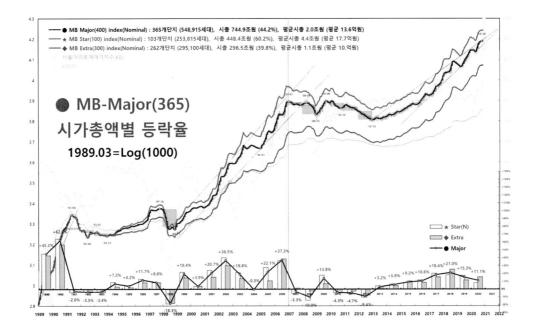

시가총액별로 3개의 지수가 만들어졌는데, 서울시 400여 개의 아파트 중 상위 100여 개의 아파트로 만들어진 MB-Star(100) index와 나머지 300여 개 아파트로 만들어진 MB-Extra(300) inex, 이를 통합한 MB-Major(400) index를 1988년 이후의 로그차트로 표시하면 앞과 같다.

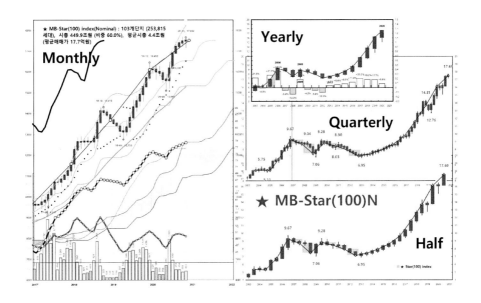

이러한 일별 지수는 월간, 분기간, 반년간, 연간 지수로도 확장이 가능한데 이를 봉차트로 표시하면 위와 같다.

월봉에는 각종 기술적 분석 지표들을 적용시킬 수 있고 연봉을 보면 서울아파트는 2013년 이후 현재까지 무려 8년 연속 상승 중이다.

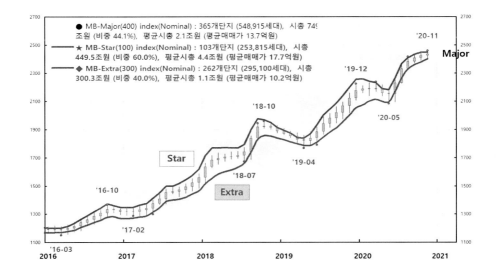

우선 서울아파트 시가총액의 절반에 해당하는 아파트를 선정했는데 시가총액순으로 100여 개를 추출하고 시가총액 비중을 감안하여 25개 구별로 안분하여 300여 개를 추가로 추출하였다.

그렇게 추출해 시가총액 100위의 아파트는 MB-Star(100) index에, 그 이하인 아파트는 MB-Extra(300) index에 편입시킨 후 국토부 실거래가를 기준으로 2가지의 지수를 만든 것이다.

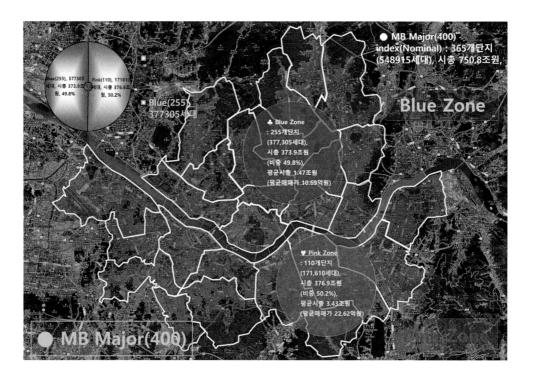

이렇게 만들어진 MB-Major(400) index는 매매가 15억을 기준으로 Pink-Zone과 Blue-Zone으로 2개의 지역별 Sector index로 재구성했는데, 서울시 지도상에 이를 표시하면 위와 같다.

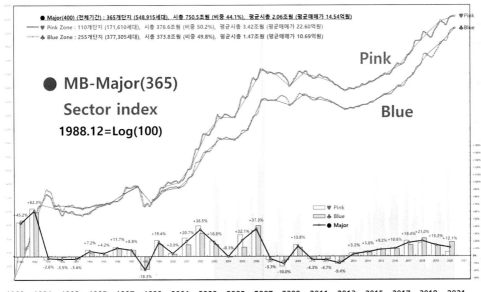

1988년 이후부터 두 지수를 비교해 보면 1998년 IMF 이후부터 강남3구 등의 고가 아파트와 노도강 등 저가 아파트의 수익률 격차가 심해졌던 것을 알 수 있고, 최근 들어서는 오히려 이 격차가 줄어들고 있음을 알 수 있다.

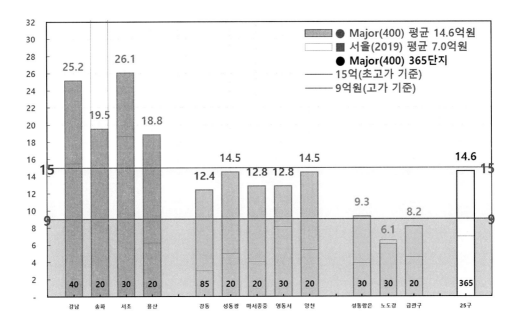

이 중에서 Blue-Zone은 9억을 기준으로 다시 Yellow-Zone과 Green-Zone으로 세분했는데 지역과 매매가의 유사성에 따라 12개 지역으로 묶은 후의 각 Sector를 표시하면 앞과 같다.

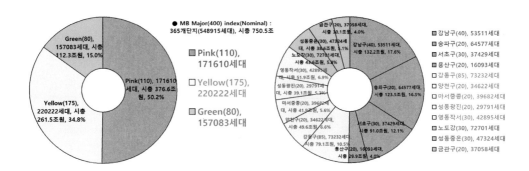

365개 아파트로 구성된 MB-Major(400) index에는 총 548,915세대가 포함이 되고 시가총액은 750.5조 원에 달해 서울아파트 시가총액의 절반 가까이에 해당되므로 지수의 대표성으로 충분하다고 볼 수 있다.

강남3구와 용산구 등 4개 구의 아파트로 산출된 MB Pink-Zone index에는 110개 단지가 포함되어 있고 171,610세대에 시총은 376.6조 원으로 Major 지수의 50.2%를 차지한다.

강동구와 마포구 등 11개 구의 아파트로 산출된 MB Yellow-Zone index에는 175개 단지가 포함되어 있고 220,222세대에 시총은 261.5조 원으로 Major 지수의 34.8%를 차지한다.

노도강 금관구 등 10개 구의 아파트로 산출된 MB Green-Zone index에는 80개 단지가 포함되어 있고 157,083세대에 시총은 112.3조 원으로 Major 지수의 15.0%를 차지한다.

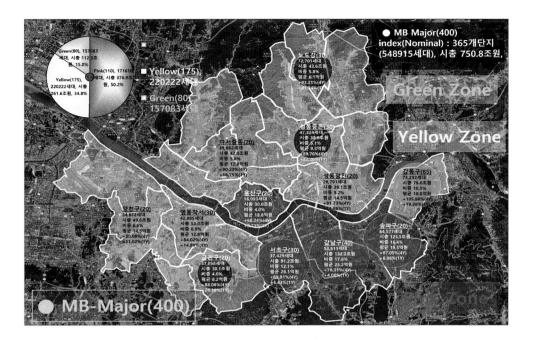

이를 서울시 지도상에 나타내면 앞과 같으며 강남3구 등 고가 아파트와 노도강 등 저가 아파트의 구분이 명확히 드러난다.

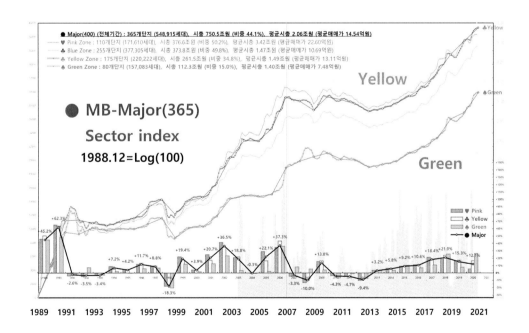

Blue-Zone 지수를 다시 9억 기준으로 Yellow-Zone과 Green-Zone으로 나누어 지수로 표시하면 위와 같다.

위 차트에서 Yellow-Zone 지수는 매매가만 15억 미만이지 상승률은 Pink-Zone과 거의 비슷함을 알 수 있다.

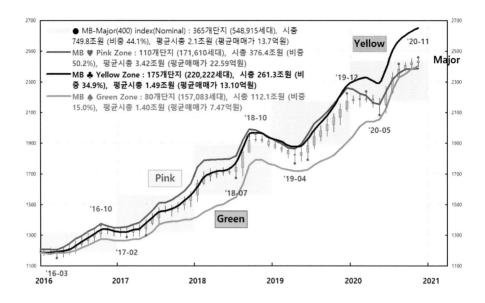

3가지 지수를 차트로 표시하면 앞과 같은데, 2016년 이후의 추이를 보면 초기에는 Pink-Zone의 아파트 상승률이 가장 높았으나 올해 들어서는 가장 낮은 수익률을 보이다가 급기야 Green-Zone에 역전당하는 모습을 보이고 있다.

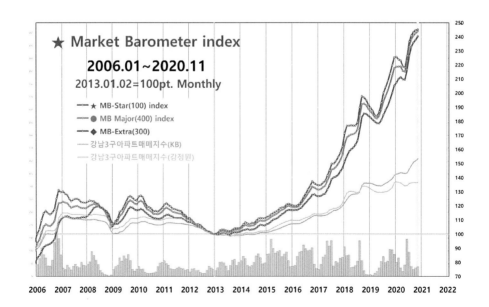

필자가 개발한 2006년 이후의 지수를 한국감정원과 KB은행의 지수에 비교해 차트로 표시하면 위와 같다.

최근 사회적으로 문제가 된 여러 지수 간의 격차가 확연히 드러나는데, 공인중개사나 전문요원들이 조사한 호가 중심의 매매가 지수에 비해 국토부 실거래가 기준으로 생성한 필자의 일일 지수가 정확성이나 신속성에서 월등히 앞서고 있다.

필자는 이러한 방법을 최근 특허출원(출원번호 10-2020-0172372)하였으며 앞으로 이 책에서는 서울아파트 시장을 설명함에 있어 이 지수들을 기준으로 하겠다.

03 함수를 통해 알고 싶은 부동산의 미래

지난 8월 18일, 서울 시내 모 여중의 수학 수업을 참관하던 문 대통령은 "함수를 통해 알고 싶은 미래가 무엇이냐"는 교사의 질문에 "지금 제일 현안인 미래의 부동산에 대해서"라고 답해 현장에 웃음이 흘렀다.

대통령뿐만 아니라 필자를 비롯한 많은 사람이 부동산의 미래, 특히 자기가 살고 있는 아파트 가격의 미래에 대한 궁금증을 가지기 마련이다. 이러한 궁금증을 정말로 함수를 통해 예측할 수 있다면 얼마나 좋을까?

필자는 거주 중인 아파트 등 서울아파트 시장의 추세를 함수로 계산해 올해 11월에서 내년 4월 사이에 그동안의 상승세가 끝나고 대세하락으로 접어들 것이라는 판단을 하였다. 그래서 지난 몇 년간의 '부린이' 시절 동안 '붇옹산 카페'에서 배우고 익힌 부동산에 관한 경험을 책을 통하여 독자들에게 전해 주어야겠다는 생각이 들어 이 책을 쓰게 된 것이다.

그런데 책의 내용이 시중의 책들처럼 부동산 상승이 아닌 하락에 대한 것이라 여러 출판사에서 거절을 당했고 추천서를 받기도 어려웠다. 사실 필자가 생각해도 이 책은 잘 팔리지도 않을 것 같고 오히려 아파트값 상승을 바라는 유주택자들께 비난을 받을 것 같아 주저하기도 했다.

필자는 4년 전인 2016년 1월, 강동구 암사동에 위치한 강동롯데캐슬퍼스트 아파트를 6억 원에 매수하여 봄에 입주하였다.

부린이 시절이라 부동산에 대한 정보나 분석도 없이 좋은 학군을 찾다 그동안 멀

국토교통부

2016년 ∨	전체 ∨	시/도 ∨

롯데캐슬퍼스트 84.98㎡

월	계약일	거래금액	층	전산공부
	20	61,500	12	
	24	60,000	5	
2	23	60,000	32	
	19	60,000	16	
	15	60,000	4	
	13	60,000	13	
	28	60,000	18	
	27	60,000	19	
	19	60,000	17	
	19	60,000	14	
1	16	59,900	16	
	12	60,000	18	
	11	62,500	31	
	7	60,000	24	

리서 화려한 야간 경관으로만 보았던 단지를 방문하였고 유럽풍의 초대형 단지 규모와 리조트 같은 조경에 반해 상가 부동산에 방문한 바로 그날 계약서를 썼다.

당시 필자가 매수하기 1년 전부터, 그리고 이후 1년여간 이 아파트 매매가는 거의 6억 원에 껌딱지처럼 붙어 있었기에 아주 저렴한 가격에 원하는 동과 층을 골라 살 수 있었다.

입주 후 1년 넘게 필자는 아파트 매매가 변동에는 전혀 관심이 없었다가 이듬해 5월, 전혀 몰랐던 8호선 연장 공사의 착공 보도를 계기로 부동산에 관심을 갖게 되었다. '붇옹산 카페'라는 곳에서 많은 것을 배우며 내공을 키우다가 어느 정도 실력이 늘었다고 생각되는 작년부터는 우리 아파트뿐만 아니라 많은 데이터를 토대로 서울아파트의 추세를 연구하기 시작했다.

그리고는 서울아파트의 고점을 올해 11월에서 내년 4월 정도로 계산하게 되었고 필자가 살고 있는 아파트의 추세로 계산해

2020년 ˇ	전체 ˇ	시/도		ˇ

롯데캐슬퍼스트 84.98㎡

월	계약일	거래금액	층	전산공부
11	10	147,000	18	
10	17	139,500	28	
7	29	129,000	22	
	23	122,000	32	
	22	125,000	19	
6	12	117,000	28	
	8	113,000	16	
	23	111,000	8	
	22	104,500	13	
5	21	95,000	3	
	11	109,000	12	
4	25	103,000	3	
2	15	110,000	9	
	11	110,000	6	
1	8	108,000	27	

보면 올해 11월 14.7억 원, 12월에는 14.9억 원 정도까지도 상승할 수 있다고 생각했는데 실제로 11월 14.7억 원에 거래가 되었고 현재는 매도호가가 15억 원에 형성되어 있다.

9억 원대에 불과하던 작년 당시, '붇 카페'에 이런 주장을 올렸을 때만 해도 비웃음을 받았었고 우리 아파트 카페에서 조차 '설마'라는 의구심을 가졌었다.

그러나 기술적 분석이 이렇게 적중하고 나니 많은 사람이 이러한 분석 기법에 대하여 관심을 갖게 되었고 필자는 이러한 경험을 책을 통하여 많은 사람에게 알려 주고 싶었다.

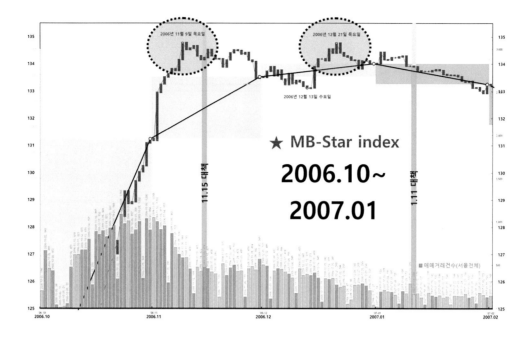

그리고 하필 서울아파트의 고점을 빠르면 올해 11월에서 늦어도 내년 4월 이전으로 잡은 것은 노무현 정부 시절 8년간의 상승 고점이 2006년 11월 9일 목요일과 12월 21일 목요일이었기에 이번에도 상승 기간이 8년째가 되는 올해의 12월 전후에도 고점이 나타날 것이라고 예상한 것이다. 2006년 11월 9일 목요일이 사상 최고치였다는 사실은 지금까지 아무도 모르던 사실이다.

그럼 필자가 실거주하는 아파트가 어떻게 11월 14.7억 원, 12월 14.9억 원까지도 상승할 수 있다고 예상했었는지 함수를 통해 계산을 해 보고 몇 가지 기술적 지표를 소개해 보고자 한다. 이러한 방법은 개별 아파트뿐만 아니라 앞으로 기술하게 될 서울아파트 시장의 흐름을 예측하는 데에도 유용하게 사용될 수 있고 실제 필자가 2021년부터의 서울아파트 대세하락을 주장하게 된 근거가 된다.

위 차트는 2008년 9월 입주한 강동롯데캐슬퍼스트 시가총액 로그월봉차트에 엘리어트 파동을 카운팅한 것이다. 시가총액이란 3,226세대의 아파트 실거래가를 모두 더한 금액이다.

필자가 개발한 MB-Star(100) index의 고점은 2006년 11월이었지만 재건축 중이던 롯데캐슬(강동시영 1차)의 입주권 시세는 2007년 3월에 고점을 형성했고 2008년 9월 입주하던 때가 하필 미국 서브프라임사태라는 최악의 시점으로 반짝 반등을 했다는 것을 제외하면 수년간 폭락하며 2013년 1월까지 하락했다. 당시 하락률은 고점 대비 -40%가 넘었다.

서울아파트가 저점을 형성한 2013년 이후 대부분의 서울아파트가 폭등을 하던 때도 꿈쩍 않던 이 아파트 매매가는 필자가 입주하고 1년 후인 2017년부터 본격적인 상승파동을 그리기 시작했는데, 여기서 시가총액 로그차트에 중요한 '직선의 지지선'이 형성되었다.

여기서 시가총액 로그차트를 산술차트로 치환하면 차트의 모양이 조금 달라지는데, 로그차트에서 직선의 1차함수였던 추세대가 산술차트에서는 곡선의 지수함수로 변한다. 우리가 중학교 수학 시간에 배웠듯이 로그함수의 역함수가 지수함수이기 때문이다. 부동산 분석에서 지수와 로그는 매우 중요한데 이 부분은 책 중간 부분에서 서울아파트의 장기시계열 데이터를 분석하며 자세히 설명하기로 한다.

우리가 로그차트에서 직선의 방정식을 만들려면 2개의 점이 필요한데 우선 차트에서 2017년 4월(X축)의 저점 6.6억 원(Y축)을 P1이라고 하면 2019년 6월(X축)의 저점 9.1억 원(Y축)은 P2가 되어 1차함수의 직선이 만들어진

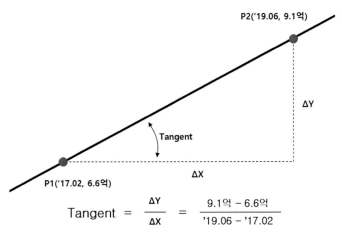

다. 그리고 이때 만들어지는 지지선의 기울기(Tangent)를 이용해 P3인 2018년 9월(X축)의 고점 10.5억 원(Y축)에 평행이동시키면 새로운 저항선이 생성되고 따라서 두 평행선으로 하나의 추세대가 만들어진다. 물론 이렇게 만들어진 로그차트의 직선 추세대는 산술차트에서는 지수함수의 곡선추세대로 표시된다.

이렇게 되면 상승추세대 내에서 강한 상승세를 보이던 최근의 실거래가는 11월이나 12월에 상단의 저항선에서 만나게 되고 이 가격이 14.7~14.9억 원 정도가 된다.

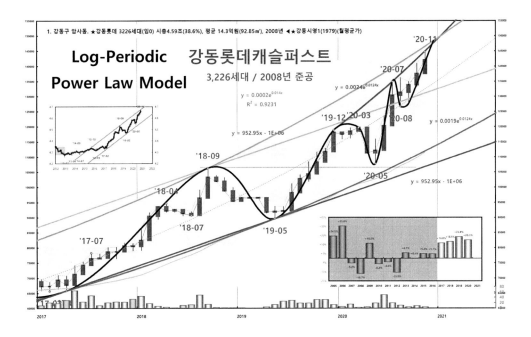

여기서 중요한 것은 산술차트에 적용되는 저항선은 지수함수라는 것이다. 추세가 약한 아파트값은 기울기가 낮은 직선의 1차함수에서 저항을 받지만 강한 추세를 형성한 아파트의 매매가는 보다 가파른 곡선의 지수함수(Exponential, Faster than Arithmetic)까지도 갈 수 있다는 것이다. 위 지수함수의 11월 수치(Target Price)는 14.7억 원 정도이지만 1차함수의 11월 수치는 13.2억 원에 불과해 1.5억 원의 차이가 난다.

변곡점을 설정하는 데 이용한 또 다른 기술적 분석 도구 중에 '일목균형표'라는 것이 있다. Y축의 '수준론'보다 X축의 '시간론'을 중요시하는 이 도구에서 필자가 중요시하는 지표 중의 하나는 '후행선'이라는 것인데 현재의 시세를 그림자처럼 26개월 전에 그려 놓은 것으로 과거 26개월 전에 중요한 변곡점이 있었을 때는 그 사건이 26개월 후의 현재에도 영향을 미친다는 인과응보와 윤회사상의 동양 철학에서 기인한다.

2013년 이후 서울아파트의 상승기에서 가장 큰 조정을 거쳤던 중요한 변곡점은 2018년, 정부의 9.13 대책으로 큰 조정을 거친 때였다. 그때로부터 26개월 후의 시점이 공교롭게도 올해 11~12월이었던 것이고 또 하나는 가파르게 상승하던 차트 하단 양운의 구름대가 향후 수개월간 개마고원을 거치게 되는데 그 시작점도 11월이었다.

이 밖에도 11월 실거래가인 14.7억에는 또 다른 의미가 있다. 나중에 안 일이었지

월	계약일	거래금액	층	전산 공부
	28	60,000	21	🔎
11	27	60,000	25	🔎
	18	61,000	34	🔎
	24	62,700	23	🔎
	12	60,000	21	🔎
10	6	47,000	6	🔎
	3	62,200	6	🔎
	1	63,500	27	🔎
9	2	61,800	7	🔎
8	30	63,400	20	🔎
	10	61,000	10	🔎

국토교통부

2015년 ∨   전체 ∨   시/도 ∨

롯데캐슬퍼스트 84.98㎡

만 필자가 매수하기 3개월 전인 2015년 10월에 이상한 거래가 한 건 있었다. 2013년 이후 오랜 기간 5억 원 부근에 머물러 있던 아파트 매매가는 서울아파트 시장의 상승세와 함께 6.35억 원까지 점진적으로 상승을 하다가 갑작스러운 4.7억 원의 실거래가 등록이 한 건 신고되었던 것이다.

일주일 후 회복은 되었지만 무려 25%의 폭락이 발생한 것으로, 짐작건대 이 거래 건으로 인해 상가 부동산에는 흉흉한 소문이 돌았을 것이고 집주인들은 서로 매도호가를 낮추었기에 서울아파트 폭등장에도 불구하고 이후로 1년 가까이 유독 롯데캐슬 실거래가는 6억 원에 붙들려 매이는 결과를 가져왔을 것이다. 지금으로부터 2년 전, 필자는 실거래가 분석을 시작하며 이 거래 건이 이 아파트의 운명에 중요한 맥점으로 작용했다고 판단하고 이 가격에 상징적으로 10억 원을 더한 14.7억 원을 중요한 맥점으로 잡았다.

결과적으로 5년도 안 되는 짧은 기간에 6억 원의 매수 가격에 9억 원 가까운 자산증대가 발생했으니 필자의 아파트는 놀라운 수익률을 선물해 주었다. 물론 5년 가까이 가족들과 좋은 환경에서 행복한 삶을 누린 것에도 필자가 살고 있는 아파트에 정말 감사한다.

그럼 시중에는 부동산의 미래 가격을 예측해 주는 프로그램이 있을까? 물론 2가지나 있었다.

▌미래시세

아파트/지역단위	가격구분	현재시세	등락폭	변동률
	상한가	140,000 만원	↑ 41,558	↑ 29.68%
강동롯데캐슬퍼스트 112A ㎡	하한가	129,000 만원	↑ 38,496	↑ 29.84%
	평균가	134,500 만원	↑ 40,102	↑ 29.82%
서울특별시 평균	평균가	91,815 만원	↑ 10,484	↑ 11.42%
강동구 평균	평균가	80,486 만원	↑ 9,102	↑ 11.31%
암사동 평균	평균가	96,821 만원	↑ 10,902	↑ 11.26%

일단 PC 기반의 모 부동산 포털에서 1년 후의 아파트 가격을 예측해 주고 있었는데, 1년 후 우리 집의 가격을 무려 +4억 원, +30% 정도로 예측해 주었다.

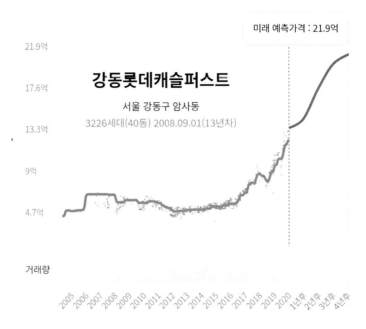

미래 예측가격 : 21.9억

21.9억

강동롯데캐슬퍼스트

17.6억

서울 강동구 암사동

13.3억

3226세대(40동) 2008.09.01(13년차)

9억

4.7억

거래량

2005 2006 2007 2008 2009 2010 2011 2012 2013 2014 2015 2016 2017 2018 2019 2020 1년후 2년후 3년후 4년후

또 다른 하나는 최근 오픈된 인공지능(AI) 기반의 어플로 그래프까지 제공해 주고 있었는데 13억 기준의 우리 집 가격을 4년 후 무려 8억 원이나 상승한 21.9억 원으로 예측해 주고 있다.

어쨌든 이러한 욕구처럼 '대통령이 함수를 통해 알고 싶었던 서울아파트의 미래'를 필자 나름대로 연구한 함수와 통계 기법으로 독자들과 함께 지금부터 논해 보고자 한다.

04 대통령과 서울아파트
(President & Apartment)

지난 60년간 서울아파트와 주가지수, 물가의 등락에는 정권별 영향이 무척 컸다. 특히 최근 4명의 대통령별 서울아파트의 흐름은 이명박 대통령을 제외하면 아이러니하게도 모두 지지율과 정반대의 흐름을 보였다.

레임덕 현상인지는 모르겠지만 정권 후반부로 갈수록 대통령 지지율은 하락했지만 서울아파트값은 폭등했다.

그럼 어느 대통령 때 서울아파트값이 가장 많이 올랐을까?

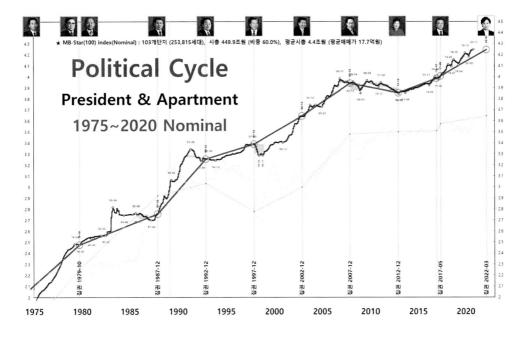

위 차트는 1975년부터의 서울아파트 명목지수(MB-Star(100) index)를 정권별로 구분한 차트다. 이미 언급했듯이 차기 대통령 구간을 비워 둘 수 없어 부동산 대통령인 국토부 장관을 위치시켰다.

명목지수이기 때문에 서브프라임사태 때의 이명박 대통령 구간만 제외하면 항상 우상향하는 모습을 보이고 있으며 1975년 이전은 거의 수직으로 상승했기에 차트상 제외시켰다.

녹색의 선으로 정권별 KOSPI 지수도 삽입했는데, IMF 구간의 김영삼 대통령 구간을 제외하면 등락은 있지만 항상 우상향하는 모습이다.

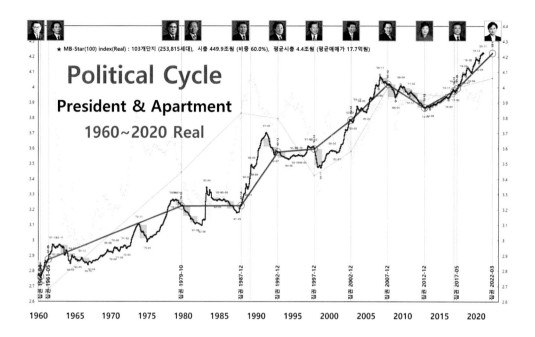

이번에는 1960년 이후의 CPI(소비자 물가지수)를 반영한 실질지수로 정권별 서울아파트 등락을 보다 명확하게 볼 수 있다.

이 차트를 직관적으로 보면, 기울기가 가장 급한 구간은 노태우 대통령 구간이었고 김대중/노무현 대통령 구간도 기울기가 급했다. 현재의 문재인 대통령 구간도 직전의 박근혜 대통령 구간과 함께 기울기가 급하다.

하락 구간은 이명박 대통령 구간이 유일한데, 그 기울기가 무척 급한 하락을 보였으며 의외로 박정희 대통령 구간은 강남아파트의 폭등에도 불구하고 물가의 폭등기와 겹치기 때문에 완만한 모습을 보인다.

이를 수치와 함께 막대차트로 정리하면 다음과 같다.

우선 물가상승률부터 확인하고 넘어가야 아파트와 주가의 등락을 구분하여 설명할 수 있다.

역대 대통령 재임기 CPI 상승율(연율)

순위	CPI 연율	대통령	집권월	CPI 재임기
1	+62.4%	박정희	1960년 5월	+1213.5%
2	+10.3%	전두환	1979년 12월	+82.3%
3	+8.1%	노태우	1987년 12월	+40.5%
4	+6.2%	김영삼	1992년 12월	+30.8%
5	+3.3%	이명박	2007년 12월	+16.5%
6	+3.2%	김대중	1997년 12월	+15.9%
7	+3.1%	노무현	2002년 12월	+15.7%
8	+1.1%	박근혜	2012년 12월	+4.5%
9	+0.7%	문재인	2017년 5월	+2.6%

* MB-Star(100) index : 1989.03=1000pt.
* Data : 통계청

집권일은 취임일이 아닌 대선 또는 쿠테타 등 실질적인 집권일로 설정했으나 큰 차이는 나지 않는다.

정권별 물가상승률은 고도성장기의 고물가로 시작하여 시간이 지날수록 저성장기의 저물가로 변화해 나갔다.

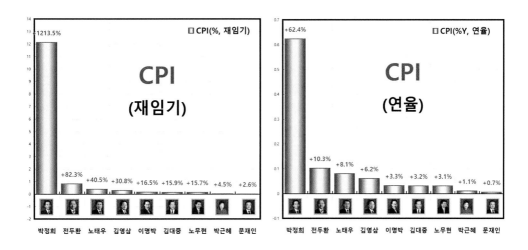

특히 박정희 대통령 재임기에는 물가상승률이 무려 +1,213%에 달했고 이를 연률로 환산하면 19년간 매년 +62.4% 상승했다. 따라서 명목지수로는 서울아파트와 주가지수가 폭등했음에도 불구하고 실질지수로는 그렇게 높지는 않다.

역대 대통령 재임기 서울아파트(MB-Star index) 명목상승율

순위	STAR 연율	대통령	집권/당선월	STAR 재임기
1	+184.9%	박정희	1960년 5월	+3598.1%
2	+42.9%	노태우	1987년 12월	+215.1%
3	+20.3%	문재인	2017년 5월	+73.3%
4	+19.7%	노무현	2002년 12월	+98.4%
5	+15.9%	김대중	1997년 12월	+79.5%
6	+10.2%	전두환	1979년 12월	+81.9%
7	+8.8%	박근혜	2012년 12월	+34.9%
8	+7.3%	김영삼	1992년 12월	+36.7%
9	-3.6%	이명박	2007년 12월	-18.1%

* MB-Star(100) index : 1989.03=1000pt.

* Data : 국토부/한국감정원/KB/델러스연방은행/OECD

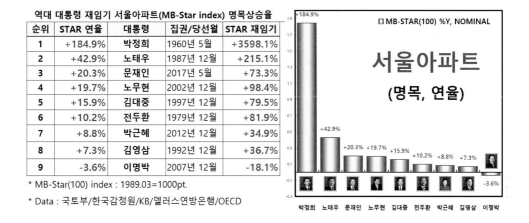

서울아파트의 정권별 상승률을 보면 역시 박정희 대통령 집권 기간에 가장 높은 상승률을 보였다. 재임 기간 상승률은 무려 +3,598%에 달했고 연률로 환산을 해도 매년 +184.9% 상승했다. 노태우 대통령 재임기에도 +215.1%나 상승했는데 연률로는 +42.9%다.

역대 대통령 재임기 서울아파트(MB-Star index) 실질상승율				
순위	STAR 연율	대통령	집권/당선월	STAR 재임기
1	+24.8%	노태우	1987년 12월	+124.2%
2	+19.1%	문재인	2017년 5월	+69.0%
3	+14.3%	노무현	2002년 12월	+71.5%
4	+11.0%	김대중	1997년 12월	+54.8%
5	+9.3%	박정희	1960년 5월	+181.5%
6	+7.3%	박근혜	2012년 12월	+29.1%
7	+0.9%	김영삼	1992년 12월	+4.5%
8	-0.0%	전두환	1979년 12월	-0.2%
9	-5.9%	이명박	2007년 12월	-29.7%

* MB-Star(100) index : 1989.03=1000pt.
* Data : 국토부/한국감정원/KB/델러스연방은행/OECD

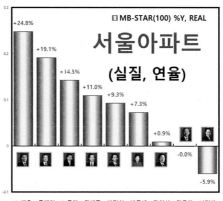

명목지수를 물가로 나눈 실질지수는 전혀 다른 모습을 보인다. 박정희 대통령 구간의 상승률은 5위로 밀리고 노태우 대통령 구간의 상승률이 연율로 +24.8%에 달해 1위를 기록하고 있다.

현재의 문 대통령 구간은 +19.31%로 노무현 대통령 구간의 상승률을 제치고 2위를 기록하고 있으며 이명박 대통령 구간은 -5.9%의 하락으로 최하위를 기록하고 있다.

역대 대통령 재임기 KOSPI 명목상승율(연율)				
순위	KOSPI연율	대통령	집권월	KOSPI재임기
1	+301.9%	박정희	1960년 5월	+5873.4%
2	+36.1%	전두환	1979년 12월	+289.3%
3	+32.5%	노무현	2002년 12월	+162.5%
4	+13.9%	김대중	1997년 12월	+69.5%
5	+8.0%	노태우	1987년 12월	+39.9%
6	+5.8%	문재인	2017년 5월	+20.8%
7	+1.4%	이명박	2007년 12월	+7.1%
8	+0.4%	박근혜	2012년 12월	+1.6%
9	-7.3%	김영삼	1992년 12월	-36.7%

* MB-Star(100) index : 1989.03=1000pt.
* Data : 대한증권거래소/KRX

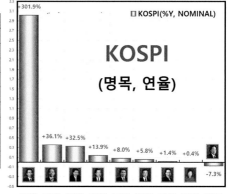

참고로 지난 60년간의 정권별 주가지수를 보면 재임 기간 중 무려 +5,873%나 폭등했던 박정희 대통령 시절이 압도적인 1위에 위치하고 있으며 연율로도 +301.9%를 기록해 +36.1%로 2위를 기록하고 있는 전두환 대통령에 비해 압도적인 모습이다.

반면 IMF 위기를 맞아 -36.7%의 주가폭락을 보였던 김영삼 대통령 시절이 최하위를 기록하고 있다.

순위	KOSPI연율	대통령	집권월	KOSPI재임기
1	+25.4%	노무현	2002년 12월	+126.9%
2	+18.2%	박정희	1960년 5월	+354.8%
3	+14.2%	전두환	1979년 12월	+113.5%
4	+9.2%	김대중	1997년 12월	+46.2%
5	+4.9%	문재인	2017년 5월	+17.8%
6	-0.1%	노태우	1987년 12월	-0.4%
7	-0.7%	박근혜	2012년 12월	-2.8%
8	-1.6%	이명박	2007년 12월	-8.1%
9	-10.3%	김영삼	1992년 12월	-51.6%

역대 대통령 재임기 KOSPI 실질상승율(연율)

* MB-Star(100) index : 1989.03=1000pt.
* Data : 대한증권거래소/KRX

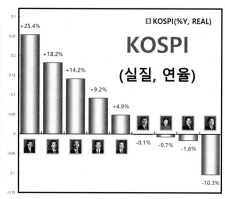

물가지수로 환산한 주가지수 상승률로는 노무현 대통령 시절이 1위가 되어 박정희 대통령 시절을 앞서고 있으며 현 문재인 대통령 구간은 최근 상승세로 돌아서 중위권에 머물고 있다.

지금까지 부동산과 주가지수를 정권별로 구분해 보았는데 이를 현재의 서울아파트 시장에 응용하려는 이유는 현재의 서울아파트 흐름이 과거 노무현 정부 때와 매우 흡사하기 때문으로, 당시 8년간 상승 후 1년 남은 정권 말에 버블세븐이 붕괴된 상황이 이번에도 반복될 수 있다고 생각한다.

집권 4년이 지난 현 문재인 정부의 서울아파트 시장도 8년간의 상승 막바지로 보이며 남은 1년간 '노무현 시즌 2'를 반복할 가능성이 있다. 지난 60년간의 정권별 자산시장의 흐름은 그 형태를 바꾸며 반복해 왔기 때문이다.

데자뷔와 평행이론
(déjà vu & 平行理論)

영화 〈déjà vu(데자뷔)〉와 TV 프로그램 〈서프라이즈〉에 방송된 링컨과 케네디의 평행이론처럼 부동산의 장기시계열에서도 비슷한 흐름을 보였던 기간이 반복되는 현상을 발견할 수 있다.

즉, 부동산에도 기시감(旣視感)이 존재한다는 것이다.

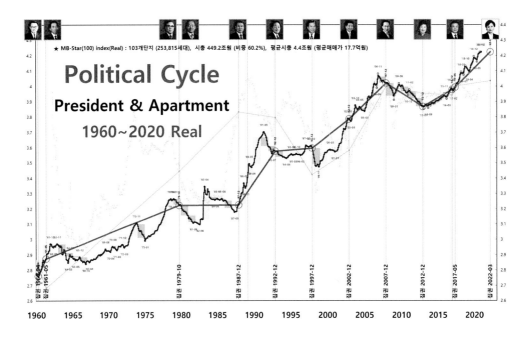

특히 지난 60년간의 서울아파트 매매가의 흐름을 정권별로 구분하여 비교를 해 보면 너무나도 비슷한 흐름을 반복했던 사례가 여러 곳에서 발견되어 필자는 놀라움을 금치 못한다.

시세의 흐름이 비슷하게 반복된다면 정부의 규제책이나 부양책도 비슷할 것이고 투자자나 실거주자의 반응도 비슷하게 나타날 것이라 추론이 가능하다.

그럼 과거에는 어떠한 시기에 데자뷔 현상이 발생했으며 그러한 평행이론을 현재에는 어떻게 활용할 수 있을까?

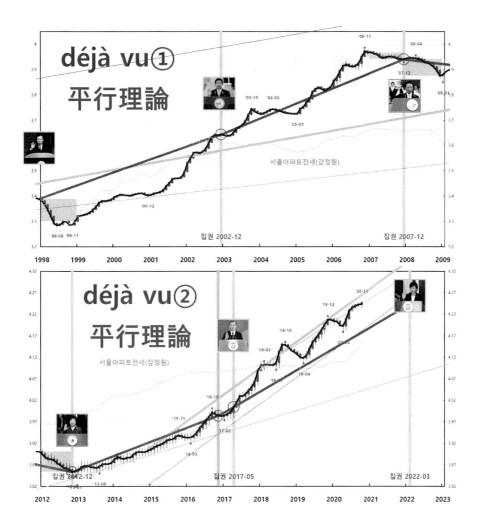

위 차트 중 상단의 차트는 1998년 김대중 대통령 취임 때부터 2008년 이명박 대통령 취임 때까지 11년간의 서울아파트 매매가 지수이고 하단의 차트는 2012년 박근혜 대통령 당선 때부터 2022년 문재인 대통령 퇴임 때까지 11년간의 서울아파트 매매가 지수다. 이미 언급했듯이 차기 대통령 구분선을 비워 둘 수 없어 부동산 대통령인 김현미 국토부 장관을 배치시켰다.

김대중 대통령이 취임하던 1998년은 IMF 여파로 서울아파트 매매가의 급락이 있었으나 이후 위기를 극복하며 경제는 살아났고 서울아파트도 대세상승 국면에 진입을 하였다. 이후 노무현 대통령 때도 상승세는 지속되었으며 2006년 11월 상투를 맞기까지 만으로 8년간 상승을 하였다.

이후 하락하던 서울아파트 시장은 박근혜 대통령이 당선되던 2012년 12월에 대세하락을 마무리한 후 점진적인 상승을 시작하였고 그 상승세는 문재인 대통령이 집권하고도 4년간 더 지속되었다. 따라서 이번에도 8년째 상승이 되는 올해 말 또는 내년 1분기를 전후해 서울아파트의 고점이 출현할 수 있다는 추론이 가능하다.

특히 각 정권별로 특이한 공통점을 여럿 발견할 수 있는데, 1년 하락 후 4년 상승했던 김대중 정부 때와 4년 상승 후 1년 하락한 노무현 대통령이 그 첫 번째다. 탄핵으로 임기를 다 채우지 못한 박근혜 대통령 집권기는 직전 이명박 말년 차의 하락을 포함하면 김대중 정부 때와 같은 1년 하락 후 4년 상승의 데자뷔 현상이다.

이런 평행이론은 노무현 정부 때도 적용되는데, 4년 상승 후 1년 하락이라는 순서만 반대일 뿐 '4+1'이라는 공통점이 있다. 따라서 문재인 정부의 현 시점에 적용을 하면 서울아파트는 문재인 대통령 취임 후 지금까지 4년간 상승했으므로 내년 5월 이후 마지막 1년은 하락으로 마감할 가능성이 매우 커 보인다. 서울아파트 60년 역사에서 어느 대통령 집권기에도 서울아파트가 5년 연속 상승을 한 때는 없었기 때문이기도 하다.

재미있는 사실은 노무현 대통령과 박근혜 대통령의 평행이론이다.

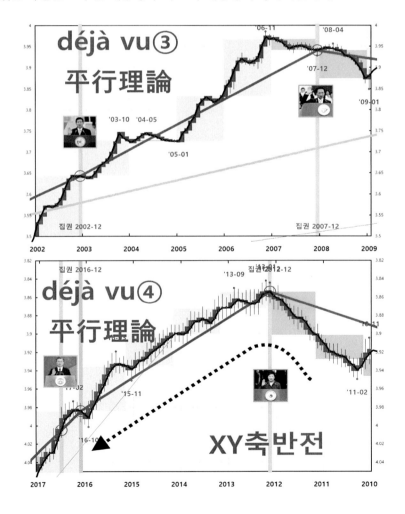

노무현 정부 때는 서울아파트 상승기의 후반부였고 박근혜 정부 때는 서울아파트 상승기의 전반부로 차이가 있다.

그러나 박근혜 대통령 집권기의 서울아파트 차트를 X축과 Y축 모두 뒤집으면 놀랍게도 두 차트가 일치한다.

물론 서로 대척점에 있던 두 대통령에서 이러한 데자뷔 또는 평행이론을 발견할 수 있다는 게 놀랍지만 특별한 의미가 있는 것은 아니다.

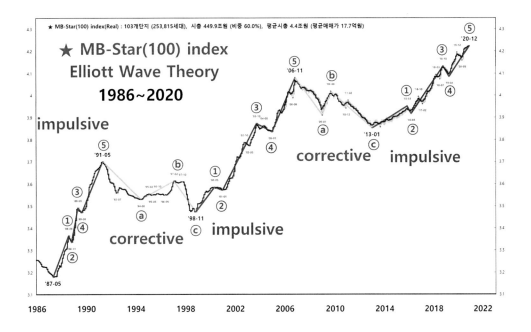

부동산에서 나타나는 데자뷔 현상이나 평행이론, 기시감 등은 같은 형태의 시세가 반복해서 나타난다는 의미로, 엘리어트 파동이론에서 상승파끼리 또 조정파끼리 유사한 패턴을 보인다는 것과 비슷한 맥락이다.

위의 차트에 표기된 엘리어트 파동 카운팅 중 슈퍼사이클 3파와 5파를 비교하면 다음과 같다.

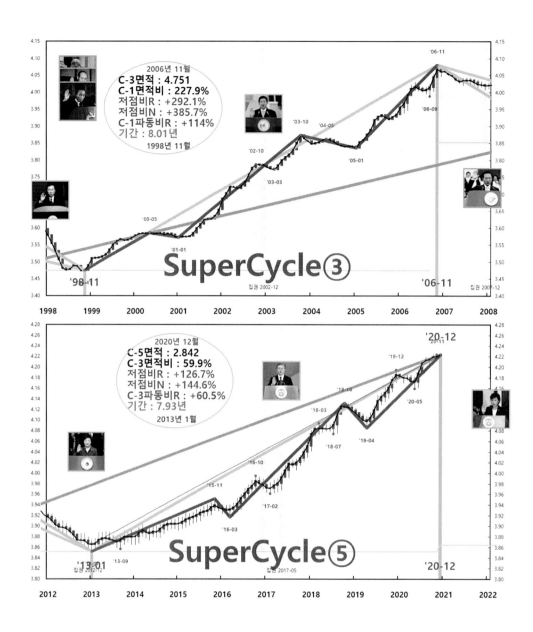

3파와 5파는 모두 상승파동이라 5개의 하위파동으로 구분되는 것도 동일하다.

이렇듯 두 기간의 대통령 집권기에 나타난 데자뷔 현상이 비슷함을 근거로 필자가 올해 11월 이후 내년 4월 이전에 정점을 형성하고 서울아파트는 대세하락에 진입할 것이라고 주장하는 것이다.

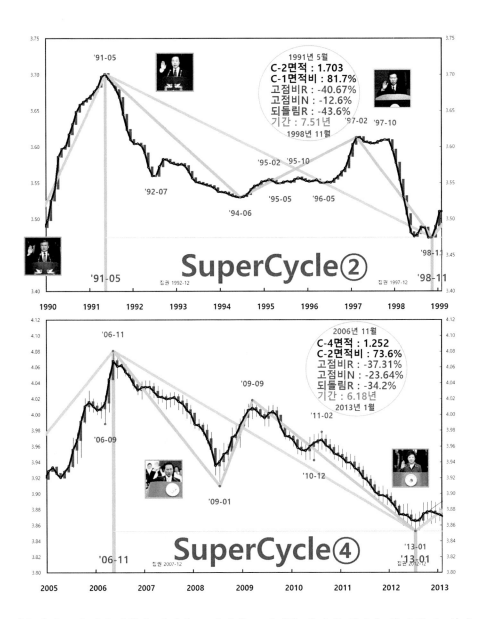

서울아파트의 상승기뿐만 아니라 조정기에도 이러한 데자뷔 현상을 찾아볼 수 있다.

위의 차트는 1991년 4월 대상투를 치고 하락세로 접어든 이후의 김영삼 정부 시절 서울아파트 매매가 지수와 2006년 11월 대상투를 치고 하락세로 접어든 이후의 이명박 정부 시절의 서울아파트 매매가 지수다.

물가지수를 반영한 실질지수를 기준으로 두 기간 모두 고점 대비 -40.67%와 -37.31%의 폭락세를 기록하였던 점도 데자뷔 현상의 하나다.

그럼 위에서 살펴본 노무현 대통령 때의 서울아파트 흐름을 문재인 대통령 집권기인 현재에 대입해 보면 어떨까?

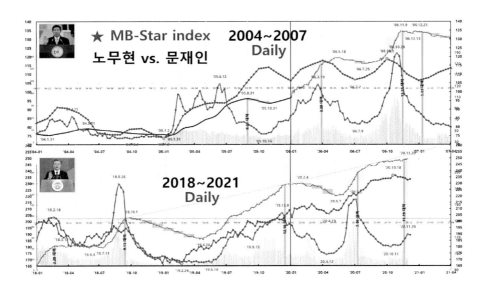

위의 차트는 2004년 이후 3년간의 서울아파트 매매가 지수 일봉과 2018년 이후 3년 간의 현재 서울아파트 일봉을 비교한 것으로 2006년과 올해의 시장 흐름이 정확히 일 치할 것이라는 하나의 시나리오를 설정한 것이다.

2006년 11월 대상투를 형성할 당시의 서울아파트 흐름을 보면, 먼저 10월에 전세수급 지수가 꺾이기 시작했고 한 달 정도 후 패닉바잉 인덱스(매매수급지수+매매거래지수)가 꺾 였다.

매매가 지수는 이보다 열흘 늦은 11월 9일 목요일에 고점을 형성했는데 12월에 한 번 더 고점을 형성한 것까지 하면 쌍봉의 형태였다.

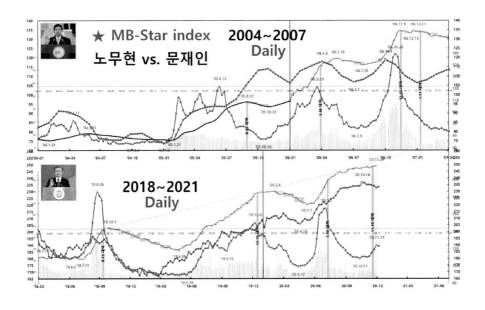

또 하나의 시나리오는 2개월 정도의 시차를 두고 1분기까지 한 번 더 상승 후 하락한다는 것이다. 물론 이 두 가지 시나리오는 어디까지나 필자의 상상력에서 나온 것들이다.

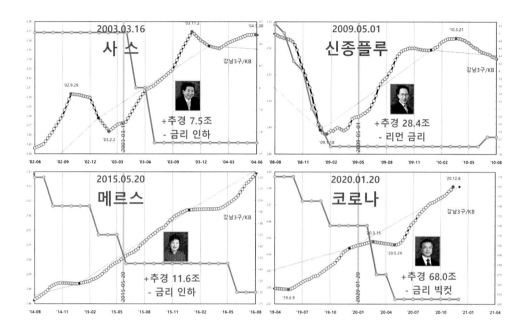

조금 무리를 해서 이러한 평행이론을 확장시키면 올해의 코로나 사태에도 적용이 가능하다.

최근의 대통령 4명의 집권기에는 예외 없이 역병이 돌았는데, 사스(노무현)와 신종플루(이명박), 메르스(박근혜)와 코로나(문재인)가 그렇다. 물론 현재도 코로나는 진행 중이다.

이러한 역병은 부동산에 어떠한 영향을 미쳤으며 현재의 서울아파트 시장판단에 어떻게 적용시킬 수 있을까?

역병이 발생했을 당시를 전후로 금리와 추경 등 정부의 대책 변화를 보면 여기서도 데자뷔 현상이 목격된다. 즉, 국가적 재난이 발생하자 정부는 금리를 인하하고 돈을 푸는 정책을 폈다.

사스가 발생한 2003년 3월 16일 직후, 노무현 정부는 금리를 2차례나 인하하고 추경을 7.5조 원 편성시키며 위기를 극복하였다. 물론 서울아파트 폭등세는 4년 정도 지속되었다.

신종플루가 발생한 2009년 5월 1일 이전에는 이미 리먼사태로 금리를 큰 폭으로 인하시킨 상태였고, 역병사태가 길어지며 이명박 정부는 28.4조 원이라는 대규모의 추경을 편성하였다. 미국발 서브프라임사태로 가격이 폭락하던 서울아파트는 이를 계기로 이듬해 3월 21일까지 폭등세를 보였으나 결국 대세하락을 면하지는 못하였다.

메르스가 발생했던 2015년 5월 20일 직후, 박근혜 정부는 금리를 인하하고 추경을 11.6조 원 편성하며 위기를 극복했다. 서울아파트는 이후 현재까지 5년간 상승세를 지속하고 있다.

올해 1월 20일 첫 확진자가 발생한 이번의 코로나 사태는 과거 3차례의 역병과 차원이 다른 국가재난이었고 문재인 정부는 기준금리를 0.5%까지 내리는 빅컷을 단행하였다. 추경도 이명박 정부 때보다 2배가 훨씬 넘는 68조 원을 편성하며 위기를 극복해 나가고 있다. 물론 이번에도 잠시 주춤하던 서울아파트는 이후 폭등세를 이어 오고 있다.

역병이 발생한 4개의 기간을 비교·분석해 보자면, 공통점은 모두 금리를 인하하고 대규모의 추경이 편성되며 서울아파트의 급등이 진행되었다는 것이다.

사스와 메르스는 서울아파트 상승 초기에 발생을 했고 단기간에 종식이 되었다. 그러나 차이점은 신종플루와 코로나는 그 기간이 단기간에 끝나지 않고 장기간 지속되었다는 것이고 또 발생 시점도 신종플루는 서울아파트 8년간의 상승이 끝나고 난 이후, 코로나는 서울아파트 상승 8년 차에 발생했다는 것이다.

즉, 이번 코로나 발생 이후의 서울아파트 흐름은 사스나 메르스 때가 아닌 신종플루 때의 흐름을 반복할 가능성이 있다는 것이다. 물론 이런 부분까지 데자뷔 현상이 진행될 것이라고는 장담 못 하지만 참고할 만한 현상일 듯하다.

06 핑크 파티 (Pink Party)

필자는 지난 4.16 총선 직후의 여야의 지역별 의석 분포를 보고 깜짝 놀랐었다. 선거 결과가 눈에 한참 익었기 때문이다.

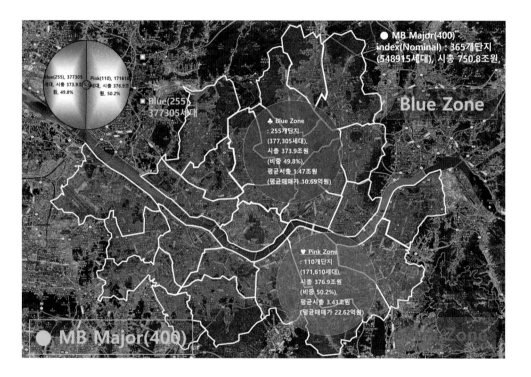

선거 결과는 그동안 필자가 만들어 놓고 보던 바로 서울아파트 지역별 묶음과 정확히 일치하는 것이었다. 강남3구와 용산을 묶은 Pink-Zone과 그 외 21개 구를 묶은 Blue-Zone.

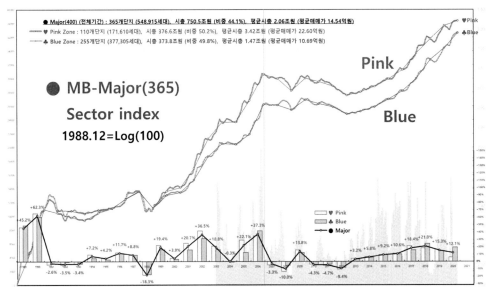

필자가 서울 시내 400여 개 아파트로 MB-Major(400) index를 만들면서 실거래가 평균 15억 이상인 4개 구와 나머지 21개 구로 구분했던 1989년 이후의 차트는 위와 같다. 특히 올해는 Blue-Zone 지수가 Pink-Zone 지수에 비해 월등히 많이 올랐다.

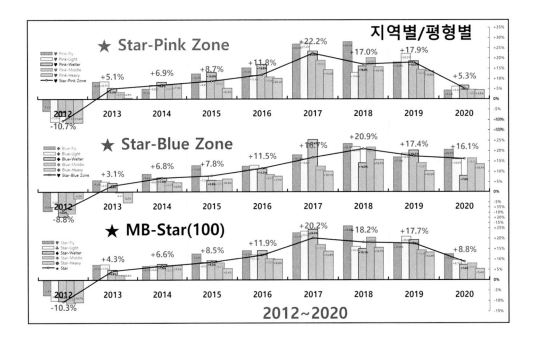

2012년부터 MB-Star(100) index 내에서만 국한해서 보면 Pink-Zone의 올해 수익률은 +5.3%에 불과한 반면 Blue-Zone의 올해 상승률은 +16.1%에 달해 3배나 더 높다.

특히 소형평형에서는 Pink-Zone의 소형평형 상승률이 +4.4%에 불과한 반면 Blue-Zone의 소형평형 상승률은 +20.6%에 달해 4배나 더 큰 차이로 높은 상승률을 기록했다.

이러한 지역별 수익률 차별화 현상을 현재의 시장판단에 어떻게 응용할 수 있을까?

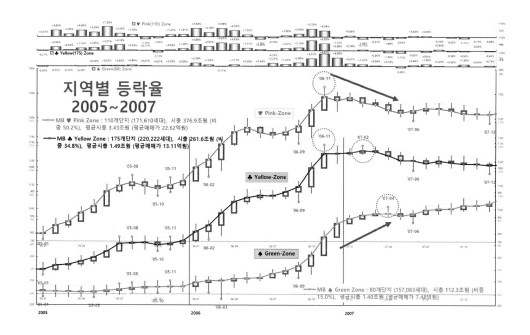

위 차트는 2005년부터 3년간의 지역별 Sector index로 3개의 지수가 동시에 고점을 형성한 것이 아닌 시차를 두고 고점을 형성하였던 것을 알 수 있다.

강남3구와 용산구 등 고가 아파트로 구성된 Pink-Zone은 2005년 11월 고점을 형성하고 이후 6년간 하락했다.

반면 저가 아파트로 구성된 노도강 등의 Green-Zone은 이듬해 4월에 고점을 형성한 후 잠시 주춤하다가 연말까지 지속적으로 상승했다.

그 중간 금액대인 Yellow-Zone은 고점을 2006년 11월 형성했으나 월종가는 이듬해 2월에 형성하였다.

이를 정리하면 MB-Major(400) index는 시가총액 비중이 높은 Pink-Zone의 영향으로 2006년 11월에 고점을 형성했고 이후 대세하락장으로 진입했다. 물론 저가 아파트들의 서울 외곽지역은 이후로도 지속적으로 상승하여 오히려 역차별화 현상이 발생했다.

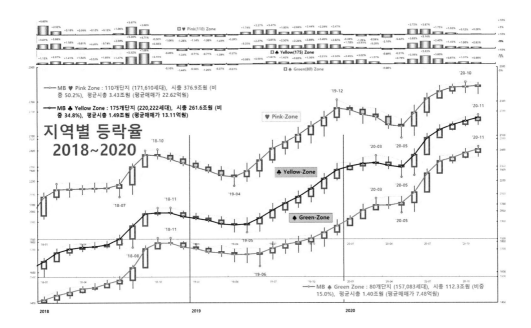

필자의 예측으로는 2006년 진행되었던 현상이 현재의 서울아파트 시장에도 반복될 가능성이 있다.

위 차트는 2018년 이후 현재까지 3년간의 동일한 월봉차트로 Pink-Zone은 다른 2개의 지수와는 달리 10월 이후 상승률이 현저하게 축소되고 있음을 볼 수 있다.

이러한 현상이 지속된다면 고가 아파트들은 올해 11~12월 고점을 형성하고 중저가 아파트들은 내년 2~4월에 고점을 형성할 가능성이 크다. 독자들은 소유한 아파트가 어느 Index에 속하는 지 구분해 보고 이러한 지표들을 참고하여 시장판단을 하면 좋을 듯하다.

정부는 작년 12.16 대책 때 15억 이상을 초고가 주택으로 지정하고 주택담보대출을 전면 금지하였으며 9억 이상을 고가 주택으로 지정하여 대출한도에 차등을 두었다.

필자도 이 대출규제 금액 기준을 참고하여 지수를 보다 세분화하였다.

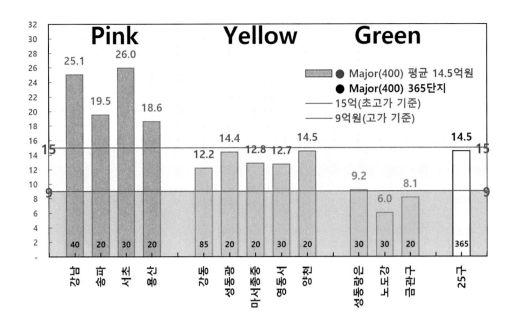

위 막대그래프는 작년 말 기준 행정구역별 아파트 평균 실거래가로 구분한 그래프이다.

15억 이상은 강남3구와 용산구 등 4개 구, 9억 이상은 강동구와 성동/광진, 마포/서대문/종로/중구, 영등포/동작/강서, 양천구 등 11개 구, 9억 이하로는 성동/동대문/중랑/은평, 노원/도봉/강북, 금천/관악/구로 등 10개 구이다.

특히 차트와 데이터 관리의 편의를 위해 비슷한 금액대와 지역적 유사성을 기준으로 25개 구를 12지역으로 묶었다.

작년에 지역을 구분할 때는 성동중은 4개 구 지역의 단지 평균가가 9억을 넘지 않았지만 최근 데이터로는 9억을 소폭 상회하고 있다.

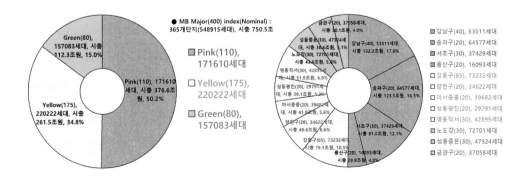

25개 구/12지역의 시가총액 비중이나 단지 수, 세대 수 등의 데이터 분포를 파이차트로 도식화하면 앞과 같다.

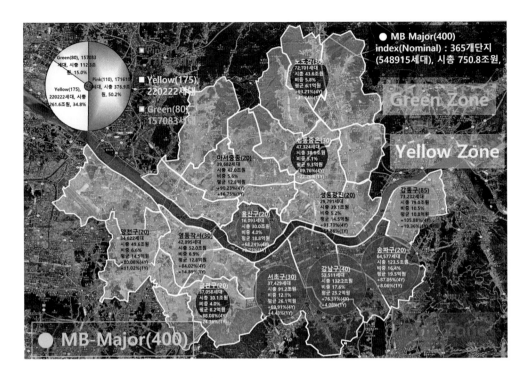

서울 25개 구를 지역별 지수로 묶어 지도상에 표기하면 위와 같은데 원의 크기는 시가총액 크기와 같고 그 안에 단지 수와 세대 수, 최근의 시가총액과 비중, 평균 실거래가와 4년 및 연간 상승률을 엑셀 데이터에 링크하였다.

이 중 강동구에는 타 구에 비해 과도하게 많은 단지(85개)가 편입되었는데 이유는 필자가 처음 부동산 공부를 시작할 때는 거주하던 아파트, 이후 암사동/명일동/고덕동 등 인근 단지, 결국 강동구 9개동 모두 시가총액 상위 10개씩을 편입하여 지수를 만들었다가 서울시 전체로 확장하는 과정에서 강동구 비중이 커진 것이다. 그러나 단지 수가 많다는 것은 지수가 보다 더 세밀하게 반영된다는 것뿐이지 상승률이 더 높다거나 그런 차이는 무시할 수준이다.

여기서 MB-GD(85) index(강동구 지수)에 편입된 아파트가 9개 동의 10개씩이지만 고덕동과 상일동은 아파트 수가 10개 미만이라 총 90개가 되지 않는다.

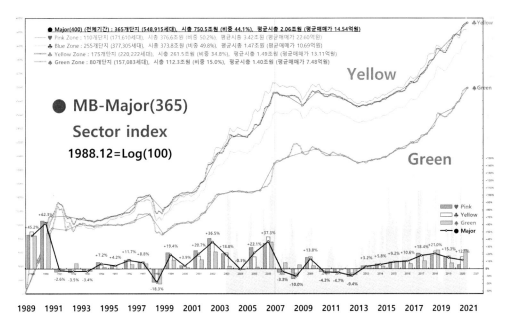

이번엔 1989년 이후의 Blue-Zone 255개 아파트를 9억 원 기준으로 다시 세분하여 Yel-low-Zone(175개 단지)과 Green-Zone(80개 단지)으로 각각의 지수를 만들면 위와 같다.

위 차트에서 보면 과거 30여 년간의 Pink-Zone의 상승률과 Yellow-Zone의 상승률에는 큰 차이가 나지 않았지만 Blue-Zone의 상승률은 현격하게 떨어지는 모습을 볼 수가 있다.

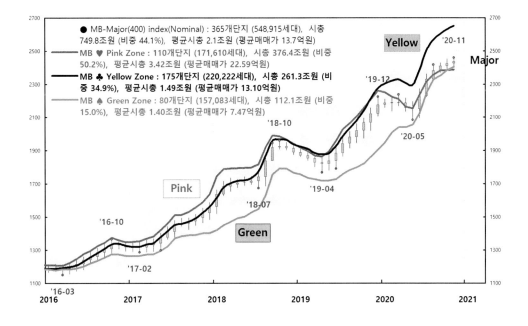

그러나 2019년 12.16 대책 이후에는 Pink-Zone의 조정과 Green-Zone의 강세로 인해 최근 수익률 역전 현상이 나타나고 있다.

앞의 차트는 2016년 이후 5년간의 지역별 Sector index다. 3가지의 지수를 비교하기 쉽도록 2개씩 세분화하여 차트로 보면 아래와 같다.

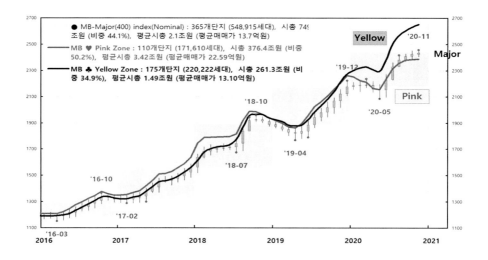

2013년 이후 서울아파트 시장이 대세상승으로 돌아섰을 때 이를 주도했던 지수는 고가 아파트 위주의 Pink-Zone이었다. 이러한 현상은 2018년까지 지속되다가 9.13 대책으로 그 강세가 누그러졌다.

이후 Pink-Zone 지역의 시세가 약해진 때는 2019년 12.16 대책 이후였는데 Yellow-Zone의 상승률에 역전당하게 되었다.

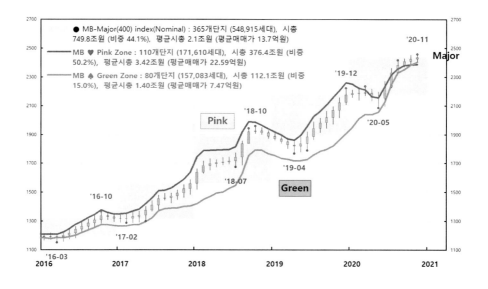

이러한 현상으로 인해 2019년 12.16 대책 이후 저가 아파트의 급등세가 시작되며 올해 11월 들어서는 처음으로 Green-Zone에도 역전당하고야 말았다.

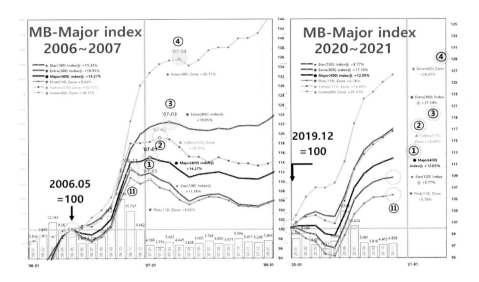

이를 위와 같은 차트로 정리를 할 수 있다. 우측 올해의 각 Sector index를 보면 저가 아파트로 구성된 Green(80)-Zone과 MB-Extra(300) 지수는 조정도 덜 받았고 회복도 가장 빨라서 올 한 해에만 +26% 정도의 폭등세를 보이고 있다.

반면 고가 아파트로 구성된 Pink(110)-Zone과 MB-Star(100) 지수는 연간 +5.5~8.5% 정도로 매우 저조한 수익률을 기록하고 있다. 즉, 2006년과 거의 동일한 흐름을 보이고 있다는 것이다.

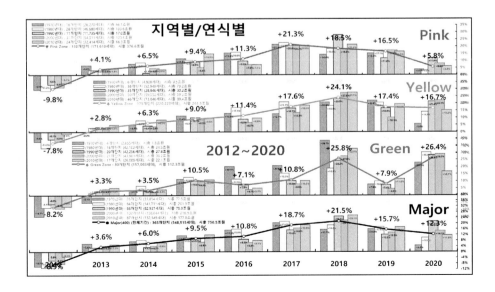

그리고 올해 1년만 보면 Green-Zone의 상승률이 +26.4%로 압도적으로 높은 반면 Pink-Zone의 상승률은 +5.8%에 불과해 이번 상승기 중 가장 낮으며 매우 저조하다.

특히 연식별로 세분해 보면 신축이 아닌 2000년대 준공된 Yellow-Zone과 Green-Zone 의 아파트들이 올해 상승률을 이끌었다고 할 정도로 실수요자들의 매수세가 높았다.

지난 7월 경실련에서 발표한 21대 국회의원 정당별 1인당 부동산 재산 평균 금액을 보고 필자는 또 한 번 놀랐는데, 바로 필자가 지역별로 만들어 놓은 지수의 아파트 평균 실거래가와 거의 똑같았기 때문이다.

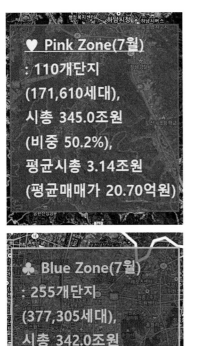

경실련이 발표한 시점과 같은 시기인 7월 말의 Pink-Zone 실거래가 평균치를 조사해 보았다.

4개 구의 데이터를 집계해 보면, 총 110개 단지에 17.1만 세대, 시가총액은 345조 원으로 비중은 50.2%였다.

그런데 평균매매가는 20.7억 원으로 경실련에서 발표한 미래통합당의 20.8억 원과 1천만 원밖에 차이가 나지 않는 놀라운 결과다.

아파트나 토지 등 부동산 형태를 구분하지 않고 집계한 경실련의 자료와 이렇게 일치할 수 있다니 필자는 한동안 놀랄 수밖에 없었다.

이번에는 Blue-Zone 21개 구의 데이터를 집계해 보았다.

총 255개 단지에 37.7만 세대, 시가총액은 342조 원으로 비중은 49.8%였다.

그런데 또 한 가지 놀라운 것은 평균 매매가가 9.78 억 원으로 경실련에서 발표한 민주당의 9.8억 원과 2 백만 원밖에 차이가 나지 않는다는 것이다. 어쩌면 경실련에서 반올림하기 전이라면 몇천 원의 차이도 나지 않을 수도 있겠다는 생각이 든다.

필자가 이러한 작업을 하게 된 가장 큰 이유는 필자의 아파트 추이를 연구하기 위한 목적이 가장 컸으며 강동구 매매가와 가장 밀접한 지역의 아파트는 강남3구, 그중에서도 송파구였기에 지역별로 구분하며 연구를 하게 된 것이다.

어쨌든 이러한 작업을 하다 보면 지역별 아파트 시세의 흐름을 보다 세밀하게 연구할 수 있을 듯하다.

버블세븐
(Bubble Seven)

2006년 서울아파트와 수도권 아파트가 폭등할 당시 노무현 정부는 7개 지역을 '버블 세븐'으로 지목하고 투기와의 전쟁에 나섰다.

서울에서는 강남구, 서초구, 송파구 등 강남3구와 양천구의 목동을, 수도권에서는 분당과 안양 평촌 및 용인 수지를 포함해 총 7곳이었다.

당시 다른 지역의 아파트 매매가 상승세에 비해 버블세븐 지역의 아파트 매매가는 연말까지 상승 기울기가 특히 가팔랐다.

지금 와서 14년 전의 버블세븐 지역의 당시 전후 상황을 다시 보려는 이유는 당시의 8년간 상승세와 현재의 서울아파트 8년째 상승세가 상당히 유사한 부분이 있어서다. 과거의 사례를 돌이켜 보면 이번의 상승과 이후의 하락을 대비하는 데 많은 도움이 될 듯하다.

필자는 각 지역에서 지수기여도가 큰 시가총액 상위 10개 아파트로 각 지역의 지수를 만들었다. 특히 강남3구 중 송파구 10개 아파트의 시가총액이 98.4조 원으로 35.3%나 되는데, 헬리오시티(당시 가락시영)와 엘리트(당시 잠실 주공1~3단지 재건축) 등 서울시 세대수 최상위의 초대형 단지들이 밀집되었기 때문이다.

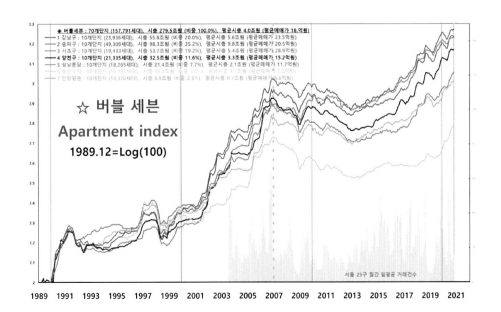

1989년 12월을 기준지수 100pt로 하여 각 지역의 지수를 차트에 표시하면 앞과 같다. 여기서 Y축은 30년이 넘는 장기시계열의 수익률 비교를 위해 로그로 환산한 것이다.

여기서 필자가 주목하는 부분은 2006년 11월 9일 목요일, 즉 서울아파트가 상투를 맞고 대세하락으로 접어든 시점의 전후 시세흐름이다.

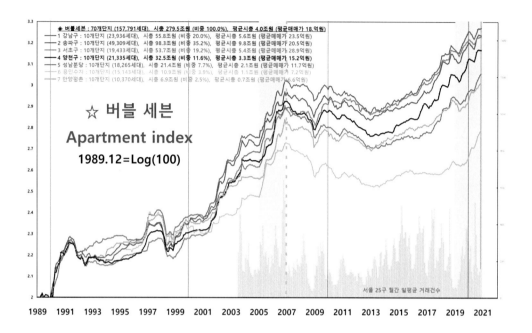

이 차트는 버블세븐의 폭등세가 가장 극렬했던 2005년 1월부터 2006년 12월까지의 2년간을 노란색으로 마스킹 처리하고 또 당시와 비슷하다고 판단한 2019년과 2020년의 구간도 노란색으로 마스킹 처리한 것이다.

서울 지역은 최근의 상승세가 버블세븐 당시보다는 강하지 않지만 그동안 소외되었던 용인 수지와 성남 분당의 폭등세가 그때를 떠올리게 한다. 특히 올해 한동안 서울의 마용성을 빗댄 수도권의 '수용성(수원 광교/용인 수지/성남 분당 판교)'이라는 신조어가 유행했는데 이때 용인 수지의 폭등세가 특히 강했다.

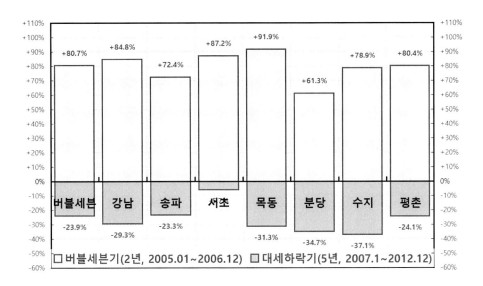

2006년 말 버블세븐 기간에 보였던 7개 지역의 2년 수익률을 막대그래프로 도식화하면 위와 같다. 2년간 목동이 +91.9%로 가장 큰 폭의 상승을 했고 가장 약했던 분당도 +61.3%로 많이 오른 편이었다. 이 당시 목동은 불과 2년 만에 지수가 두 배로 올랐다는 뜻이니 개별 아파트 중에서는 이보다 훨씬 더 폭등한 아파트 단지들도 많았다.

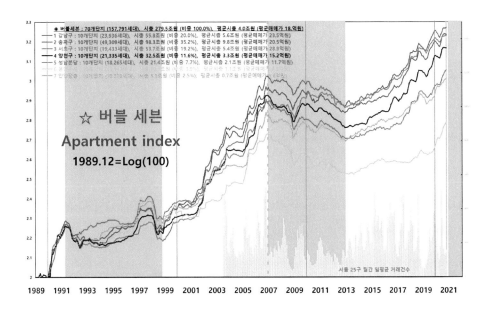

이번에는 하락 구간을 파란색으로 마스킹처리 한 차트로 2007년 1월부터 2012년 12월까지 6년간의 부분이 버블세븐의 후유증이 발생한 구간이다. 또 내년부터의 구간에도 미리 파란색으로 마스킹 처리를 했는데 필자는 내년부터의 조정이 과거 버블세븐 이

후의 하락 패턴과 비슷할 것으로 예상하기 때문이다.

이미 보았던 막대그래프에서 6년간의 하락 구간에 보였던 조정의 크기도 볼 수 있다. 용인 수지가 -37.1%로 가장 큰 폭의 하락세를 보였고 성남 분당도 -34.7%의 큰 하락을 보였다. 공통점은 대형평형의 하락세가 두드러졌던 것인데 최근까지도 당시의 고점을 회복하지 못한 평형들도 있다.

의외로 서초는 이 기간 -5.7%의 하락으로 거의 조정을 보이지 않았다. 2년간의 짧은 기간에 +87.2%의 폭등 후 6년간이라는 장기간 겨우 -5.7%만의 조정을 보인 것으로 서초구는 당시 강남3구 중에서도 차별화된 지역이었다.

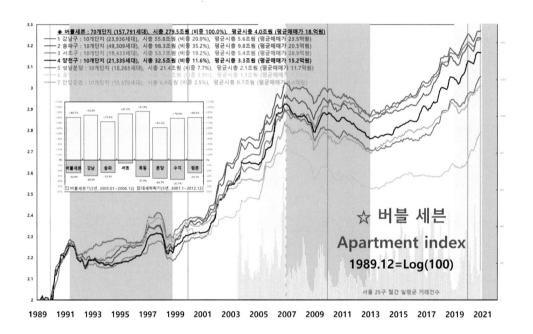

참고로 위 차트는 구간 구분을 통합한 차트다.

필자가 예상하는 버블세븐식 조정 패턴이 과연 내년 서울아파트 시장에 정말 나타나게 될지는 장담할 수 없지만 발생 가능한 위험을 미리 준비해 두는 것도 좋을 듯하다. 역사는 반복되는 경향이 있기 때문이다.

참고로 다음은 2017년 이후 버블세븐 7개 지역의 지수산출에 편입된 각 지역의 10개 아파트로 만든 수익률 차트로 시가총액과 세대 수, 동별 분포를 감안해 선택하였다. 12월 9일까지의 데이터로 11월 지수는 잠정치이다.

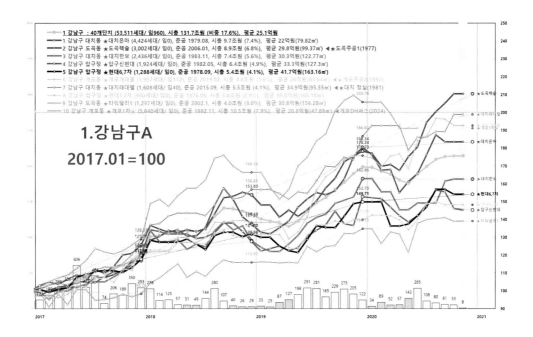

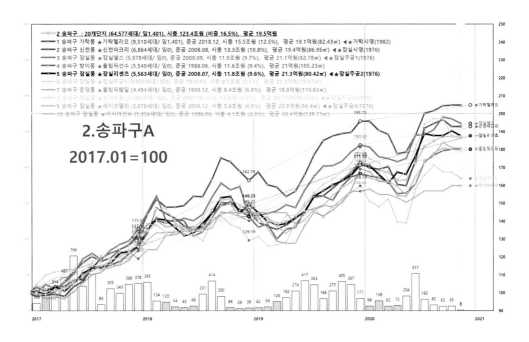

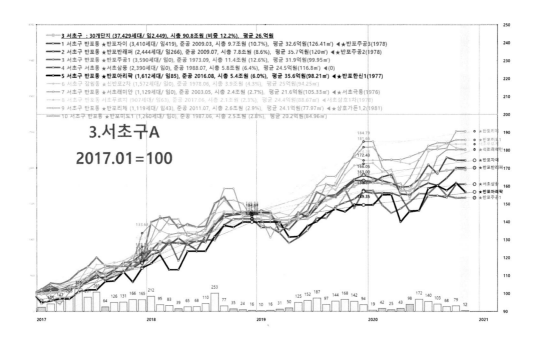

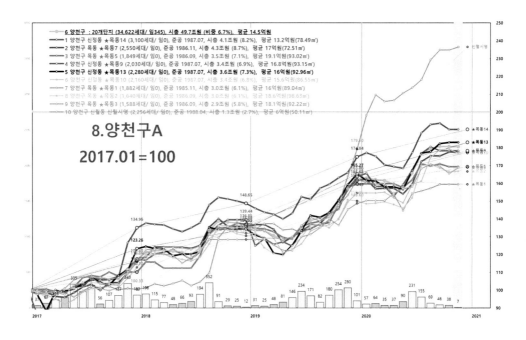

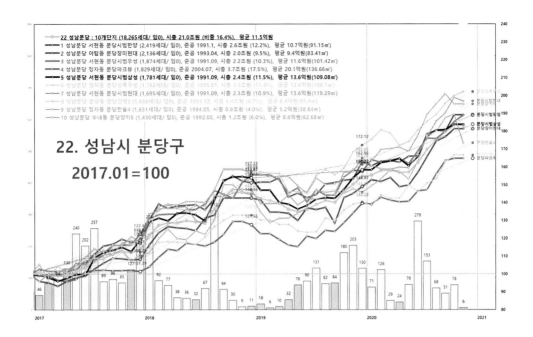

22. 성남시 분당구
2017.01=100

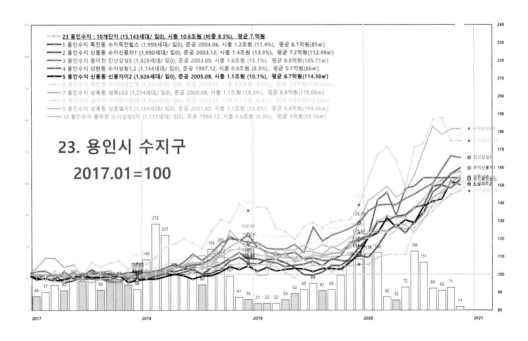

23. 용인시 수지구
2017.01=100

08 1기신도시와 3기신도시 (New Town)

2019년 5월 7일, 김현미 국토부 장관은 서울아파트값 급등에 따른 공급대책으로 3기 신도시 건설 계획을 발표하였다.

뉴스를 보던 중 부동산 공부를 막 시작한 필자에게는 신도시 공급과 서울아파트값에 어떤 관계가 있을지 무척 궁금한 일이었다. 많은 전문가들은 이번 공급대책이 서울이 아닌 외곽에 공급하는 것이라 서울, 특히 강남권 수요를 충족시키기도 어려울 뿐만 아니고 입주에는 5년 이상 10년 가까이 걸리는 공급대책이라 별 효과가 없을 것이라는 의견이었다.

반면 1990년대 서울아파트 폭등을 잠재울 수 있었던 것은 노태우 정부의 1기신도시 공급이었던 것처럼 시간은 걸리겠지만 이번에도 효과가 있을 것이라는 의견도 있었다.

당시 우리 아파트 바로 앞에 공사 중이던 8호선 연장에 대한 공부를 하던 중 신도시 건설은 '수도권 순환철도망'과 관련이 있겠다는 생각이 들어 그동안의 신도시 위치를 지도에 표시해 보았다.

서울과 경기도의 지도에 '수도권 순환철도망'과 GTX 노선을 그린 후 녹색의 1기 신도시부터 그렸다. 이후 노란색의 2기신도시를 그리고 마지막으로 이번에 발표된 3기신도시를 분홍색으로 그렸다.

특히 3기신도시 중 하남 교산과 남양주 왕숙은 강동구와 인접해 있어 향후 필자도 거주를 고려하는 곳이라 관심이 많았다.

그리고 토지보상금이 풀리면 교산과 왕숙의 중간에 있는 강동구에 그 자금들이 유입될 가능성도 있겠다는 생각이 들어 우리 아파트에도 호재가 될 거라는 기대도 있었다.

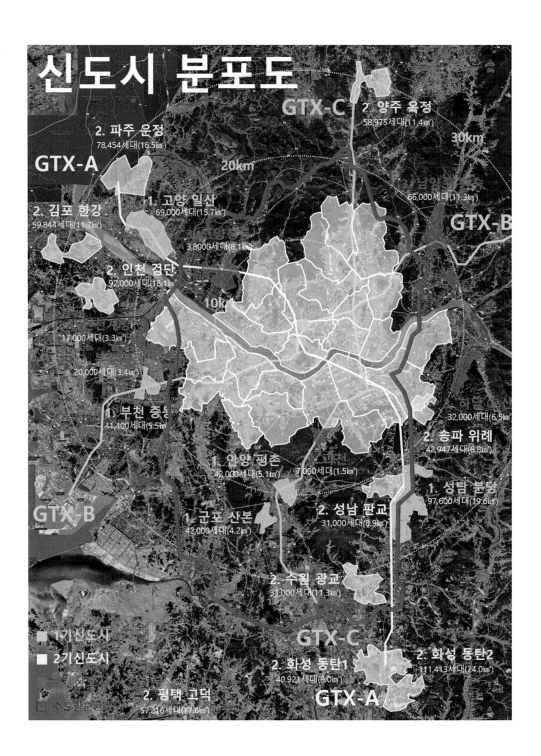

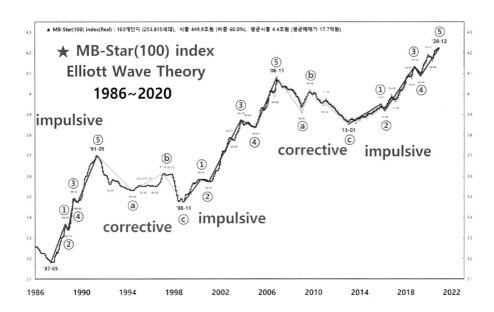

그럼 과거 1기신도시가 서울아파트 시장에 어떠한 영향이 있었을지 확인해 보자.

위 차트는 1986년 이후의 서울아파트 실질지수에 엘리어트 파동을 카운팅한 것이다. 1기신도시가 입주를 완료한 때는 1992년 말이고 서울아파트 지수는 1991년 5월이 대상 투었다.

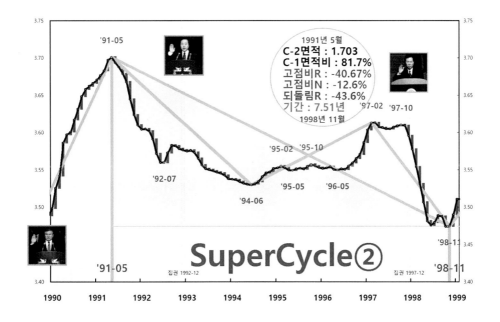

차트를 확인해 보면 1986년부터 폭등하던 서울아파트는 1991년 5월부터 하락세로 돌아선 이후 1994년 6월까지 1차 폭락을 했었고 이후 반등을 하기도 하였으나 IMF를 맞

으며 재차 폭락을 하였다.

결국 1기신도시의 입주물량이 서울아파트의 폭락에 큰 영향을 주었던 것은 분명해 보인다.

1기신도시 발표는 1989년 4월 27일에 있었다. 노태우 대통령은 아파트 투기가 안 잡히면 긴급명령권까지 발동하겠다고 엄포도 놓았다.

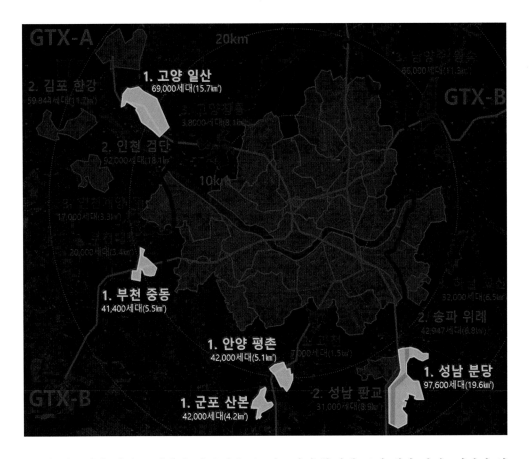

1기 신도시의 위치를 필자가 만들어 놓은 지도에서 확인해 보면 위와 같다. 여기서 일산과 분당의 위치는 서울을 중심으로 엇비슷하게 떨어져 있지만 30년 가까이 지난 현재의 발전 상황을 보면 차이가 많이 난다.

'천당 아래 분당'이라는 말처럼 발전되고 아파트값도 많이 뛴 분당에 비해 발전이 더디고 아파트값도 못 오른 일산의 주민들에겐 더 좋은 입지의 3기신도시가 들어서면 그쪽으로 수요를 뺏길 것임은 자명하기에 불만이 터질 수밖에 없는 노릇이다.

그럼 1기신도시 입주 후 아파트값의 흐름은 어땠을지가 궁금하다. 그래서 필자는 5곳의 지역에서 시가총액순으로 10개 단지를 추려 각 지역의 아파트값 지수를 만들었다.

데이터가 짧은 최신축은 제외하였으며 2006년 이후부터는 국토부 실거래가를, 그 이전은 KB 시세와 부동산뱅크 중위 시세를 기준으로 시총 방식으로 지수를 산출하였다.

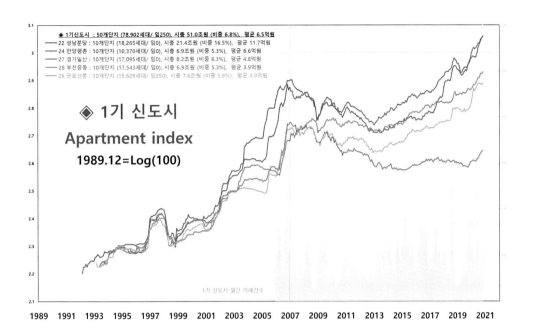

1991년 입주를 시작한 이후부터의 1기신도시 지역별 월봉차트로 지수를 비교하기 위해 Y축은 로그값으로 하였다. 위 차트에서 특이한 점은 IMF 당시에도 1기신도시들은 서울아파트 시장에 비해 큰 조정을 보이지 않았고 이후 매우 강한 상승세를 탔다는 것인데 아마도 지금처럼 신축의 힘이 아니었나 생각이 든다.

2005년부터의 버블세븐 기간에 분당과 평촌이 가장 강한 흐름을 보였으며 2007년 이후부터의 조정기에는 일산이 가장 큰 폭으로 하락을 했으며 그 조정 기간도 홀로 장기간에 걸쳐 진행되었다. 일산 주민들이 3기신도시를 반대했던 이유가 이해되는 상황이다.

그러나 올해 들어서는 일산 지역 아파트의 시세가 급등세로 돌아섰다.

다음의 경기도 주요 지역 연간 수익률 차트를 보면 여전히 일산 지역의 시가총액 상위 10개 단지의 올 한해 수익률이 다른 지역에 비해서는 약세를 보이고 있지만 아직 실거래가에 올라오지 않는 12월에는 폭등 수준이라고 한다.

이상을 정리해 보면, 장기적으로는 3기신도시 발표가 1기신도시 때처럼 서울아파트의 급등현상을 막아 줄 수 있겠으나 당장은 별 효과가 없을 듯하다. 그러나 서울아파트 시장이 2021년 1분기 또는 2분기부터 조정에 들어가면 시간이 흐르며 사전청약 등이 가시화되면서는 그 영향력이 점진적으로 커질 수 있다.

1989년 4월 1기신도시 발표 때도 정확히 2년 후에 서울아파트 시장이 조정기로 들어갔던 것을 기억하면 충분히 가능한 예상이다. 그러고 보니 2019년의 3기신도시 발표 2년 후는 바로 내년 5월이 된다.

참고로 아래 차트들은 2017년 이후 1기신도시 5개 지역의 지수산출에 편입된 각 지역의 10개 아파트로 만든 수익률 차트다.

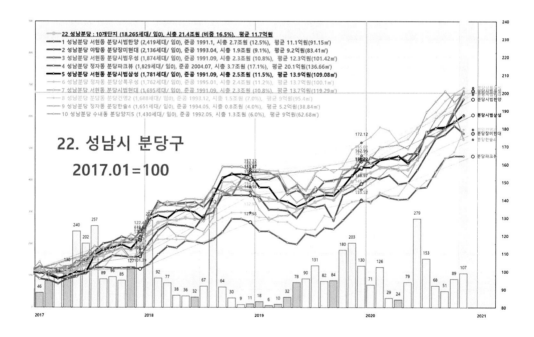

24. 안양시 평촌동
2017.01＝100

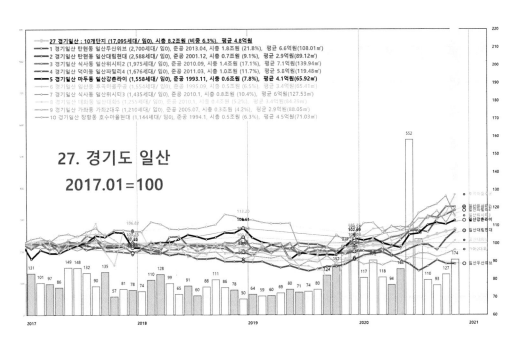

27. 경기도 일산
2017.01＝100

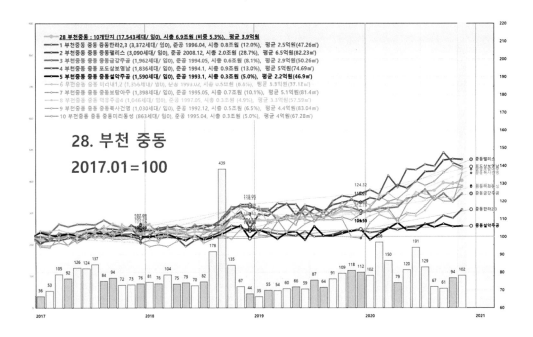

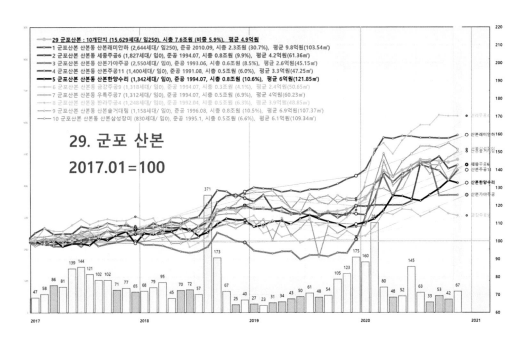

09 노도강, Again 2006

KB국민은행 부동산 리브온에 따르면 올해 한강 이북 14개 구 아파트값 평균 상승률이 +12.79%로 한강 이남 11개구의 평균 상승률(+10.56%)보다 높았다.

이처럼 강북 지역 아파트값이 강남보다 큰 폭으로 상승한 건 지난 2008년 이후 12년 만으로, 올해 3월까지만 해도 강남이 강북보다 아파트값 상승률이 더 높았지만, 6월부터는 젊은층이 이른바 '패닉 바잉'으로 서울 외곽 지역의 중저가 아파트를 사들이기 시작하면서 강북 지역 아파트값이 오른 것으로 분석됐다.

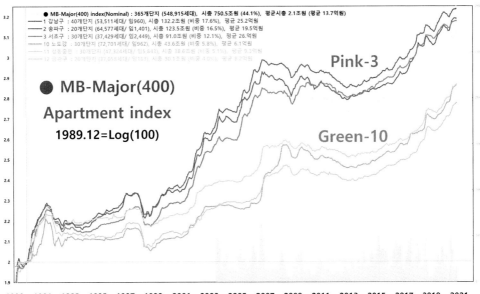

지난 30년간의 강남·북 아파트값 상승률을 극명하게 드러내는 차트가 있다. 위 차트는 고가 아파트가 밀집된 강남 3개 구와 저가 아파트가 밀집된 노도강, 금관구 등 10개 구의 수익률 차트로 2개의 집단으로 구분이 될 만큼 그 수익률 격차가 확연하게 드러난다.

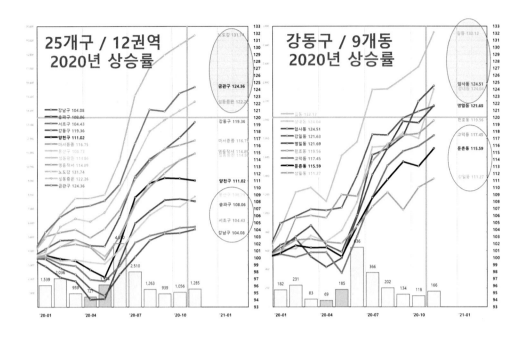

그러나 뉴스에서 보듯이 올해의 수익률 격차는 정반대로 나타나고 있다.

위 차트에서 좌측의 그래프는 25개 구를 가격대와 지역별로 구분하여 12개 권역으로 묶은 1년간의 수익률 차트로 최상단의 노도강(+31.74%)과 최하단의 강남구(+4.08%)는 수익률 격차가 무려 8배 가까이 차이가 난다. 노도강 3개 구뿐만 아니라 금관구와 성동/동대문/중랑/은평 4개구까지도 최상위에 랭크되어 있는 반면 강남3구와 용산구는 최하위에 랭크되어 있다.

그뿐만 아니라 우측의 강동구 내에서도 그동안 강세였던 고덕지구 최신축(고덕동/상일동)의 아파트 상승률은 최하위에 머물고 있는 반면 빌라 등 일반 주택이 밀집된 지역의 아파트 10개 단지로 구성된 길동(+32.12%)과 암사동(+24.51%), 성내동(+24.04%) 등의 아파트 상승률은 최상위권에 랭크되며 강남3구/노도강 현상과 비슷한 흐름을 보이고 있다.

그럼 이러한 현상은 왜 나타나는 것이며 과거에도 이러한 사례가 있었는지, 또 지금의 이러한 현상을 어떻게 해석하고 현재의 서울아파트 시장 분석과 대응에 어떻게 적용시킬 수 있는지 살펴볼 필요가 있다.

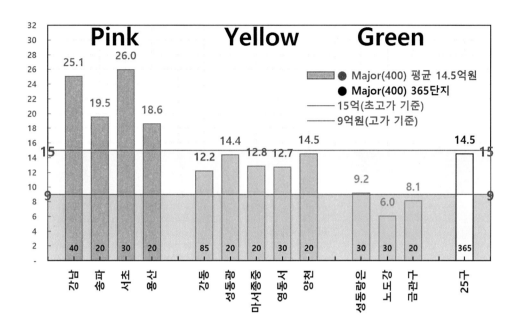

이미 MB-Major(400) index 설명에서 언급했듯이 매매가 평균 15억과 9억을 기준으로 25개구를 3개의 지역별 Sector index로 만들었다.

강남·북을 구분하지 않고 9억 이하의 10개 구를 Green-Zone index로 묶었는데, 최근 가격 급등으로 9억을 초과하는 구가 생기기도 하였다.

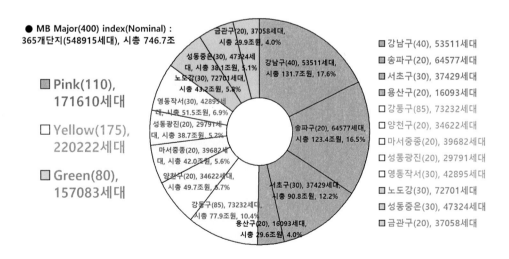

Pink-Zone에는 강남3구와 용산구가 편입되었고 Green-Zone에는 노도강(노원/도봉/강북)과 금관구(금천/관악/구로), 성동중은(성북/동대문/중랑/은평)이 편입되어 있다.

이러한 지역 구분을 서울시 지도에 색상으로 구분하면 다음과 같다.

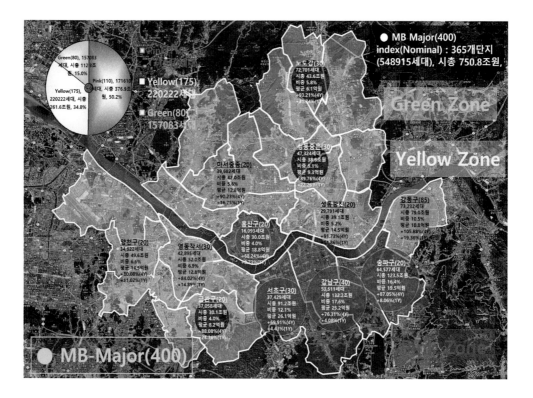

《서울경제TV》 뉴스에서처럼 보통 강남·북을 구분하여 아파트 수익률 격차를 구분하기도 하지만 용산구처럼 고가의 아파트 지역이 강북에 있기도 하고 금관구처럼 저가의 아파트 지역이 강남에 위치하기도 한다.

따라서 지역과 상관없이 가격대별로 구분하여 묶은 후 비교·분석하는 것이 더 효율적인 작업이 될 듯하여 필자가 Sector index를 만든 것이다.

위 지도상에서 보면 고가 아파트의 Pink-Zone은 강남구를 중심으로, 중고가 아파트의 Yellow-Zone은 한강을 따라서 벨트 형태로, 중저가 아파트의 Green-zone은 강남·북의 외곽에 위치한다.

따라서 단순하게 강남·북을 비교하기보다는 이렇게 가격대별로 묶어서 각 지역의 아파트 시세흐름을 비교하는 것이 시장을 보다 잘 이해할 수 있을 것이다.

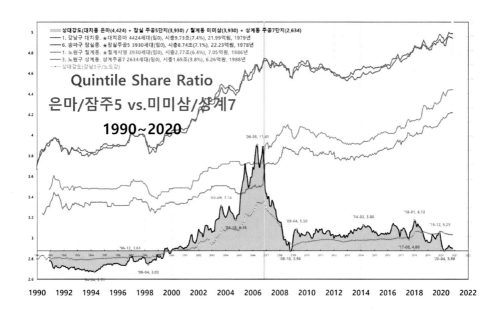

예를 들어 강남권의 고가 아파트 중 대치동의 은마와 잠실동의 잠실주공5단지를 묶어 하나의 시가총액으로, 강북권의 저가 아파트 중 월계동의 미미삼과 상계동의 상계주공7단지를 묶어 하나의 시가총액으로 만든 후 지난 30년간의 시세흐름을 비교한 차트는 위와 같다.

위 차트에서 하단의 녹색 그래프는 시가총액 배율로서 버블세븐만 올라가던 2006년 5월에는 시가총액 배율이 무려 11배에 이르렀으나 현재는 4배 수준으로 축소되고 있다.

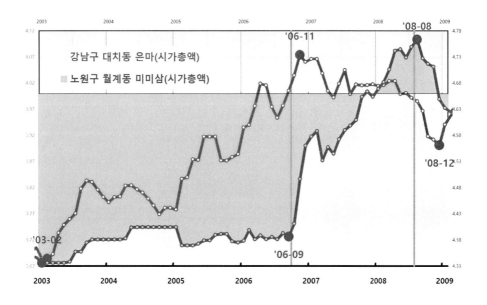

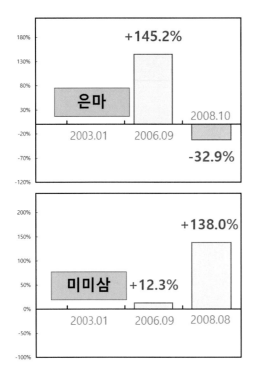

2003년부터 2008년까지 5년간의 구간에서 은마와 미미삼만 따로 비교를 해 보면, 2006년 중반까지는 은마의 급등에 비해 미미삼은 거의 오르지 않는 극단적인 양극화 현상이 진행되다가 2006년 11월 버블세븐의 상투를 기점으로 미미삼의 폭등이 있었다.

이러한 현상은 2008년까지도 이어졌는데, 2006년 9월을 기준으로 전후의 수익률 격차를 비교하면 우측의 그래프와 같다.

즉, 2003년부터 4년간 은마가 +145.2% 폭등하는 동안 미미삼은 겨우 +12.3%의 상승으로 극심한 차별화 현상이 진행되었었다.

그러나 그 이후부터 리먼사태로 두 아파트가 동시 하락하기 전까지의 2년여 기간

동안은 오히려 은마가 -32.9% 폭락하는 동안에도 미미삼은 +138.0%의 대폭등하였다.

마치 누군가 몇 년간 은마를 올렸다가 팔고 나서는 또 이후에 몇 년간은 미미삼을 올린 듯한 극적인 시나리오처럼 느껴질 정도였다. 그런데 그 현상이 올해 또 나타나고 있다.

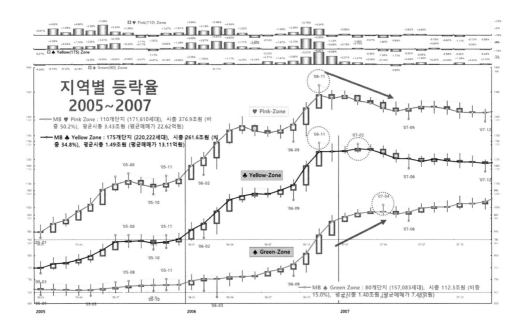

앞의 차트는 2005년부터 2007년까지 지역별 수익률 차트로 당시의 극단적인 양극화 현상을 이해하기 위해 만들었다.

2006년 11월 이후를 보면 Pink-Zone의 하락기에도 Green-Zone은 지속적인 상승을 하는 모습이 보인다.

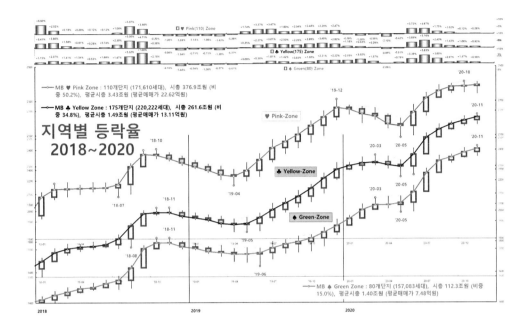

이번엔 2018년 이후 현재까지의 3년간 동일한 차트다.

12.16대책 이후의 올해 연초의 차트를 보면 Pink-Zone이 5개월간 하락하는데도 불구하고 Green-Zone은 1개월의 약보합 이후 급등을 지속하기도 했으며 최근 10월 이후를 보면 상승기울기가 약해진 Pink-Zone에 비해 상승세를 지속하고 있는 Green-Zone의 강세가 눈에 띤다.

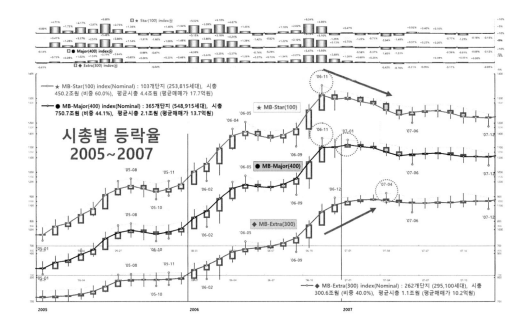

위 차트는 2005년 이후 3년간의 시가총액별 Sector index다.

서울아파트 시가총액 상위 아파트로 구분하여 만든 차트로, 이러한 현상은 지역별 구분이 아닌 시가총액 구분으로 만든 MB-Star(100) index와 MB-Extra(300) inex를 비교해도 같은 현상이 발견된다.

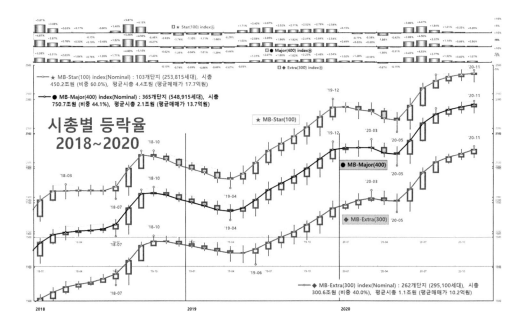

즉, 현재도 고가 아파트 위주의 강남권을 중심으로 한 MB-Star(100) index의 상대적 약세에도 불구하고 이외 지역의 저가 아파트가 포함된 MB-Extra(300) index의 강세지 속 현상이 진행되고 있는 것이다.

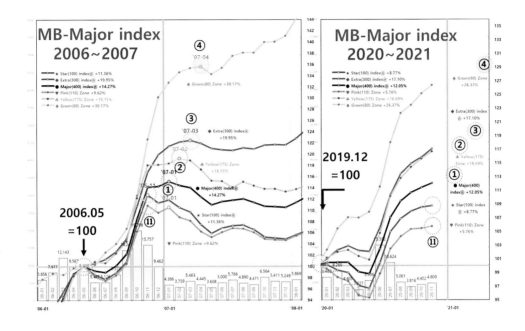

필자는 여기서 내년의 시장을 예측한 시나리오를 하나 제시하고자 한다.

현재의 서울아파트 시장이 2006년 말부터 2007년 초의 차별화 장세를 반복한다면 올해 11월에 먼저 시총 상위 100개 단지의 Star 지수와 매매가 15억 이상의 Pink 지수가 먼저 고점을 형성하고, 시총 하위 300개 단지의 Blue 지수와 매매가 9억 이하의 Green 지수가 가장 늦은 내년 4월에 고점을 형성하며 시장이 본격적으로 조정장에 들어가는 시나리오다.

따라서 매매가 9억 이상 15억 이하인 Yellow 지수는 1월에, 400개 단지를 모두 합한 Major 지수는 2월에 고점을 형성하게 되므로 평균적인 서울아파트 시장의 고점은 2월이 된다. 물론 하나의 시나리오일 뿐으로 시점은 다를 수 있지만 순서는 이렇게 될 가능성이 매우 높다.

그러면 2007년도 당시의 양극화 현상과 현재의 양극화 현상을 어떻게 이해하고 또 앞으로의 판단에 활용할 수 있을까?

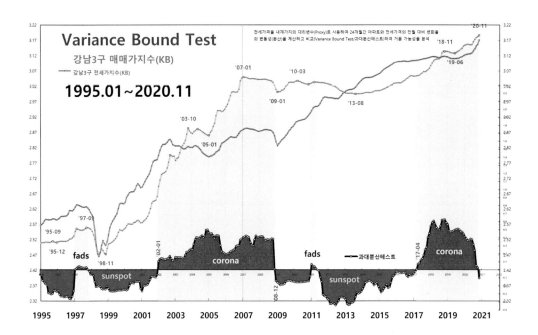

후에 자세히 다룰 과대분산테스트(Variance Bound Test)에 의하면 강남3구는 2002년부터 버블구간에 진입한 후 2009년에야 그 버블이 해소되었다.

그리고 현재도 2017년부터 버블구간에 진입한 후 최근 들어 그 버블이 해소되고 있다.

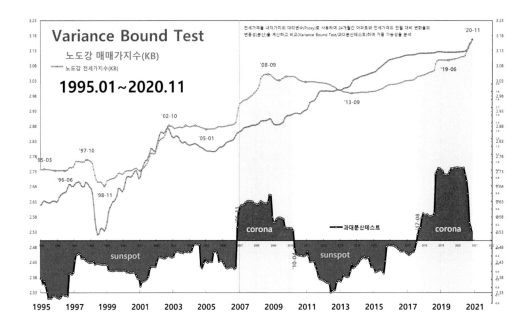

반면 과거 노도강 지역은 강남3구보다 5년이나 늦은 2007년부터 버블구간에 진입한 후 1년 늦은 2010년에 버블이 해소되었고 현재는 강남3구보다 4개월 늦게 버블구간에 진입한 후 아직 그 버블이 해소되지 않고 있다.

이러한 현상을 분석해 보면, 2007년 전후에는 버블의 시작과 끝에 강남3구와 노도강의 극심한 불일치가 있었던 반면 최근에는 그 시차가 몇 개월에 지나지 않는다.

오히려 과거 강남·북의 차별화 현상과는 다르게 이번에는 서울과 서울 이외(수도권 및 지방)의 차별화로 형태가 바뀌어 진행되는 듯하다.

결국 과거의 사례로 보았을 때 서울에서는 강남3구를 비롯한 고가 아파트의 조정이 먼저 시작된 후 저가 아파트의 조정으로 진행될 가능성이 무척 커 보인다. 필자가 거주 중인 아파트는 강동구에 속해 있으므로 노도강의 상승세를 따라가기보다는 강남3구의 조정에 보다 밀접하게 연동될 가능성이 커 보였다.

물론 과거에도 버블이 해소된 후 시차를 두고 시장이 하락세로 접어들었다는 점을 상기해 보면 이번에도 강남3구가 11월에 버블이 해소되기 시작했으니 이보다 몇 개월 늦게 서울아파트 고점이 나타날 가능성이 크다.

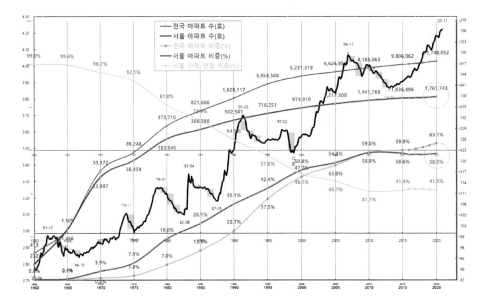

위 차트는 1960년 이후 유형별 주택 수와 비중을 서울아파트 실질지수와 함께 로그차트로 표시한 것이다. 현재 서울에서 아파트 수는 176만여 채이며 비중은 58.5%다.

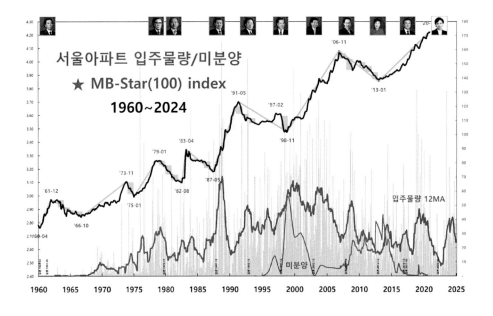

1960년부터 지난 60여 년간의 서울아파트 월별 입주물량을 서울아파트 실질지수와 비교를 하면 앞의 차트와 같다. 붉은색 선은 월별 입주물량 12개월 중심항 이동평균선이고 파란색 선은 월별 미분양물량 그래프이다.

각 정권별 입주물량 및 미분양물량을 파악하기 위해 대통령 취임 시점에 대통령 사진으로 마킹을 했으며 이미 설명했듯이 차기 대통령 자리는 비워 둘 수 없어 부동산 대통령인 김현미 국토부 장관으로 임시 배치했다.

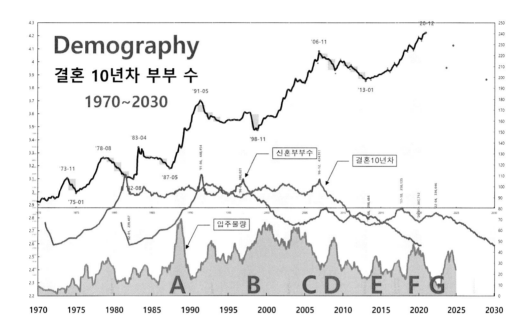

나중에 다룰 인구통계학 관련 글에서는 입주물량과 결혼 10년차 부부 수와의 시계열 데이터를 비교하며 서울아파트 등락을 설명할 예정이다.

다음 1986년 이후의 서울아파트 실질 매매지수 데이터에 입주물량과 미분양, 역전세 인덱스와 임대사업자 자동말소 물량 추정치 등 4가지의 지표를 삽입하였다.

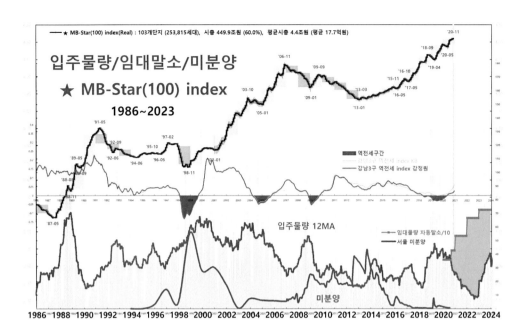

과거 서울아파트 하락기 또는 4차례의 역전세난 시기에는 입주물량이 급증했던 것을 볼 수 있는 등 서울아파트 매매가 지수와 전세지수는 입주물량의 영향을 크게 받는다는 것이 확인된다.

그런데 많은 전문가들은 현재 미분양물량이 전혀 없기 때문에 서울아파트의 하락 가능성이 없다고 주장하고 있다. 사실 현재 미분양물량이 거의 없으며 청약에서도 100대 1을 쉽게 넘는 경쟁률이 속출하고 있다. 그러면 과거에는 어땠을까?

매매지수 차트와 미분양물량 차트를 보면 전문가들의 주장에 큰 모순이 있음을 발견하게 된다. 차트에서 각 시점을 비교해 보면, 미분양이 쌓여서 아파트 매매가가 하락한 것이 아니고 매매가가 하락하니 미분양이 쌓인 것이다. 즉, 상처가 나서 약을 바른 것이지 약을 바른 후 상처가 났다는 것이 아니라는 말이다. 따라서 필자가 주장하는 내년부터의 서울아파트 하락은 미분양과는 거의 상관이 없다. 시장이 하락하면 미분양은 시차를 두고 저절로 쌓이게 될 것이기 때문이다.

또 한 가지 필자도 의문이었던 것은 2018~2019년도 대규모 입주물량이 있었을 때 많은 전문가들과 언론은 '수급의 논리'에 따른 시장의 하락반전을 예상했지만 오히려 서울아파트는 폭등세를 보였다. 부동산 초보자였던 필자도 당연히 하락할 것이라는 말에 동의를 하였지만 전혀 엉뚱한 결과를 보고 나중에 판단해 보니 당시에는 '수급의 논리'를 깨는 특별한 변수가 있었다.

2017년 말 정부는 임대등록 활성화 방안을 발표하였다.

이후 임대사업자 등록은 폭증을 하였으며 임대주택 등록 수는 더 큰 폭으로 폭증을 하였다. 즉, 정상적인 시장에서는 2018년부터 대규모의 입주물량으로 서울아파트는 수급의 논리에 따라 하락할 뻔했다. 그런데 새로운 '수요'가 폭증을 하며 물량을 다 받아내었고 시장을 폭등시킨 것이다.

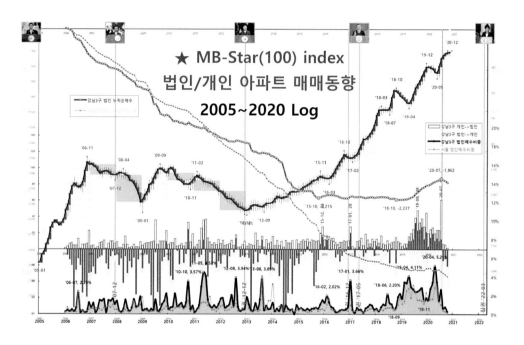

새로운 '수요'는 또 다른 곳에서 찾을 수 있었다.

법인사업자는 정상적인 상황에서는 회사 보유 물량 등을 지속적으로 처분하기에 순매도물량이 많기 마련이다. 그런데 위 강남3구의 차트를 보면 지속적으로 하락하던 순매수 누적차트가 2015년부터는 횡보를 하기 시작한다.

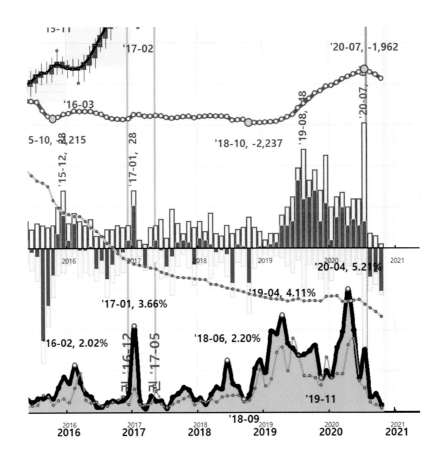

즉, 팔던 것을 멈추었거나 아니면 판 만큼 어떤 법인은 매수하고 있다는 것이다.

4년 가까이 횡보하던 법인의 순매수물량 그래프는 2019년부터 급등을 시작한다. 즉, 법인들의 집중적인 매수가 시작된 것이다. 이때 법인매수 비중은 사상 처음으로 5%를 넘기며 시장을 주도하였다.

이에 따라 꺾인 듯했던 서울아파트 매매가 지수는 재차 폭등을 하였고 정부의 7.10 대책이 나오고 나서야 법인매수는 3개월 연속 순매도로 돌아섰다.

최근 서울 외곽이나 지방의 아파트값이 폭등하는 중에도 강남3구 등 고가 아파트 지역의 매매가는 약해지거나 오히려 하락하는 모습이 목격되는데 이는 법인의 순매도 전환과 밀접한 관계가 있어 보인다.

그런데 2018년 이후 새로운 '수요'인 임대사업자의 폭발적인 매수로 시장이 급등했던 것과는 정반대의 현상이 앞으로 나타날 수 있다는 생각이 든다.

시도별 등록임대 자동말소 현황 누적기준. 단위: 호

	2020년		2021년	2022년	2023년
	8월 말	12월 말			
전체	403,945	467,885	582,971	724,717	827,264
서울	119,834	142,244	178,044	221,598	245,521
부산	45,748	51,935	65,267	76.973	83,365
대구	7,350	8,983	11,324	14,502	16,437
인천	19,043	21,143	26,188	33,617	43,266
광주	8,587	9,779	11,736	14,159	15,837
대전	10,218	10,949	12,517	15,236	17,463
울산	8,410	9,047	10,814	12,347	14,143
세종	4,025	4,829	5,773	6,835	7,508
경기	92,374	108,503	141,092	186,260	222,808
강원	7,845	8,925	10,732	13,129	14,991
충북	11,183	13,080	15,644	18,268	20,316
충남	26,726	29,565	33,417	39,552	44,031
전북	7,893	8,625	9,908	11,990	13,925
전남	9,864	11,181	12,559	13,966	15,618
경북	10,147	11,578	16,136	19,294	21,304
경남	9,755	11,786	14,908	18,619	21,166
제주	4,903	5,692	6,864	8,241	9,424
기타(미구분)	40	41	48	131	141

자료=더불어민주당 박상혁 의원실

위 표는 7.10 대책 이후 국토부에서 배포한 시도별 임대사업 자동말소 주택수 추정 자료이다. 자료에서는 서울아파트만 따로 구분이 되어 있지 않지만 필자가 나름대로 분석을 하여 추정치를 구한 후 입주물량 차트에 삽입하였다.

이전에 본 차트에 올해 이후의 서울아파트 자동말소 아파트 연간 누적 데이터를 초록색으로 삽입하였는데 그 부분만 확대하여 보면 좌측의 그래프와 같다.

월별 데이터가 아니라 미세한 분석을 할 수는 없지만 향후 몇 년간은 연간 자동말소 물량이 엄청나다. 즉, 정상적인 '수요와 공급'을 뛰어넘는 예상치 못한 새로운 '물량'이 시장에 나온다는 것이다.

물론 자동말소 물량은 이미 세입자가 살고 있기에 갑자기 시장에 전부 매도물량으로 나오지도 않을 것

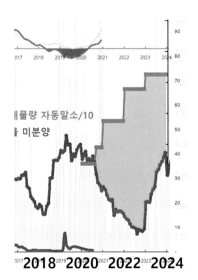

이고 나온다고 해도 자동말소 시점에 따라 분산되어 나올 것이기 때문에 우려할 수준이 아닐 수도 있다.

그러나 필자는 2018년 이후의 임대사업자 매수물량이 역전세난을 불러오던 대규모 물량을 다 받아 내며 서울아파트의 폭등을 불러왔듯이, 이번에는 반대로 입주물량이 절반으로 줄어드는 향후 2~3년 동안 새로운 물량 폭탄으로 부메랑이 되어 돌아올 수도 있다는 우려를 하고 있다.

특히 시장이 상승을 지속한다면 임대사업자 자동말소로 인해 사라진 세제혜택이 커버되어 버틸 수 있겠지만 만일 시장이 하락하게 된다면 저 물량은 다주택자에게는 애물단지가 되고 시장에는 악성매물이 되어 한번에 쏟아질 수도 있다. 즉, '수요와 공급'이 깨질 수 있다는 것이다.

그렇게 되면 이미 알고 있던 '회색 코뿔소'가 아닌 예상치 못했던 '블랙 스완'이 서울아파트 시장을 뒤흔들게 된다.

11 결혼과 취학 (Marriage & School)

　2015년 9월, 노무라증권에서는 한국의 결혼 10년차 부부 증감률을 근거로 서울 집값이 2018년까지 상승세를 지속할 것이라는 보고서를 내놓았다.

　결혼 10년차 부부 수가 많아지는 시기는 초등학교 취학 연령의 자녀 수도 같이 증가하기 때문에 학군지로의 이사 수요가 많아지고 보다 큰 집을 구매하려는 욕구가 커져 집값이 상승한다는 이유에서다.

　정말 이 기사대로 서울아파트값은 3년여간 큰 폭으로 상승을 지속했다.

　그런데 이 기사가 나온 지 3년 후에는 이 논리를 근거로 결혼 10년차 부부 수가 줄어드는 2018년부터 서울아파트값이 하락할 것이라 주장하는 전문가들도 많이 나왔다. 지난 20여 년간 결혼 10년차 부부 수의 증감률을 따라 서울아파트 시장의 흐름도 등락을 거듭했으니 이번에도 그렇게 될 것이라는 논리였다. 그러나 그 주장은 보기 좋게 틀렸고 2년 넘게 지난 현재까지도 서울아파트 시장은 급등을 지속하고 있다.

　그럼 왜 그때는 맞고 지금은 틀리는가? 보다 긴 장기시계열 데이터로 논리적으로 따져보자.

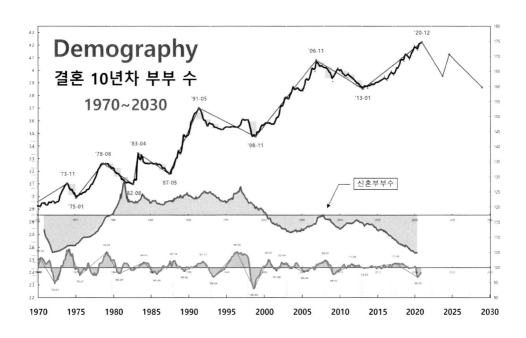

앞의 차트는 1970년 이후의 MB-Star(100) index(서울아파트 시총 상위 100개 아파트 실질 지수)와 중간의 신혼부부 수 1년 누적, 맨 아래는 경기동행지수 순환변동치를 비교한 것이다.

각 시기별로 인구 구조와 경기 상황에 따라 결혼 건수의 증감이 있었다. 1970년대는 경기 활황과 베이비부머들의 결혼이 급증을 했고 결혼 건수도 일정한 수준에서 고공행진을 지속했다.

그러다가 1998년 IMF 위기를 맞아 결혼 건수는 급감했고 실직으로 인한 결혼 보류나 포기로 인해 경제가 회복되던 2003년까지도 결혼 건수 급감 현상은 지속되었다. 이후 반짝 증가를 하기도 하였으나 인구 감소의 영향으로 결혼 건수는 지금도 지속적으로 감소하고 있다.

앞의 차트에서 결혼 건수와 아파트값 등락의 변곡점 사이에는 일부분을 제외하곤 전체적인 부분에서 큰 상관관계가 발견되지는 않는다.

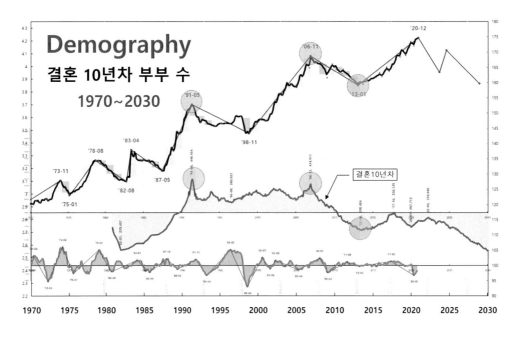

그래서 노무라증권의 논리대로 결혼 누적 건수 데이터를 10년 선행시킨 결혼 10년차 부부 수 차트로 변환을 했는데 이 차트는 취학 연령 자녀의 수와 정비례하는 차트로 보면 된다.

서울아파트와 결혼 10년차 부부 수 차트에서 가장 눈에 띄는 시기는 1991년 5월 결혼 10년차 부부 수의 고점과 노태우 정부 당시의 서울아파트 고점과 일치하는 시기, 그리고 2006년 11월 결혼 10년차 부부 수의 고점과 버블세븐의 고점이 일치하는 두 시기이다. 1개월의 오차밖에는 나지 않는 신기할 정도의 상관관계이다.

이후 저점의 상관관계가 높았던 시기는 노무라증권에서 주장했던 2013년의 저점으로 인구통계학의 의미가 큰 위력을 발휘한 때다.

문제는 2018년 이후에는 이 논리가 거의 작동을 하지 않고 있다는 것이다. 아마도 결혼 10년차 부부 수의 방향성보다는 절대치가 너무 줄어든 이유일 듯하다. 2000년대 중반까지 40만 건 수준을 유지하던 절대수치가 30만 건 수준으로 줄어들었으니 그 등락의 영향이 줄어들었을 것이고 그만큼 서울아파트값 등락을 좌우하지는 못하는 듯하다.

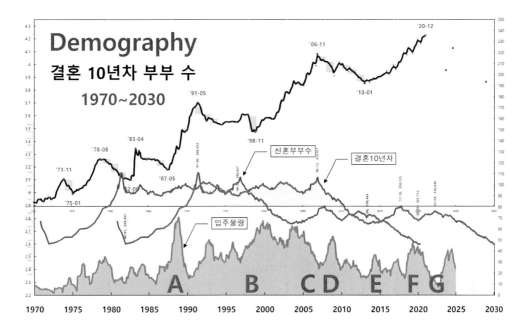

이 차트에 입주물량 차트를 삽입해 비교해 보면 결혼 10년차 부부 수의 증감 데이터를 보다 효율적으로 이해할 수 있다.

A 국면은 88올림픽을 전후해서 역대급 입주물량이 쏟아지던 때인데, 이때는 결혼 건수도 증가했지만 결혼 10년차 부부 수가 폭증하며 그 많은 물량을 다 받아 내었을 뿐만 아니라 서울아파트 시장의 폭등세를 불러왔다.

B 국면은 IMF 시기로 급증하는 입주물량을 받아 줄 자금도 없었을 뿐만 아니라 결혼 10년차 부부 수는 큰 변동이 없는데도 실직으로 인해 결혼 건수가 급감했기 때문에 아파트값 폭락을 막을 수는 없었던 듯하다.

C 국면은 2002 월드컵 이후의 급등기로, 입주물량의 급감과 결혼 건수의 증가, 특히 결혼 10년차 부부 수의 폭증이라는 3가지의 긍정 요소가 겹치며 버블세븐기라는 폭등을 유발했다.

D 국면은 버블세븐이 터진 후 미국발 서브프라임사태 국면으로 잠실의 엘리트레파로 일컬어지는 입주물량 폭증과 결혼 건수 감소, 결혼 10년차 부부 수의 급감이라는 3가지 악재로 대세하락에 들어선 때다.

E 국면은 2013년 대반등 시기로 입주물량은 많지 않은 편이었고 7년 넘게 급감하던 결혼 10년차 부부 수(2002년 월드컵 이후 결혼한 부부 수)가 상승세로 돌아선 시기와도 일치한다.

F 국면은 2019년 헬리오시티와 고덕지구의 입주폭탄기로, 결혼 10년차 부부 수가 감소하던 시기와도 일치한다. 이때의 언론 기사를 보면 이러한 이유와 5년 이상 상승했던 적이 없었기 때문에 서울아파트 시장이 대세하락으로 들어설 것이라는 전문가들의 주장이 많았다.

그러나 2년이 지난 지금까지도 서울아파트는 8년째 폭등을 지속했다. 예상을 뒤집는 이러한 현상은 임대사업자와 갭투자, 법인매수라는 신규매수세가 원인이었다고 생각된다.

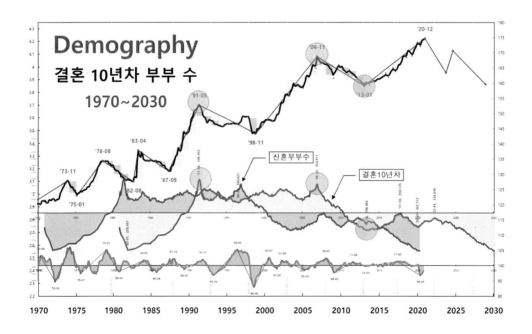

과거의 이러한 상관관계를 앞으로의 서울아파트 시장에 대입을 해 본다면 이 책에서 필자가 주장하는 '2021년 서울아파트 대세하락의 시작'의 또 하나의 근거가 될 수 있다.

즉, 내년에는 결혼 10년차 부부 수가 증가함에 따라 서울아파트의 상승세를 주장하는 전문가도 있지만 절대치가 낮은 상황이라 별 영향은 없을 듯하다.

오히려 1차 급감하던 2007년부터 서울아파트 시장도 2012년까지 급락했듯이, 장기적으로는 결혼 10년차 부부 수가 2030년까지도 급감하는 2차 하락기와 맞물려 서울아파트 시장은 2029년까지 추세적인 하락은 불가피해 보인다.

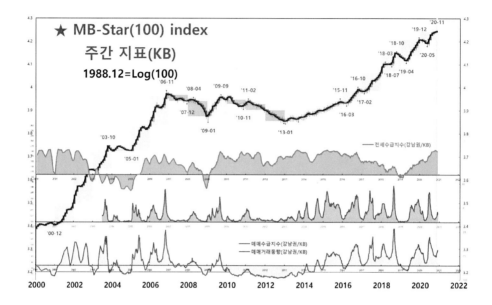

위 차트는 2000년 이후부터 MB-Star(100) 월간지수에 KB부동산의 주간 강남권 아파트 보조지표 3가지를 삽입한 차트이다. 전세수급지수와 매매거래동향, 매매수급지수의 최장기 데이터이다.

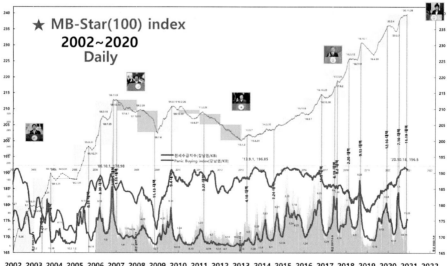

앞의 3가지 지표들 중 매매수급지수와 매매거래지수를 합성하여 '패닉바잉 인덱스 (Panic Buying index)'를 만들어 MB-Star(100) 일간지수에 다시 그렸다.

'패닉바잉 인덱스'란 거래가 폭발적으로 증가하며 동시에 매수세가 급증하는 극심한 패닉 현상을 지수와 비교하기 위해 필자가 기술적으로 재구성한 것인데, 이 패닉바잉 인덱스가 피크를 찍는 순간을 전후하여 어김없이 정부의 부동산 대책이 나왔었다.

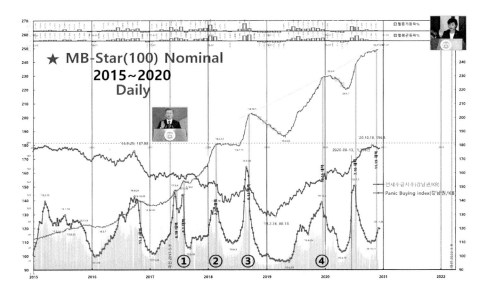

기간을 2017년 문재인 정부 출범 이후부터 하여 MB-Star(100) 일간 지수에 패닉바잉 인덱스와 전세수급지수, 정부의 24차례 부동산 대책 발표일을 삽입한 후 그중 필자가 카운팅한 국토부의 부동산 대책에 번호를 표시했다.

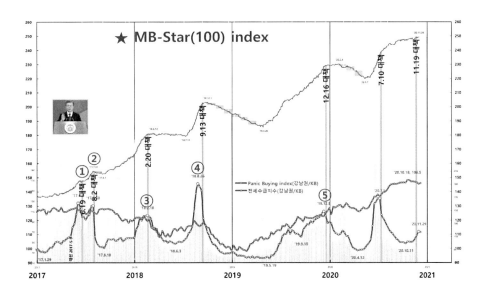

5월 9일 대선 승리로 문재인 정부가 출범한 이후부터 붉은색 패닉바잉 인덱스를 보면 올해 6월 대정부질문 전까지는 5번의 피크가 있었다. 그런데 첫 번째 대책은 김현미 장관 후보자의 인사청문회 기간 때 발표한 것이라 본인은 '4번뿐'이라고 주장하는 듯하다.

그때마다 정부의 대책 발표가 있었고 시장은 조정을 보였으며 가장 큰 조정은 2018년 9.13 대책 때로, 무려 7개월이 넘게 깊은 조정을 보이기도 했다.

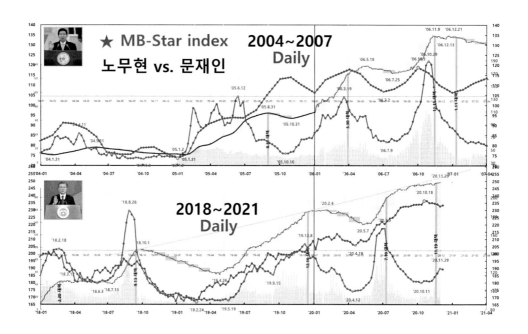

필자는 2013년 이후 문재인 정부의 8년간 상승이 1998년 이후 노무현 정부의 8년 상승과 데자뷔라는 주장을 해 왔다. 엘리어트 파동이론에서는 상승 3파와 상승 5파로 구분하기도 했다.

만일 두 기간의 서울아파트 시장이 비슷한 흐름을 보인다면 수급이나 거래량 등의 보조지표도 비슷할 것이고 정부 대책도 비슷할 것이라는 추론이 가능해지기 때문이다.

노무현 정부의 상승파동 막바지에는 버블세븐이라는 폭발적인 상승이 있었는데 그중 마지막 2년 동안의 패닉바잉 인덱스에는 3차례의 피크가 있었고 그때마다 정부의 부동산 대책이 있었다. 2006년 11월 9일 목요일, 대상투 전후의 지표들을 보면 10월 초에 전세수급지수가 가장 먼저 피크를 쳤고 이후 10월 말에 패닉바잉 인덱스가 피크를 쳤으며 11월 9일 거래량이 폭발하며 지수는 상투를 기록했다. 그리고 6일 후 3번째 대책인 11.15 대책이 나왔다.

필자는 올해 11월에도 서울아파트 시장이 저 당시의 흐름과 비슷하게 진행될 것이라고 단정하고 시장의 흐름과 보조지표, 정부 대책을 예의주시하고 있었다.

그런데 9월 이후 기다렸던 지수의 조정도 없었고 거래도 늘지 않았으며 패닉바잉 인덱스의 급등도 없었다. 단지 비슷한 점은 10월 중순의 전세수급지수의 고점과 11월 19일의 부동산 대책이었다. 즉, 몇 개의 시장 지표가 꼬이기 시작한 것이다.

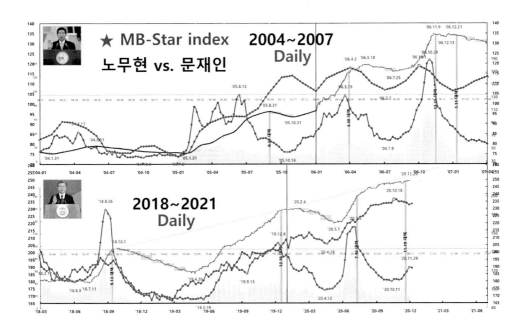

그래서 고민 후 생각해 낸 또 다른 시나리오가 앞서 언급했던 2006년과의 두세 달 엇박자를 보이는 것이었다.

한국주택금융공사에서는 주택구입자의 주택구입능력 정도와 변화를 파악하기 위해 2008년부터 주택구입부담지수(Housing Affordability Index)를 분기별로 발표하고 있다.

주택구입부담지수(HAI)란 중위소득가구가 표준대출로 중간가격주택 구입 시 대출상환부담을 나타내는 지수로, 주택금융의 상환 부담 수준을 보여 주는 지표이다.

계산식은 아래와 같다.

$$\text{주택구입부담지수 (HAI)} = \frac{\text{대출상환가능소득}}{\text{중간가구소득(월)}} \times 100$$

분자에 들어가는 대출상환가능소득이란, 중간소득가구가 중간가격주택을 구입할 때 받은 대출을 상환하기 위해 벌어야 하는 소득이다. 중간주택가격, LTV, 주택담보대출금리, DTI를 이용하여 산출된다.

분모의 중간가구소득은 통계청 가계동향조사의 2인 이상 도시근로자 가구소득 자료와, 고용노동부 노동통계조사에서 5인 이상 사업체 상용근로자의 월 급여 총액의 전국 대비 지역별 환산 비율을 이용하여 산출한다.

그럼 이 지수를 서울아파트 시장의 분석에 어떻게 활용할 수 있을까? 많은 전문가들이 주택구입부담지수의 최고점이 164.8pt라 현재의 142.8pt는 더 높아질 가능성이 크다고 한다.

필자도 비슷한 생각이지만 이 지수의 고점과 서울아파트의 고점이 앞으로 일치할까? 과거에도 일치했을까? 검증이 필요하다.

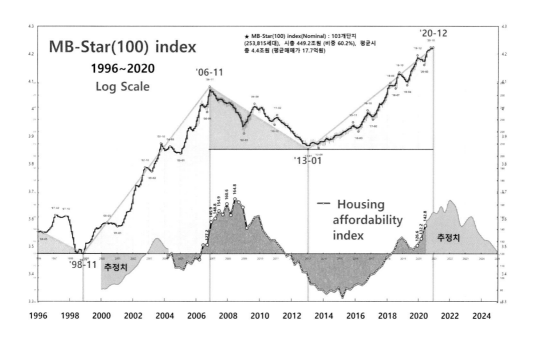

위 그래프는 서울아파트 시가총액 상위 103개 아파트 단지로 만든 MB-Star(100) index 실질지수에 서울의 주택구입부담지수를 오버랩시킨 것이다.

특히 필자는 이 지수가 영원히 오르는 지표가 아닌 코사인 함수처럼 일정한 범위 안에서 등락을 반복하는 지수라는 데 착안하여 2004년부터 최근까지의 데이터를 선행/후행 배치하여 하나의 순환함수화시켰다. 비록 추정치이긴 하지만 큰 흐름을 짐작하는 데는 유용할 듯해서다.

노무현 정부 당시의 폭등기에는 주택구입부담지수의 고점이 2008년에 출현했던 반면, 서울아파트의 고점은 2006년 11월이었다. 즉, 2년 가까이 시차가 발생하는 것으로 이렇게 따지면 이 지표는 서울아파트 시장의 분석에 적합하지 않다는 결론이다.

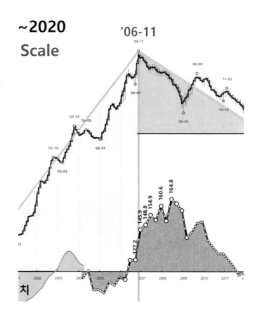

당시 서울아파트의 고점은 이 지표가 한창 상승하는 중간에 출현했으며 그 수치는 약 145pt 부근이었다.

따라서 현재의 142.8pt는 거의 과거 서울아파트 고점 부근에서 나타났던 수치와 비슷

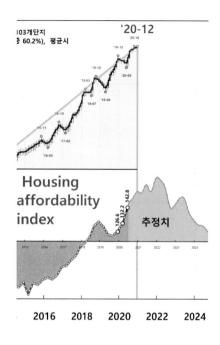

하다는 것에 오히려 이 지표의 효용성이 있다고 봐야 한다.

현재의 서울아파트지수와 주택구입부담지수를 보면 지난 2분기까지의 데이터는 142.8pt로 필자가 주기함수처럼 과거의 데이터로 추정하여 만든 그래프에서는 현재의 시점이 서울아파트 고점 부근이라는 예측이 가능하다.

즉, 조만간 발표될 주택구입부담지수 3분기 지수는 2분기까지 발표된 142.8pt를 넘을 가능성이 높으며 4분기 지수는 그보다 더 높을 가능성이 있다.

따라서 서울아파트 시장의 고점 판단 여부를 주택구입부담지수의 고점까지 기다리는 것은 너무 위험한 일일 듯하다.

이 지표 말고도 매우 많은 지표가 올해 4분기 또는 내년 1월에 서울아파트 시장의 고점 출현 가능성을 높이고 있기 때문이다.

한 가지 덧붙이자면 필자는 이 '주택구입부담지수'라는 용어를 '주택구입여유지수'로 바꿔야 한다고 생각한다. 'Affordability'라는 단어를 '부담'이라고 번역을 한 것인데 '부담'이라는 말은 부정적인 뉘앙스를 내포하고 있는 반면 '여유'라는 말은 긍적적인 뉘앙스를 내포하고 있기 때문이다.

$$\text{주택구입부담지수}_{(HAI)} = \frac{\text{대출상환가능소득}}{\text{중간가구소득(월)}} \times 100$$

단편적인 예를 들면, 위 산출 공식에서 분자의 '대출상환가능소득'이 높아지면 이 지수는 높아진다. 그럼 부담이 커지는 것일까, 아니면 여유가 커지는 것일까?

Can you afford a new Car?

위 문장을 해석할 때를 생각해 보면 '주택구입부담지수' 대신 '주택구입여유지수' 또는 '주택구입능력지수'로 바꿔야 한다고 생각한다. 물론 용어를 바꾼다고 실체가 바뀌는 것은 아니다.

14 전세가율 vs. 매매가율

최근 전세를 구하기 어려워진 많은 무주택자가 매매로 수요를 옮기는 현상이 벌어졌다.

그런데 과거 부동산 상투기에는 언제나 전세대란이라는 전세가 폭등 현상이 나타났고 3~4년 후에는 반대로 역전세난 또는 깡통전세라는 전세가 폭락 현상이 나타났다.

그럼 전세가와 매매가 사이에는 어떤 관계가 있을까? 누구나 거주를 위해서는 자가나 임대 둘 중 하나는 선택해야 하듯 둘 사이는 대체재의 관계가 정확한 답이다.

지금부터는 전세가와 매매가의 상관관계를 통계적으로 살펴보고 서울아파트 매매시장 판단에 어떻게 활용할 수 있을지 필자가 연구한 바를 논해 보겠다.

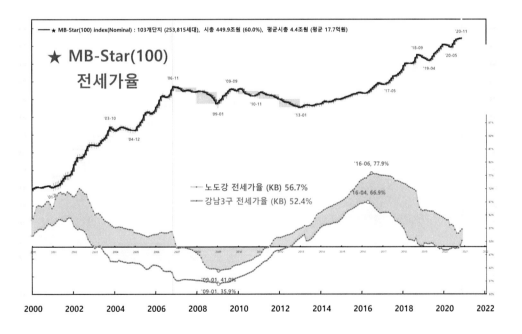

위 차트는 MB-Star(100) 지수에 KB부동산의 강남3구와 노도강의 전세가율을 표시한 것이다. 전세가율 그래프는 50%를 중심으로 삼각함수의 코사인 그래프처럼 일정한 주기를 두고 등락을 반복하는 모습이다.

전세가율 그래프의 고점과 저점의 시기를 보면 강북의 전세가율이 강남보다 항상 높았다는 점을 제외하면 대충 매매가의 고점 및 저점 시기와 반비례하는 모습이다. 그런데 현재는 고점과 저점의 중간 위치로 매매시장에 대입하기는 애매한 시점이다. 많은 전문가는 전세가율이 40% 이하로 내려가야 매매가 고점이 될 것이라고 주장하는데 오히려 최근 전세가율이 반등하는 모습이다. 그럼 매매가의 고점은 아직 멀었다는 말일까?

문제가 잘 풀리지 않을 때는 뒤집어 생각해 보라는 코페르니쿠스의 발상처럼, 필자는 전세가율 차트를 뒤집어 보기로 했다.

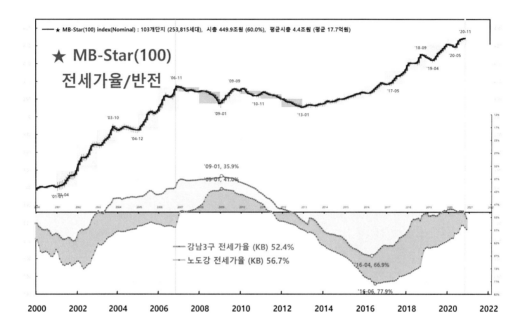

위 차트는 전세가율 차트의 Y축을 상하 반전시킨 것이다. 이렇게 보니 매매가 등락과 전세가율 등락의 상관관계를 직관적으로 파악하기는 더 좋다. 그러나 2000년 이전의 데이터가 없는 상황이고 이 데이터 또한 실거래가가 아닌 공인중개사가 입력한 시세라는 한계가 있다.

장기시계열이 필요하다고 판단되어 MB-Star(100) 지수를 만들었던 방식으로 103개의 아파트 전세가 시가총액도 구하여 지수를 만들었다.

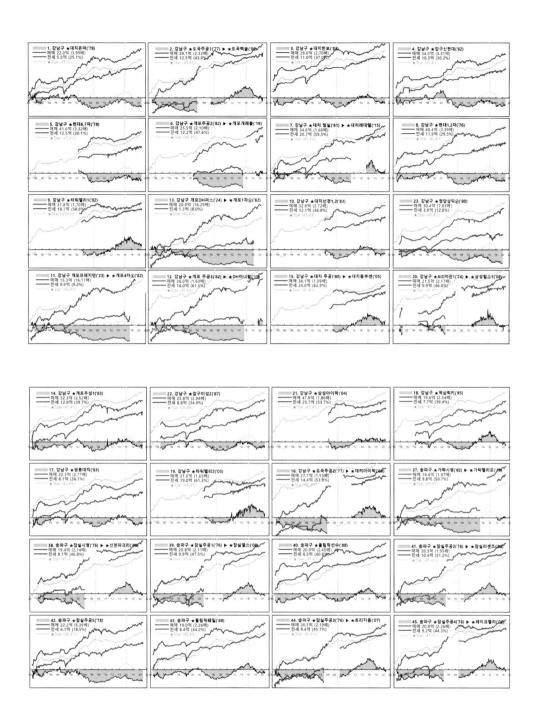

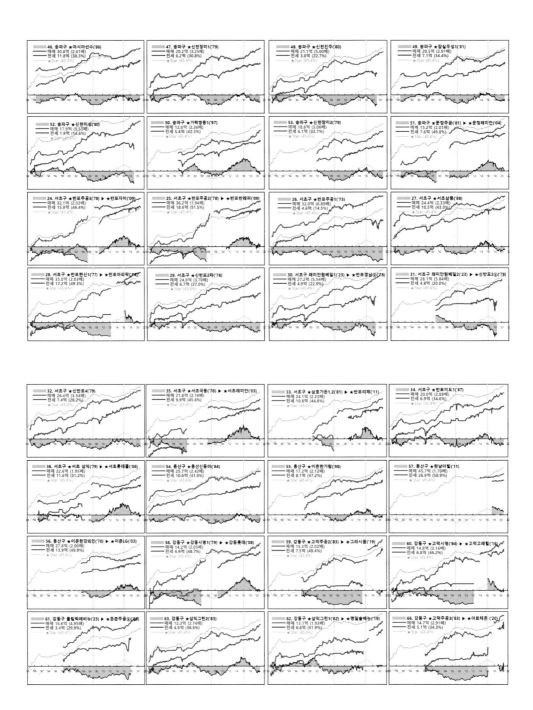

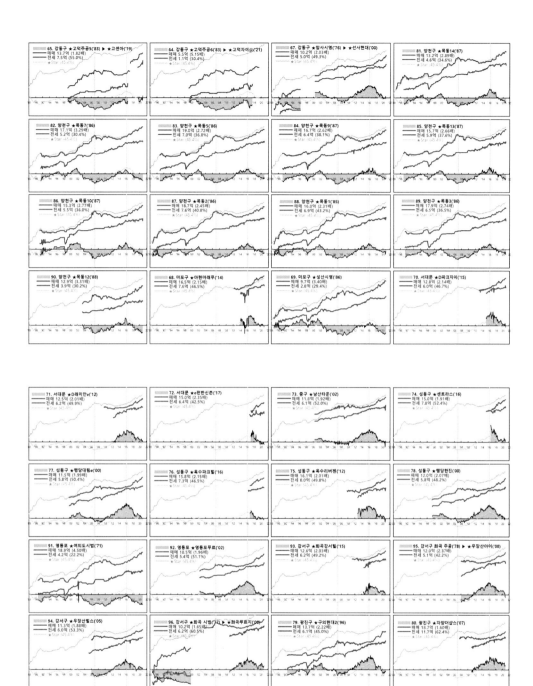

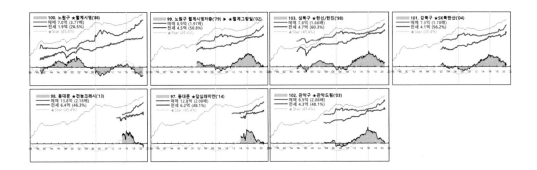

위 차트는 1988년부터의 서울아파트 시가총액 상위 103개 아파트 매매가와 전세가, 전세가율로 만든 차트다. 2006년 이후부터는 국토부 실거래가를, 그 이전은 KB부동산과 데이터뱅크 중위시세를 이용했고 신규입주나 재건축, 멸실 등으로 매매가와 전세가 둘 중 하나라도 없는 구간은 지수 산정에서 자동으로 제외되었다.

단, 국토부에 신고된 전세가의 대부분이 신규계약이 아닌 재계약이 차지하고 있어 현재의 전세가 급등 현상을 온전히 반영하지 못하고 있다는 것이 실거래가의 한계다.

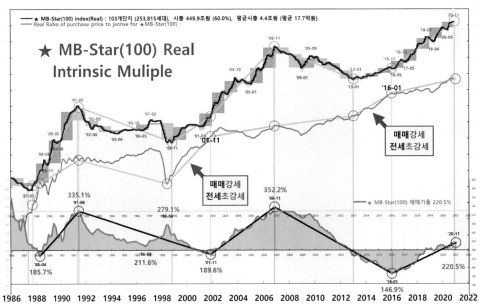

위 차트는 MB-Star(100) 매매가 실질지수에 전세가 실질지수, 그 아래 전세가율을 반전시킨 그래프를 함께 그린 것으로 중요한 변곡점에 파동도 표기하였다.

매매가에는 투자가치가 포함되어 있는 반면 전세가에는 투자가치가 빠진 거주가치라는 내재가치만 있기에 기존의 전세가율이라는 용어에 문제가 있다고 판단되어 필자는 전세가율 대신 매매가율(Intrinsic Multiple)이라고 별도의 분석 툴을 만들었다. 즉, 필자는 기준(분모)을 매매가로 보지 않고 전세가를 기준(분모)으로 본 것이다.

이 데이터를 만들고 나서 한참 동안 연구를 해 본 결과, 놀라운 사실을 발견할 수 있었고 필자의 서울아파트 상투 시점 예측에 중요한 단서를 찾을 수 있었다.

매매가율은 간단히 말해 기준이 전세가고 비교 대상이 매매가로 분모가 전세가, 분자가 매매가라는 아주 단순한 논리다. 이렇게 따지면 2006년 11월 대상투에서의 매매가율은 352.2%였고 2016년 1월의 매매가율 최저치는 146.9%였다. 그리고 지금은 10월 기준 매매가율이 220.4%다.

여기서 중요한 점은 1991년 5월의 매매가 고점과 2006년 11월의 매매가 고점은 매매가율 고점과 정확히 일치하고 있으나 1987년 5월과 1998년 11월의 저점, 2013년 1월의 저점에서는 매매가율 저점과 시차가 많이 난다는 것이다. 이 현상을 어떻게 이해해야 할까? 그리고 지금의 매매가율은 220%에 불과해 과거의 고점 330~350%에 비해 턱없이 낮은데 서울아파트 고점은 아직도 한참 멀었다는 것일까? 의문이 들었다.

우선 매매가 저점과 매매가율 저점에 시차가 발생한 이유를 먼저 파악하는 것이 선결 과제다.

다음의 차트는 1991년 고점부터 2006년 고점까지 15년간의 부분차트로 매매가율 차트에서 고점은 일치하나 저점은 1998년이 아닌 2001년이었다.

즉, 매매가는 7년간 하락했지만 매매가율은 10년간 하락했다는 것으로, 1998년 매매가의 반등 후에도 매매가율은 추가적으로 3년 더 하락했다는 것이다.

그래서 그 3년간의 시차를 자세히 보면 IMF 이후 매매가와 전세가는 동시에 반등을 시작했지만 그 상승강도에서 큰 차이를 보였다. 즉, 매매가(분자)의 상승세보다 전세가(분모)의 상승세가 더 강해 매매가율은 3년간 더 하락했던 것이다.

그럼 이번에는 어땠을까? 2006년 11월, 매매가와 매매가율은 동시에 고점

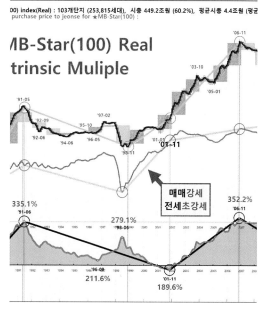

00) index(Real) : 103개단지 (253,815세대), 시층 449.2조원 (60.2%), 평균시층 4.4조원 (평균
purchase price to jeonse for ★MB-Star(100) :

MB-Star(100) Real
trinsic Muliple

매매강세
전세초강세

을 형성했다. 이후 매매가는 하락하고 전세가는 상승을 하며 매매가율은 3년 더 지속적으로 하락세를 보였고 그 하락 기간도 과거와 같이 또 10년이었다.

이번에도 2013년 1월 이후 매매가의 반등 시점부터 2016년 1월 매매가율의 반등 시점까지 3년간의 시차를 보면 과거와 똑같은 현상이 발생했다. 즉, 매매가(분자)의 상승세보다 전세가(분모)의 상승세가 더 강해 매매가율은 3년간 더 계속 하락했던 것이다.

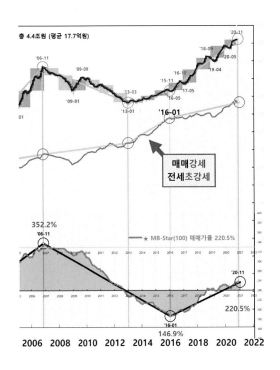

여기서 필자는 무엇을 얻을 수 있었을까? 매매가율 차트에서는 그 고점이나 저점의 절대 수치가 아닌 구간의 길이가 더 중요한 정보를 제공해 준다고 보인다. 따라서 버블세븐기의 매매가율 상승 구간은 2001년 11월부터 2006년 11월까지의 5년간이었으므로 이번의 필자가 예상하는 서울아파트 상투 시점을 5년간의 매매가율 상승 기간으로 적용했다.

따라서 2016년 1월부터 5년이 되는 내년 1월 전후에 매매가의 고점이 나타날 확률이 커 보인다. 그리고 과거에 비해 현재의 매매가율 고점 수치가 현격하게 낮은 이유로는 현재의 서울아파트 시장에서는 전세가에 비해 투자가치가 하락했기 때문이라 생각된다.

즉, 이번의 상승은 34년간의 마지막 상승 5파동으로 대세상승의 끝물이라 매매가율이 낮은 것일 뿐 그 기간은 동일하게 적용되는 듯하다.

15 전세수급지수 (Demand & Supply Trend)

전세 수급지수는 전세 물량과 수요(Demand & Supply Trend)를 조사하여 1~200까지의 수치로 표시하는 것으로 200에 가깝다는 것은 전세물량이 거의 없다는 뜻이다. 그럼 전세수급지수와 매매가 사이에는 어떠한 관계가 있을까?

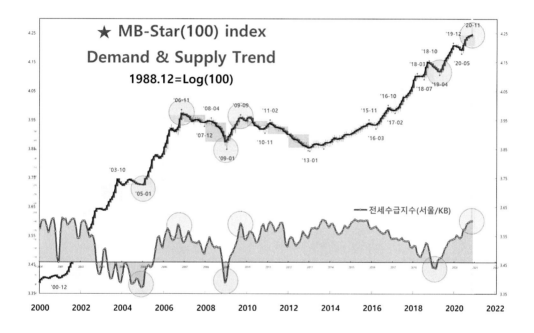

위 차트는 2000년 이후의 MB-Star(100) index 월봉에 KB 월간 서울 전세수급지수를 표시한 것이다. 여기서 주목해야 할 부분은 지난 20년간의 서울아파트 매매가 등락 구간 중 주요한 고점과 저점이 나타났던 시점이 전세수급지수의 고점 및 저점과 겹쳤다는 것이다.

월간 지수를 더 세밀하게 파악해 보기 위하여 주간 지수를 활용하기로 했다.

2002년 이후의 일간 MB-Star(100) index에 KB 주간 서울아파트 전세수급지수를 표시했다.

동그라미로 표시한 부분에서 약간의 시차를 두고 고점 및 저점이 겹치는 것을 볼 수 있다.

이 차트에서 추론할 수 있는 것은 매매가 급등의 후반기에 전세가도 따라 오르다가 막바지 국면에서는 전세물량이 거의 없는 패닉바잉 현상이 나타나며 전세수급지수가 200에 가까워지고 그 과열이 식으면서 매매가도 고점을 친다고 해석할 수 있다.

매물/시세   분양   경매

월간 KB주택가격동향

2020.11월 『[월간]KB주택가격동향』조사결과

KB부동산   등록일 2020.11.30   조회수 **573**

■ 2020년 11월 조사기준일 : 2020년 11월 16일(매월 15일이 포함된 주의 월요일)

■ 2020년 11월 조사기간 : 2020년 11월 16일 ~ 20일 (기준일로부터 5일)

그런데 KB나 감정원에서 발표하는 월간 지수에는 실제 날짜와 시차가 존재한다. 앞의 설명을 보면 11월 30일 발표한 KB의 월간 데이터는 11월 말까지의 데이터가 아닌 16일까지의 데이터라고 되어 있다.

즉, 10월 보름부터 11월 보름까지의 데이터를 취합한 후 2주 정도 가공하는 작업을 거쳐 발표한다는 것이다. 일간 데이터까지 만들면서 부동산 흐름을 파악하는 필자에게는 답답한 노릇이 아닐 수 없다.

월간 데이터를 주간 데이터와 비교를 해 보자.

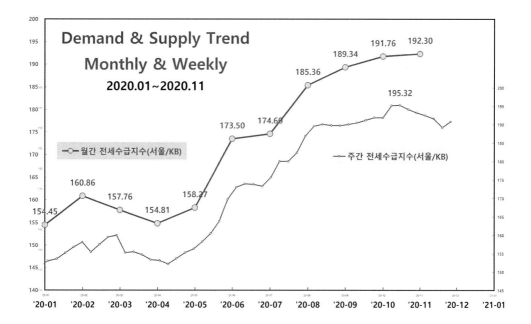

올해 1년간의 월간 전세수급지수와 주간 수급지수를 겹쳐서 표시하였다.

최근의 주간 데이터가 빠진 16일까지의 월간 데이터는 추세가 약화되며 상승 중이지만 주간 데이터로는 이미 하락반전했다. 즉, 다음 달인 12월 말에 발표될 월간 전세수급지수는 하락세로 반전된 데이터가 될 확률이 매우 높아진다. 그런데 이렇게 되면 시장의 변곡점 파악이 그만큼 늦어질 수밖에 없어 추론을 할 수밖에 없다.

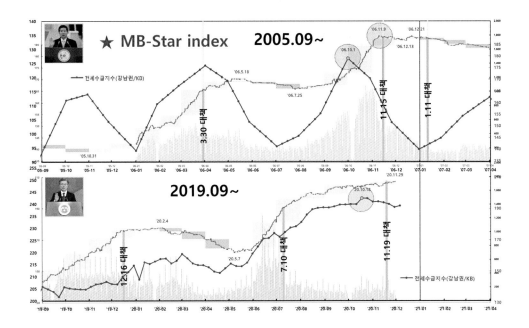

위 차트는 노무현 정부 시절의 2006년 버블세븐기 고점과 현재의 일간 지수에 주간 전세수급지수를 표시하여 비교한 것이다.

8년간의 상승을 마감하기 직전의 당시 서울아파트 시장 지표를 보면 2006년 10월 전세수급지수가 먼저 꺾이고 1개월 남짓 후인 11월 9일 목요일에 서울아파트지수의 고점이 만들어졌고 또 6일 후인 11월 15일에 정부의 부동산 대책이 발표되면서 12월 말부터 8년간의 기나긴 상승을 마감하고 6년간의 하락세가 시작되었다.

지금의 주간 전세수급지수도 10월 18일 고점을 형성한 후 하락추세로 돌아선 상태로, 2006년 11월과 비슷한 흐름을 보인다면 이번에도 올해 11월에 먼저 고가 아파트가 고점을 형성하고 내년 4월 이전에 저가 아파트가 고점을 형성하며 8년간 상승하던 서울아파트 시장의 전체 고점이 출현할 수도 있다는 것이다.

그런데 우연인지 모르겠으나 11월 19일 정부의 대책이 발표되었기 때문에 현재의 상황이 14년 전의 대상투였던 2006년 11월 또는 12월과 여러 가지로 비슷하다.

어쨌든 데이터의 시차를 줄이기 위해 월봉을 세밀하게 쪼개서 일봉으로 볼 필요가 있다.

역전세와
깡통전세

2018년 11월 20일, 전세값 하락에 대한 뉴스가 여러 매체를 통해 보도되었다.

당시 송파구 헬리오시티와 강동구 고덕지구의 입주물량 폭탄으로 깡통전세까지도 우려가 되는 상황이었다.

그보다 2년 전인 2016년 8월에도 비슷한 기사가 났다. 당시 공급과잉으로 인해 몇 년 후 미분양 등으로 인한 역전세난이 우려되어 2004년과 2008년처럼 위기가 올 수도 있다는 것이었다.

역전세나 깡통전세로 인한 가장 큰 위기는 1998년 IMF 때였다. 1998년 5월의 신문기사를 보면, 당시 아파트값의 폭락으로 전세금으로 살 수 있는 아파트가 속출했으며 전세가의 하락은 더 심했다.

그럼 이러한 역전세나 깡통전세 위기는 왜 벌어졌으며 앞으로도 그럴 가능성은 없는지 통계적으로 점검해 볼 필요가 있다.

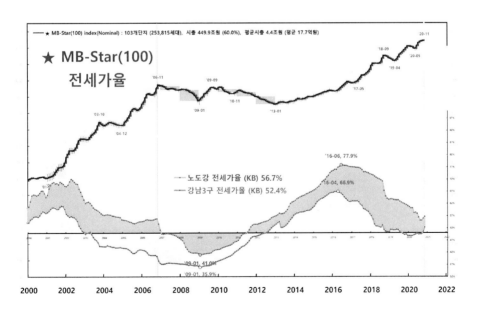

보통 전세 가격을 논할 때면 전세가율에 대한 자료를 떠올리게 된다. 전세가율이 너무 높으면 역전세나 깡통전세의 위험이 그만큼 커지게 되기 때문이다.

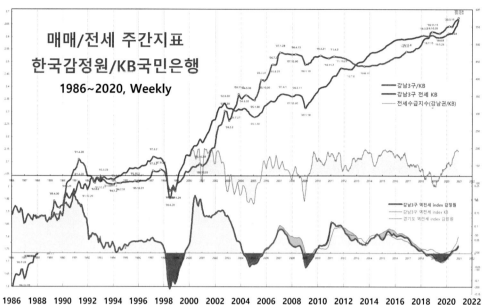

그러나 필자는 전세가 자체의 시세흐름에 따른 역전세나 깡통전세의 발생 원인에 더 중요성이 있다고 생각이 들었다. 그래서 만든 것이 역전세 인덱스다.

역전세 인덱스는 전세계약 주기가 보통 2년 단위인 점에 착안하여 현재의 전세가와 2년 전 계약 당시를 비교하여 그 비율을 도식화한 후 연결한 것이다. 즉, 현재의 전세가 수준이 중요한 것이 아니고 2년 전 계약 당시보다 현재의 전세가가 더 낮게 되면 임대인은 이사를 가려는 임차인에게 돌려줄 돈이 부족하게 되고 결국 역전세난이 벌어지게 되는 것이다.

1986년 이후 지난 30여 년간 우리나라에 벌어진 역전세난은 총 4차례였다.

강남3구 매매가 지수와 전세가 지수로 만든 위 차트에서 파란색으로 음영 처리한 부분이 바로 역전세 구간으로, 1998년 IMF 때와 카드사태 직후인 2004년, 미국발 서브프라임사태 때의 2008년과 최근의 헬리오시티와 고덕 입주물량으로 인한 2019년 등 4차례다.

차트에서 보면 역전세난 기간 중에는 어김없이 전세수급지수가 최저치를 기록하였는데 KB 데이터가 생성되기 시작된 2000년 이후의 3차례 모두 그러하였다.

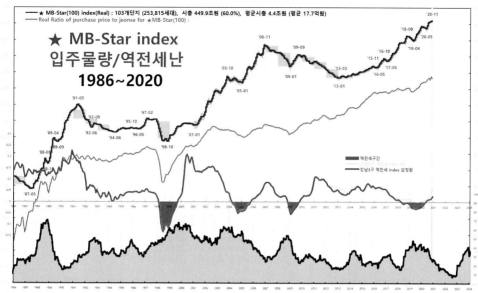

그럼 이러한 역전세난이 발생하는 이유는 무엇이며 향후 그러한 위기가 또 발생할 수 있을지 의문이 든다. 물론 전세값 폭등으로 인한 전세대란이 발생하고 있는 현재의 시점에서 볼 때는 말도 안 되는 이야기라고 반문할 수도 있겠다.

역전세난이 발생하는 이유는 당연히 전세값 하락 때문이고 전세값의 하락은 입주물량이 많아서 생기는 수급의 원칙에 따른 자연스러운 현상일 것이다. 위 차트는 시인성을 위해 물가를 반영한 서울아파트 실질매매지수와 실질전세지수에 입주물량 월평균 데이터와 이미 보았던 역전세 인덱스를 표기한 것이다.

역전세난이 벌어졌던 첫번째 시기인 1998년을 보면, 입주물량도 많았지만 외환위기로 인한 매매가와 전세가의 폭락으로 역전세와 깡통전세 현상이 발생했었다. 특히 당시에는 전세가의 폭락이 매매가의 폭락보다 훨씬 심했다.

두 번째 역전세 기간인 2004년 전후를 보면 서울아파트 매매가의 초강세가 진행되던 때로, 카드사태로 가계 부분에 큰 위기가 발생한 상태에서 당시 입주물량도 많았고 그로 인한 전세가의 하락이 수년간 지속되었다.

세 번째 역전세 기간인 2009년 전후를 보면 8년간 상승하던 서울아파트 매매지수가 버블세븐이 터지면서 급락세로 돌아섰고 엘리트레파 등 잠실 지역의 대규모 입주물량이 겹치면서 전세가 하락과 역전세난이 발생했다.

네 번째 역전세 기간인 최근의 2019년 전후를 보면 역대 최대 세대수의 헬리오시티와 고덕입주물량이 집중적으로 입주하던 시기였다. 그러나 보수적인 감정원 지수에서는 역전세난이 발생했지만 KB 기준으로는 역전세가 발생할 정도는 아니었다.

그럼 이러한 사례를 참고하여 향후 역전세난이 발생한다면 그 시기는 언제쯤일까?

필자는 그 시기를 2023년 전후로 예측을 한다. 이유는 2009년 전후에 역전세난이 발생했던 경우와 비슷한 흐름을 보일 것이라 예상하기 때문이다.

2007년 서울아파트의 고점 이후에도 전세가는 수개월 강세를 보이며 급등하다가 매매가의 하락과 함께 전세가도 하락세로 돌아선 후 2~3년이 지난 2009년 전후에 역전세난이 발생했다.

그 당시와 현재가 비슷한 흐름을 보이고 있으며 2023년부터는 서울에 입주물량도 급증을 하게 되고 서울 인근에 건설될 3기신도시 물량의 영향권에도 들게 된다.

현재처럼 임대차법 개정으로 인해 5억 원 정도하던 전세가가 8~9억 원으로 폭등한 경우, 만일 3~4년 후 전세가가 다시 7억 원 수준으로 하락한다면 집주인은 이사 가려는 임차인에게 돌려줄 돈이 1~2억 원 모자라게 되는 것이다. 따라서 현재 폭등하고 있는 전세가는 3~4년 후 부메랑으로 돌아올 가능성이 커 보여 임대인도 마냥 좋아만 할 일은 아닌 듯하다.

17 5분위 배율
(Quintile Share Ratio)

몇몇 학자에 의하면 1930년대 미국의 대공황의 원인 중 하나에 그 직전의 극심한 빈부격차도 있다고 한다. 어느 시대건 양극화가 심해지면 그 현상을 해소하기 위해 시장은 '발작'을 해 왔다.

올해 초 많은 언론에서는 전국 아파트 가격의 양극화가 심각해져 5분위 배율이 9년만의 최대치인 6.8배라는 기사와 함께 그 심각성을 보도했다. 5분위 배율(Quintile Share Ratio)이 6.8이라는 것은 상위 20% 가격이 하위 20% 가격의 6.8배라는 의미다.

그럼 1년이 지난 최근의 5분위 배율은 얼마일까?

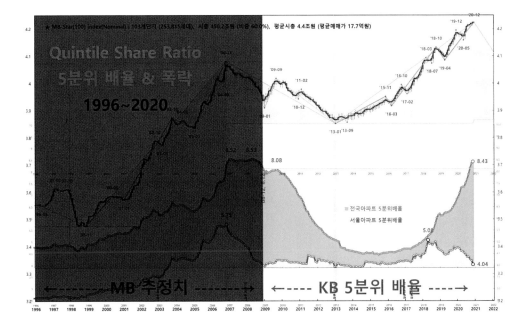

위 차트는 1996년 이후의 MB-Star(100) 지수에 전국과 서울의 5분위 배율을 도식화한 것인데 독자의 이해를 돕고자 이 지표의 조사가 시작된 2008년 12월을 기준으로 그 이전은 음영 처리하였다.

위 기사가 보도된 이후 10개월이 지난 현재 시점의 전국 5분위 배율은 8.35다. 기사가 보도될 당시의 6.8배보다 훨씬 더 높을 뿐만 아니라 지난 9월에는 8.15배로 이미 지수산출 이후의 사상 최고치를 넘었다. 그럼 조사가 시작되기 전의 사상 최고치는 어느 정도일까?

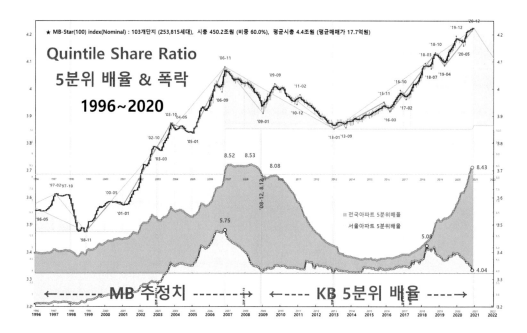

차트에서 음영을 제거한 온전한 차트로 조사가 시작된 2008년 12월 이전의 데이터는 필자가 나름대로 역산한 추정치이다. 수치는 조금 부정확할지라도 분명한 것은 5분위 배율의 극대치는 버블세븐의 막바지였던 2006년 말부터 2007년의 어느 시점일 것이라는 것이다.

필자가 추정한 전국 5분위 배율의 극대치는 2007년에서 2008년 사이의 대략 8.53배 정도인데 10월 현재 8.35배로 11월 또는 12월의 데이터가 발표되면 아마도 사상 최고치를 갈아치울 듯하다. 그런데 8.5배 수준은 서울아파트의 상투 시점 수준이다. 이번에도 양극화가 극에 달하면 2007년처럼 조정이 올 가능성이 매우 높아진다.

차이점은 2006년 당시에는 전국뿐만 아니라 서울도 양극화가 극심했었지만 이번의 상승장에서는 오히려 서울의 5분위 배율이 하락하고 있다는 것이다. 즉, 최근 몇 년간은 노도강 아파트 매매가의 상승률이 더 높다는 의미다.

올해 하반기에 나타나고 있는 강남 아파트 대비 지방 아파트의 폭등 현상도 이러한 5분위 배율 양극화 현상의 해소 과정으로 이해될 수 있다.

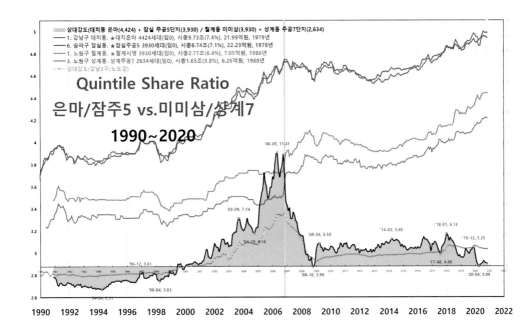

서울아파트 시장의 5분위 배율 데이터가 없던 시절까지 포함해 주요 아파트 실거래가 데이터로 차트를 만들었다. 1990년 이후 상위 20%에 속하는 강남권 대표 아파트로 은마와 잠실주공5단지를, 하위 20%를 대표하는 강북권 대표 아파트로 미미삼과 상계7단지의 시가총액과 그 배수를 도식화한 것이다.

2002년 전후까지는 두 아파트의 시가총액 합의 배율이 3배 수준이었는데 이후 노도강의 침체와 버블세븐의 폭등으로 양극화가 확대되면서 2006년 10월에는 11.25배까지, 5월에는 11.41배까지 벌어졌다. 강남의 두 아파트 단지를 팔면 강북의 두 아파트 단지를 11개나 살 수 있다는 의미다.

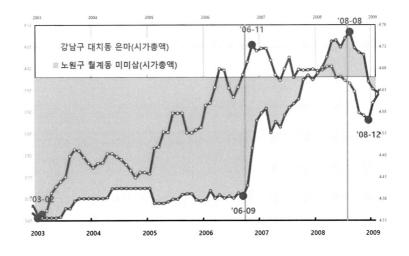

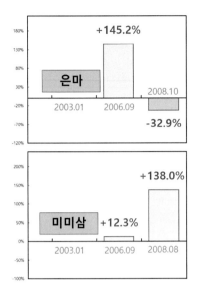

은마와 미미삼의 엇갈린 등락을 비교해 보면 2003년 1월부터 2006년 9월까지 4년여간 은마가 +145% 폭등하는 사이 미미삼은 겨우 +12.3%의 상승에 그쳤다. 반면 버블세븐이 폭락하며 2008년 10월 리먼사태 때까지 2년간 은마가 -32.9% 폭락하는 사이 이번에는 미미삼이 +138%나 폭등했다. 완전한 '시간차 공격'이었다.

이처럼 버블세븐이 폭락하고 그 사이 노도강의 폭등으로 5분위 배율이 급격히 축소되며 2008년 10월 리먼사태 때는 3.98배까지 떨어졌다. 즉, 양극화가 심화되면 이를 해소하기 위한 '발작' 현상이 나타난다는 뜻이다.

이번에도 양극화가 극에 달하면서 2007년의 '발작' 현상이 나타날 가능성이 커 보인다.

18 연식별 서울아파트 지수
(index by age)

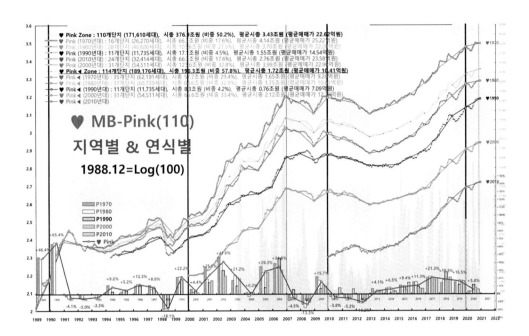

MB-Major(400) index에 편입된 아파트 단지들을 연식별 Sector index로 세분화한 차트 중 매매가 15억 이상인 Pink-Zone에 해당하는 차트다.

즉, 365개 단지를 매매가에 따라 3개의 지역으로 구분한 후 강남3구와 용산구에 속하는 110개 단지들을 연식별로 세분화한 것들로 각 시기마다 재건축이나 신축 등 주도했거나 소외되었던 아파트들을 파악하면 현재의 서울아파트 시장이나 향후의 전략에 도움이 될 수 있을 듯하다.

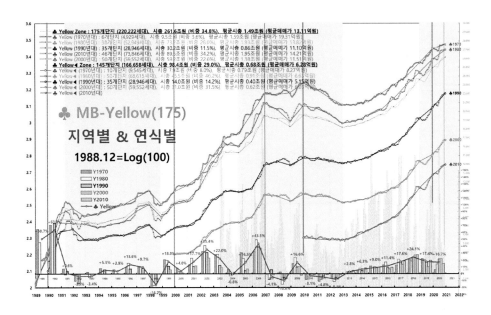

매매가 9억 이상 15억 이하의 175개 아파트로 산출된 Yellow-Zone 아파트 지수로 2019년 기준과 2007년 기준으로 각 지수별 통계를 집계해 차트 좌상단에 링크시켰다.

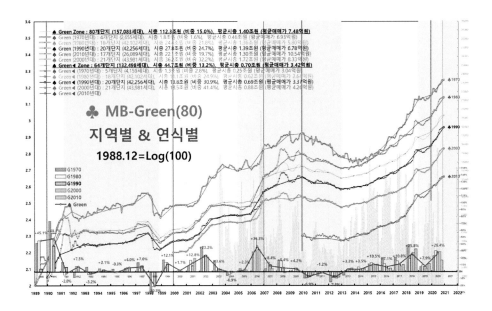

매매가 9억 이하의 노도강 등 Green-Zone 아파트 지수로 80개 단지의 아파트가 편입되어 있으나 1970년대 준공된 아파트는 4개에 불과하여 이 연식의 지수만은 대표성이 조금 떨어진다.

위 차트에서 버블세븐 시기였던 2006년 중반까지는 Green-Zone 지수가 서울아파트 상승장에서 소외되었다가 이후 급등했던 모습을 볼 수 있으며 최근 1~2년간의 급등 모습도 보인다.

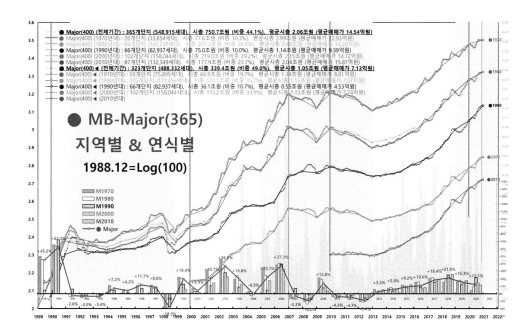

위 3개 지역을 모두 묶어 365개 단지를 연식별로 구분하여 지수를 만들면 위와 같다. 노무현 정부 시절에는 서울아파트 시장을 주도한 아파트가 재건축 단지들이었음이 확연하게 드러나고, 최근의 상승장은 2010년대 신축된 아파트들이 주도했음을 알 수 있다.

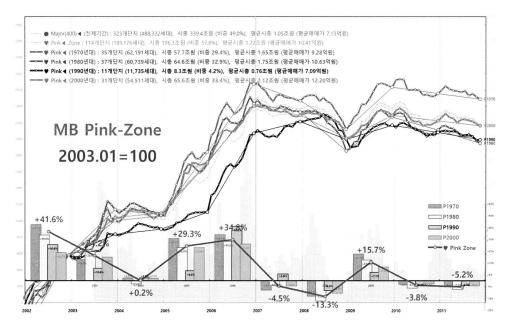

2003년 1월을 기준지수 100으로 하여 연식별로 아파트들을 구분하였는데, Pink-Zone에서 2005년 이후의 서울아파트 시장을 주도했던 연식은 1970년대 준공된 재건축 단지들이었음을 알 수 있다.

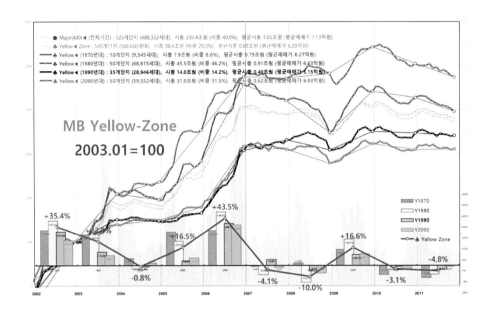

Yellow-Zone에서도 1970년대 아파트들이 주도하였던 것은 동일하나, 2007년 이후의 하락장에서도 1970년대 아파트들은 조정을 크게 받지 않았고 2010년까지도 초강세였음을 알 수 있다.

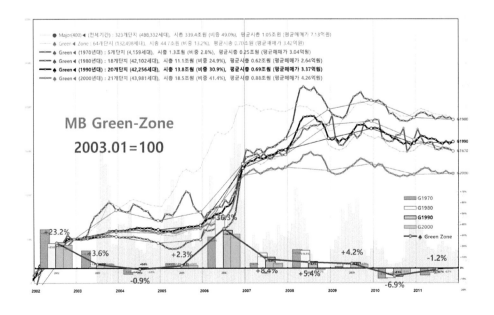

Green-Zone에서는 2006년 중반까지 모든 연식의 아파트가 서울아파트 상승장에서 소외된 모습이 확연히 드러나며 2006년 중반 이후 1980년대 아파트들의 폭발적인 상승세가 눈에 띤다.

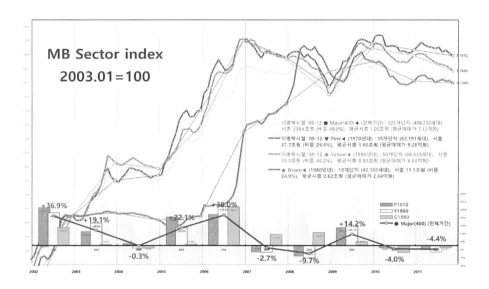

앞에서 살펴본 3개의 Zone에서 당시의 시장을 주도했던 연식만 따로 추출을 하여 비교하면, Pink-Zone의 1970년대와 Yellow-Zone의 1980년대 아파트들, Green-Zone의 1980년대 아파트들이 어떻게 시간차를 두고 시장을 주도했는지 구분할 수 있다.

이러한 현상은 올해도 거의 똑같이 반복되고 있다.

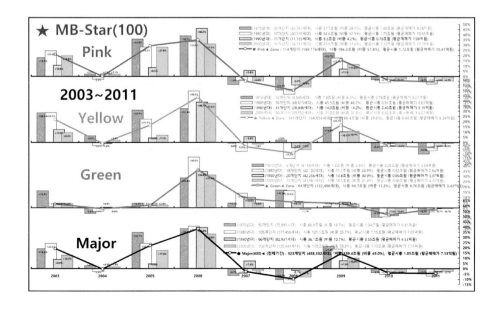

이를 지역별/연식별 연간 수익률 막대그래프로 표시하면 앞과 같다.

앞의 차트는 모든 구간이 연간으로 집계되어 표시되었지만 실제로는 2006년의 그래프를 상반기와 하반기로 나누면 노도강/금관구 아파트의 Green-Zone 수익률이 하반기에 극단적인 폭등을 하였다. 뿐만 아니라 Green-Zone은 고가 아파트가 하락세로 돌아선 2007년과 2008년에도 지속적으로 상승하였다.

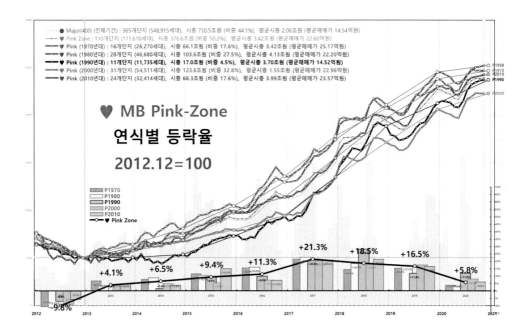

이번에는 Pink-Zone 지역을 2013년 서울아파트가 상승세로 돌아선 이후 8년간으로 한정해 연식별로 살펴보면 위와 같다.

상승 초기에는 1970년대 재건축 아파트들이 상승장을 주도했으나 최근에는 그 강세가 많이 약해졌다.

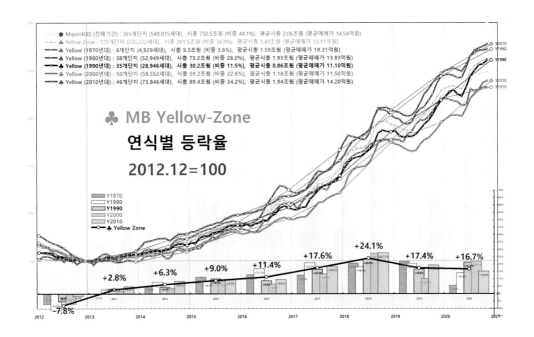

반면 Yellow-Zone에서는 상승장 초기부터 2010년대 준공된 신축들이 주도를 하였고 중반부에서는 1980년대 재건축 단지들이 상승장을 주도하였다.

Green-Zone에서는 상승장 초기에는 전반적으로 시장을 못 따라가는 모습이었으나 중반 이후에는 상승강도가 무척 강해졌다.

1970년대 준공된 아파트는 주로 강남권에 집중이 되어 있어 Green-Zone에는 4개의 단지밖에 없고 세대수도 적어 상승률은 무척 높지만 지수 영향력은 미미한 편이다.

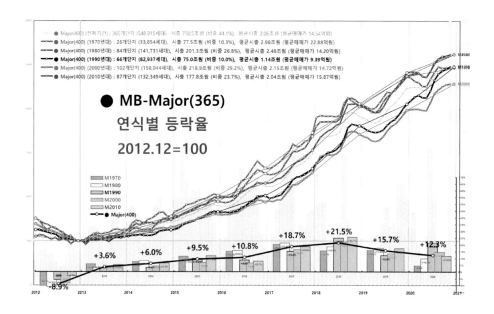

365개 모든 단지를 통합한 Major 지수 전체를 보면, 1970년대와 1980년대의 재건축 단지들과 2010년대 신축 단지들이 이번 서울아파트 상승장 전 구간을 주도했으나 1990년대와 2000년대 아파트 단지들은 전반적으로 일정한 차이를 두고 따라가는 모습이었다.

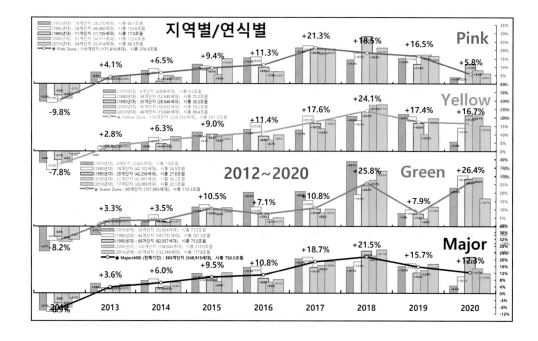

이를 막대그래프로 표시하면 앞의 차
트와 같은데, 2018년 이후 3년간을 보면 고가 아파트 위주의 Pink-Zone 상승률이 감소
하는 동안 Green-Zone의 상승률은 무척 강함을 알 수 있다.

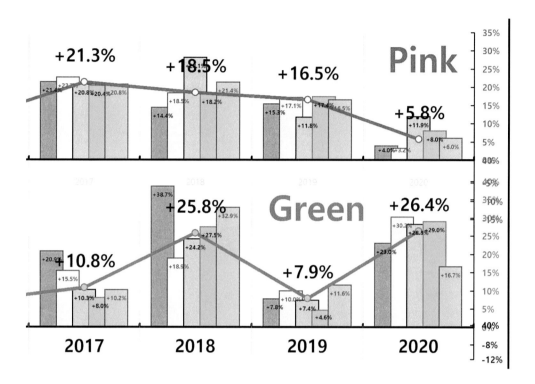

특히 올해는 강남권 재건축 단지의 수익률은 거의 제로에 가깝고 지역적 구분 없이
2010년대 신축의 상승률은 최하위를 기록하고 있다.

이러한 현상은 그동안의 재건축이나 신축 등의 단지에 몰렸던 투기적인 수요가 사라
지고 올해는 실수요자를 중심으로 한 1990년대나 2000년대의 기축 아파트에 수요가 몰
렸기 때문으로 보인다.

실제로 다음의 그래프에서 올해 신축 수요 대신 실거주 수요가 몰린 현상을 강동구
내의 9개 동에서 살펴보면 이 같은 사실은 알 수 있다.

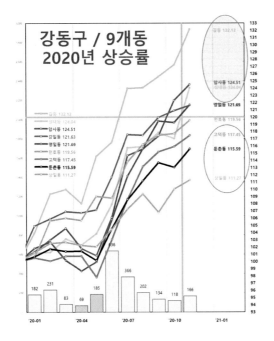

강동구 / 9개동
2020년 상승률

길동 132.12
암사동 124.51
성내동 124.04
명일동 121.69
천호동 119.56
고덕동 117.45
둔촌동 115.59
상일동 111.27

좌측의 그래프를 보면, 그동안 신축 단지들이 집중적으로 입주했던 고덕지구(고덕동/상일동)의 연간 수익률은 강동구 내 9개 동 중 최하위인 반면 주택과 빌라가 밀집된 지역인 길동과 암사동, 성내동의 연간아파트 매매가 상승률이 3배 가까이 더 높게 나타난 것을 알 수 있다.

면적별 서울아파트 지수
(Index by size)

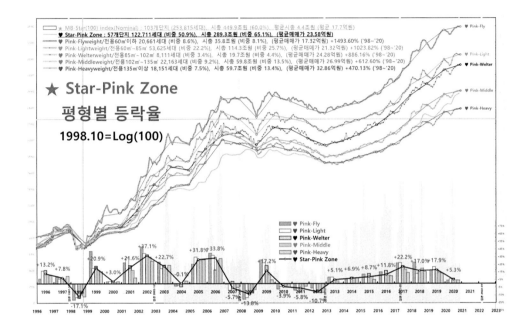

서울아파트 시가총액 상위 100여 개의 단지로 구성된 MB-Star(100) index를 5개의 평형별 Sector index로 구분하여 1998년 10월을 기준지수 100으로 하여 로그차트로 만들었다.

그중 위 차트는 매매가 15억 이상인 강남3구와 용산구의 Pink-Zone에 포함된 57개 단지의 평형별 차트로 필자는 편의상 권투 선수의 체급에 비유하여 전용면적 기준 60㎡ 이하는 플라이급(26평 이하 소형), 85㎡ 이하는 라이트급(26~35평 중소형), 102㎡ 이하는 웰터급(35~40평 이하 중형), 135㎡ 이하는 미들급(40~50평 중대형), 135㎡ 이상은 헤비급(50평 이상 초대형)으로 표시하였다.

필자가 거주하는 아파트를 예로 들면, 2008년 강동구 암사동에 입주한 13년 차의 기축 아파트로, 세대수는 3,226세대로 전국 23위의 초대형 단지이고 34평의 실거주 1채뿐인 아주 평범한 경우다. 즉, 시가총액으로는 MB-Star(100) index에 속하며 매매가는 15억 미만인 Yellow-Zone에 속하고 2000년대 준공된 아파트 지수에도 속하며 체중은 라이트급에 속한다.

앞의 차트에서는 1998년 IMF 이후 가장 소형인 플라이급이 가장 상승률이 높았고 2007년 서브프라임사태 때의 조정장에서도 가장 견조하게 버티다가 이후 이번 8년 상승장에서도 가장 상승률이 높았다.

반면 40평 이상의 중대형 평형은 2005년부터 3년여간을 제외하면 가장 저조한 상승률을 보였다.

그리고 8년째 상승 중인 올해에는 전 평형에서 수익률이 낮아지는 모습을 보이고 있어 필자가 예상하는 내년도 조정장의 가능성이 더욱 커지고 있다.

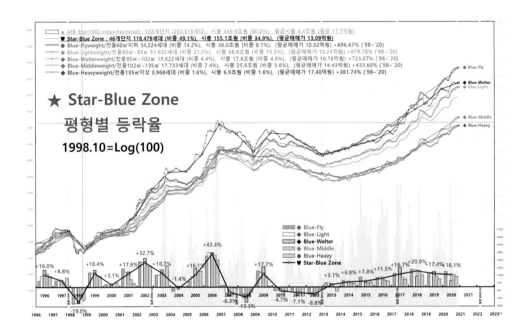

이번에는 MB-Star(100) index에서 강남3구와 용산구를 제외한 46개 단지의 아파트로 구성된 Blue-Zone의 아파트들을 5개의 평형으로 구분한 차트로 전반적으로 강남권 아파트의 상승률에 미치지는 못하지만 부분적으로 몇 군데 구간에서 강세를 보인 곳이 있다.

특히 버블세븐이 무너지기 직전인 2006년 하반기부터의 상승률과 최근의 상승률은 강남권의 상승률을 뛰어넘고 있다.

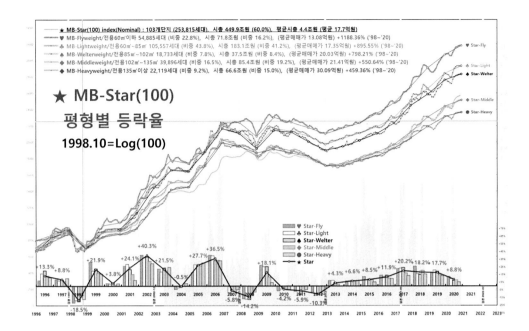

지역 구분 없이 MB-Star(100) index 전체적으로 보면 모든 구간에서 플라이급의 상승률이 가장 높았다는 것을 알 수 있으며 미들급인 중대형 이상의 평형이 저조했음도 알 수 있다.

그리고 올해의 상승률도 소형평형일수록 상승률이 높긴 했으나 전반적으로 연간 상승률이 낮아지는 현상도 보인다.

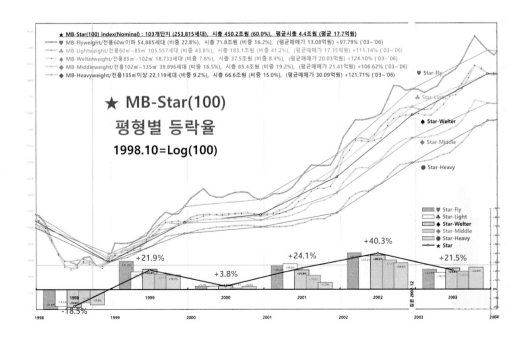

1998년 이후 상승기 전반부의 평형별 수익률 차트를 보면 지금처럼 소형평형의 상승률이 가장 높고 대형평형일수록 수익률이 저조했음을 알 수 있다.

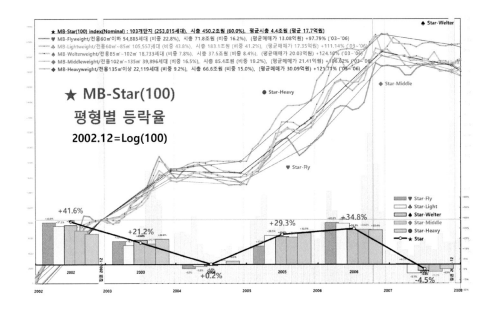

반면 8년 상승기 중 2005년 이후인 후반부의 평형별 수익률 차트는 정반대로 나타난다. 즉, 플라이급이 가장 저조한 상승률을 기록했고 헤비급이 가장 높은 수익률을 기록했다. 이는 상승장 전반부의 과도한 소형평형 급등에 따른 자연적인 현상이자 대형평형의 수익률 이격 줄이기 정도로 이해된다.

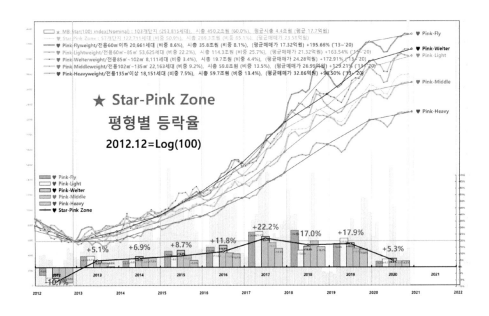

그럼 이번 8년 상승장에서의 평형별 수익률은 어떨까?

앞의 차트는 2012년 이후 Pink-Zone의 평형별 수익률 차트로 과거와 마찬가지로 소형평형일수록 수익률이 높고 대형평형일수록 수익률이 낮은 모습을 볼 수 있다. 그러나 올해의 수익률은 전 평형에 걸쳐 저조한 상황이다.

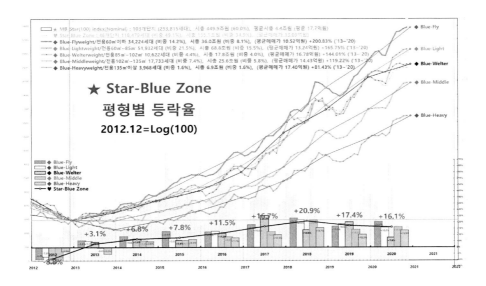

Blue-Zone에서의 평형별 차트를 보면 상승장 초반에도 대형평형은 하락세를 보였고 이후 상승장에 동참한 이후에도 상승률은 상대적으로 약했다. 그러나 소형평형은 올해에도 매우 강한 흐름을 보이고 있으며 강남권 아파트들의 수익률을 훨씬 뛰어넘고 있다.

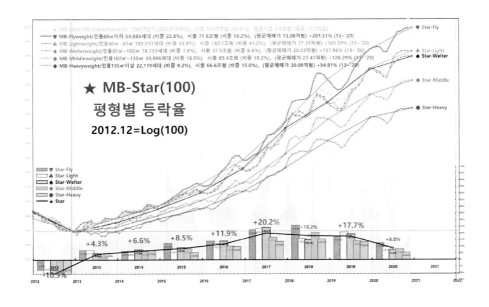

이를 종합한 MB-Star(100) index를 보면 전반적으로 8년간의 상승장에서 시기 구분 없이 소형평형 강세, 대형평형 약세를 보였다.

그러나 작년부터 전반적으로 모든 평형의 상승률은 약해지고 있으며 대형평형일수록 더 약해진 상황이다.

2012년부터의 지역별/평형별 연간 상승률을 막대그래프로 표시하면 위와 같다.

올해 들어 Blue-Zone의 상승률은 여전히 강한 모습을 보이고 있는 반면 Pink-Zone의 상승률이 급하게 축소되고 있어 이를 평균한 MB-Star(100) index의 올해 수익률도 약해진 모습이다. 특히 올해는 강남권의 초소형 평형이 가장 저조한 수익률을 기록하고 있는 것도 이례적인 현상이다.

이러한 고가/저가 아파트의 수익률 차별화 현상은 2006년 버블세븐의 막바지 국면에서도 목격되었던 현상으로 당시처럼 이번에도 고가 아파트 위주의 강남권부터 조정이 시작된 후 외곽지역의 저가 아파트로 옮겨가는 조정장을 암시하는 것으로 해석된다.

물론 2007년 이후 버블세븐이 폭락하는 기간에도 노도강/금관구 아파트들이 급등했던 사례를 예상할 수도 있다.

그러나 당시에는 3년 넘게 소외되었다가 뒤늦게 폭등을 시작했던 Blue-Zone과는 달리 이번 8년 상승장에서는 몇개월 차이로 서울 전역이 거의 동시에 상승을 시작했으므로 Blue-Zone도 조정장에 진입한다면 그 시점도 Pink-Zone에 비해 몇 개월 차이뿐일 것이라 예상한다.

노무현 정부 시절, 2006년 말에 버블세븐의 폭등세가 꺾이며 부동산 상투를 기록했다. 이러한 상황은 모두 알고 있는 사실이지만 도대체 몇 월 며칠에 상투를 쳤는지 아무도 아는 사람이 없는 것이 현실이다.

필자가 서울아파트 시가총액의 상위 103개 단지의 국토부 실거래가를 조사해서 도출한 서울아파트의 고점은 2006년 11월 9일 목요일에 발생했다..

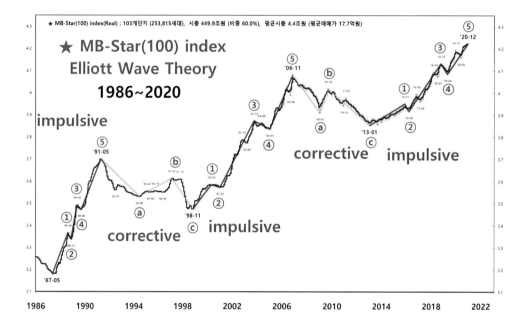

위 차트는 필자가 엘리어트 파동이론을 적용해 카운팅한 1986년 이후의 서울아파트 장기시계열 실질지수다.

노무현 정부 당시의 버블세븐 아파트는 2006년 11월 대상투를 맞았고 이후 2013년까지 큰 폭으로 조정을 했다. -40% 정도의 폭락세를 보인 아파트 단지가 수두룩했었다.

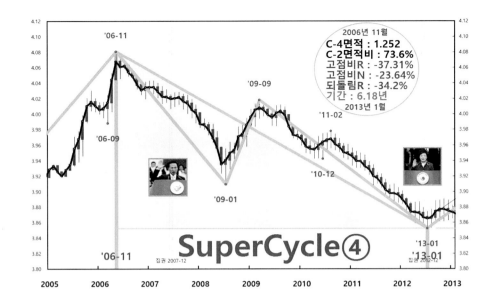

물가를 반영한 실질지수는 고점 대비 -37.31% 폭락을 했는데 개별 아파트 단지들 중 이보다 훨씬 큰 폭의 하락을 보인 아파트도 많았다.

물가를 반영하지 않은 수치만 봐도 대치동 은마는 -42.7%, 도곡 렉슬은 -41.92%, 잠실 주공5단지는 -40.9%, 목동14단지는 -41.73%, 성산시영은 -38.08%, 월계시영(미미삼)은 -40.29% 등등의 폭락을 보였으며 필자가 살고 있는 강동롯데캐슬도 8.4억에서 4.7억까지 대폭락을 보였었다.

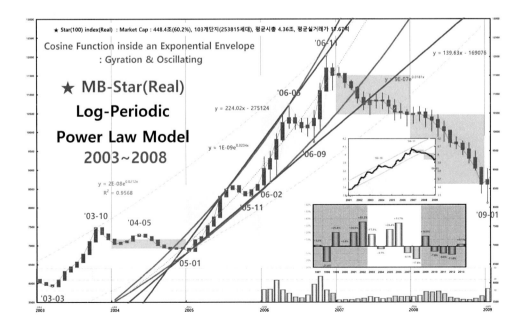

그럼 2006년 11월에 도대체 무슨 일이 있었으며 그 날짜는 며칠일까?

날짜를 특정하기 위해서는 일별 시가총액 데이터가 필요하다.

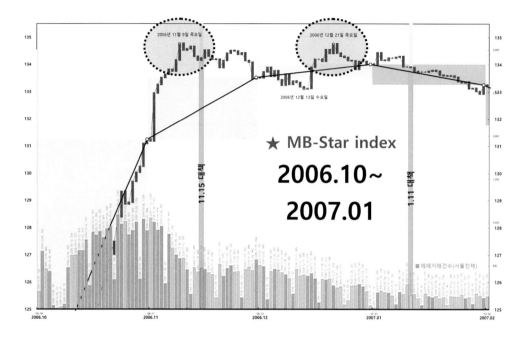

위 차트는 필자가 국토부 실거래가를 이용해 개발한 서울아파트 일일지수 차트다.

버블세븐 폭등기의 막바지였던 2006년 10월부터 2007년 1월까지 4개월간의 일봉차트로 거래량이 폭증하며 상투를 친 날이 2006년 11월 9일 목요일로 표시된다.

12월 21일 목요일에도 고점 근처까지 오르는 쌍봉의 모습을 보이기는 했으나 결국 11월이 역사적인 고점이었고 이후 2013년 1월 2일 수요일 저점을 찍을 때까지 대폭락을 했다.

물론 노도강 등 중저가 아파트와 수도권의 아파트는 이후로도 상승을 지속했지만 시가총액 상위 단지들은 심한 조정에 들어갔다.

그럼 이날에 어떤 아파트들이 거래가 되었으며 특별한 거래는 없었을까?

2006년 11월 9일에는 서울아파트 거래 건수가 총 523건이었는데 MB-Star(100) 지수에 포함된 103개의 아파트 단지에서는 총 18개의 단지에서 거래가 있었다. 그런데 이 중 이상한 거래가 있다.

18건	2006년 11월 9일 목요일	단지명	개별상승율	시총순위	지수기여도 (우축)
1	신당동	★남산타운	+44.08%	47	+0.386%
2	신정동	★목동12단지	+8.68%	69	+0.054%
3	개포동	★개포 주공3	+2.44%	75	+0.013%
4	개포동	★개포주공4ⓧ	+1.82%	20	+0.025%
5	행당동	★행당한진	+1.42%	70	+0.009%
6	반포동	★삼호가든1,2	+1.36%	77	+0.005%
7	잠실동	★잠실우성①	+1.22%	31	+0.014%
8	상일동	★고덕주공3	+1.18%	45	+0.011%
9	도곡동	★역삼 럭키	+1.10%	71	+0.007%
10	암사동	★선사현대	+0.87%	59	+0.006%
11	반포동	★반포주공1	+0.28%	6	+0.009%
12	월계동	★월계시영	+0.16%	76	+0.001%
13	여의도	★여의도시범	+0.16%	58	+0.001%
14	고덕동	★고덕주공2	+0.12%	35	+0.001%
100	문정동	★올림픽훼밀	-0.16%	2	-0.005%
101	개포동	★개포주공2	-1.29%	54	-0.010%
102	돈암동	★한신/한진	-3.25%	51	-0.028%
103	성산동	★성산시영	-4.20%	52	-0.036%

지수기여도순으로 당일 거래가 있었던 단지를 나열하면 위와 같은데 최고 기여도를 보인 남산타운의 하루 상승률이 무려 +44.08%다. 특정한 평형에서가 아닌 아파트 전체 단지에서 이런 경우는 없었다.

남산타운은 5,150세대의 초대형 단지로 당시 2,034세대의 임대세대를 제외하고도 시가총액이 47위였고 5년차의 신축이었으니 지수에 미치는 영향이 무척 컸다.

그럼 당일 국토부에 신고된 실거래가를 확인해 보면 왜 이런 특이한 현상이 나타났는지 의문이 풀릴 듯하다.

우리나라 아파트 역사에 있어 큰 분기점이 되는 날의 거래에 있었던 특이한 현상을 확인은 해 보고 넘어가야 하지 않을까?

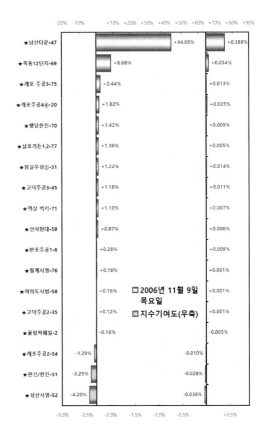

		남산타운 59.94㎡			
월	계약일	거래금액	층	전산공부	
	12	29,900	7	🔍	
11	9	29,000	11	🔍	
	8	23,900	1	🔍	

		남산타운 84.88㎡			
월	계약일	거래금액	층	전산공부	
	17	53,000	16	🔍	
11	9	70,000	18	🔍	
	8	55,000	3	🔍	

		남산타운 114.88㎡			
월	계약일	거래금액	층	전산공부	
	17	60,800	18	🔍	
11	9	106,500	12	🔍	
	7	60,000	1	🔍	

남산타운에는 3개의 평형이 있는데 11월 9일 당일에는 전 평형에서 거래가 있었다.

26평에서는 당일 2.9억 원의 거래가 한 건 있었는데 하루 전 거래된 2.39억 원에 비하면 큰 폭의 상승이었다.

물론 1층의 거래 건이었다는 점을 감안하면 하루 +21.3%의 급등은 있을 수 있는 일이었지만 지수기여도로는 큰 수치였다.

그럼 34평형은 어떨까?

11월 9일의 거래는 7.0억 원에 이루어졌는데 하루 전의 5.5억 원에 비해서 +27.3%의 폭등세를 보인 것이다.

그런데 일주일 후 다시 5.3억 원으로 더 떨어진 것을 보면 7.0억 원의 거래가 좀 예외적이라는 생각이 든다.

마지막으로 44평형의 당일 실거래가를 확인해 보면 황당한 거래가 보인다.

11월 9일에는 10.65억 원의 거래가 있었는데 이틀 전의 6.0억에 비해 거의 2배 가까이 폭등을 한 것이다.

물론 직전 거래가 1층이라 그럴 수도 있다고 생각할 수 있지만 일주일 후 더 고층의 매물이 다시 6.08억 원으로 하락한 것을 보면 이해가 되지 않는다.

어떻게 하나의 아파트 전 평형에서 11월 9일 이러한 예외적인 현상이 동시에 발생할 수 있으며 1개의 개별 아파트가 단 하루에만 +44.08% 폭등할 수 있는지 이해하기 어려운 현상이다.

어쨌든 남산타운의 이날 거래 3건은 서울아파트 상투를 기록한 날의 지수에 지대한 기여를 하였다. 미스테리한 일이고 풀리지 않을 역사적인 사건이다.

그럼 이번엔 반대로 2013년 1월의 역사적인 바닥에서는 어떠한 일이 일어났고 또 그 날짜는 며칠일까?

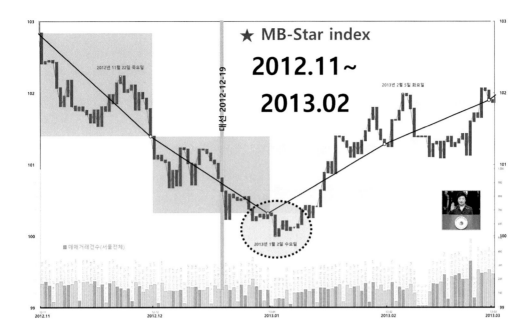

위 차트는 박근혜 당시 대선후보가 당선된 12월을 전후로 11월부터 이듬해 취임을 한 2월까지 4개월간의 일봉 차트다.

차트상으로 보면 2013년 1월 2일 수요일이 역사적인 바닥이다. 그럼 이날 거래된 아파트는 어떤 아파트들일까?

차트에 표기된 수치를 보면 당일 서울에서는 총 58건의 거래가 있었는데 신정연휴 직후라 거래가 거의 없는 날이었다.

4건	2013년 1월 2일 수요일	단지명	개별상승율	시총순위	지수기여도(우축)
1	둔촌동	★둔촌주공ⓧ	+0.14%	8	+0.003%
101	이촌동	★이촌LG한강	-0.40%	54	-0.003%
102	잠실동	★잠실리센츠	-1.94%	5	-0.055%
103	신천동	★신천파크리	-7.12%	1	-0.230%

MB-Star(100) 지수에 포함된 103개의 아파트 단지에서는 총 4개의 단지에서 거래가 있었고 지수기여도가 가장 큰 아파트는 송파구의 파크리오였다.

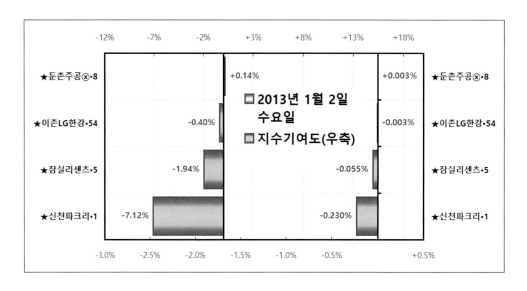

파크리오는 6,864세대로 현재는 헬리오시티에 1위 자리를 내어주긴 했지만 당시에는 세대수 전국 1위였기에 증시에서의 삼성전자처럼 지수기여도가 가장 컸다.

월	계약일	거래금액	층	전산공부
		파크리오 84.79㎡		
12	29	78,000	19	🔍
	19	72,500	4	🔍

월	계약일	거래금액	층	전산공부
		파크리오 84.9㎡		
1	6	70,300	24	🔍
	2	69,000	17	🔍

2013년 1월 2일의 파크리오 거래 건은 34평에서 있었는데 직전의 거래는 12월 29일의 7.8억 원이었다.

1월 2일의 거래는 6.9억 원이었는데 하락률은 -11.5%로 34평의 세대수가 단지에서 차지하는 비중을 감안한 단지의 하락률은 -7.12%다.

이날 거래된 4건의 거래 중 특이한 점은 없는 듯하지만 역사적인 저점을 기록한 날 시가총액 1위의 영향력을 알 수 있는 거래라 의미는 있다고 생각된다.

그럼 과연 이번 상승장의 고점은 언제 나타날 것인가 궁금하지 않을 수 없다. 필자는 2006년 11월 9일의 고점을 역사적인 날짜로 기억하기에 오래전부터 올해 11월에서 내년 4월 사이를 서울아파트의 고점으로 예상하고 있다.

조금 억지스럽게 들릴 수는 있겠지만 필자는 순전히 역사의 반복성과 데자뷔, 평행이론을 따르고 있다.

이 책에서 사용한 국토부 실거래가는 12월 9일까지 신고된 것을 사용한 것으로, 신고 기한이 30일인 점을 감안하면 11월 10일 이후의 실거래는 아직 다 취합된 것이 아니다. 잠정치이긴 하지만 이 원고를 넘길 때까지의 실거래가로 산출된 지수의 최고점이 기록된 날짜는 11월 29일 일요일이다.

21 『수학의 정석 I』, 삼각함수와 수열

고교 시절 수학 시간을 떠올리면 빠지지 않는 『수학의 정석』 참고서다.

『수학의 정석 I』 목차를 보면 '1. 지수와 로그', '2. 삼각함수', '3. 수열', '4. 수학적 귀납법'순이었다.

기억이 가물가물하지만 우리 때나 지금이나 순서는 변함이 없는 듯하다.

그런데 저 내용들이 필자가 집필하고 있는 부동산 분석에 모두 등장하고 있다. 하나씩 되짚어 보며 부동산 분석에 어떻게 응용할 수 있는지 알아보자.

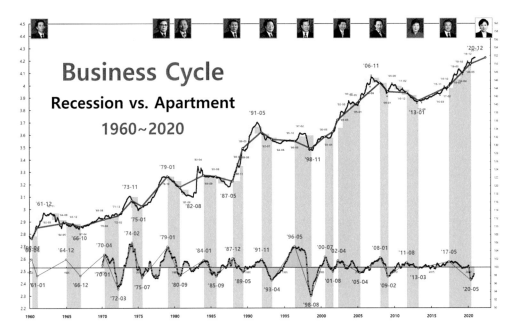

일단 목차 중 삼각함수 부분이다.

삼각함수에서 등장하는 코사인(cosine) 그래프와 같은 형태가 '경기동행지수 순환변동치'로 위 그래프 하단의 주기함수처럼 보이는 것이다. 일정한 범위(Range) 안에서 주기

(Period)를 가지고 반복적인 흐름을 보인다.

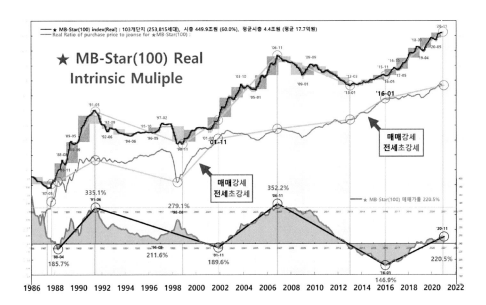

전세가 대비 매매가 비율도 하나의 사이클 흐름을 보인다. 1991년부터 2001년까지 10년간 하락을 보인 후 2006년까지 5년간 상승했던 매매가율 그래프는 이후 2016년까지 똑같은 10년의 하락을 보인 후 현재까지 5년간 상승 중이다.

만약 이 지표가 주기함수처럼 움직인다면 올 연말 또는 내년 초가 매매가율의 고점이자 서울아파트 매매가 지수의 고점이 될 수 있다는 추론이 가능하다.

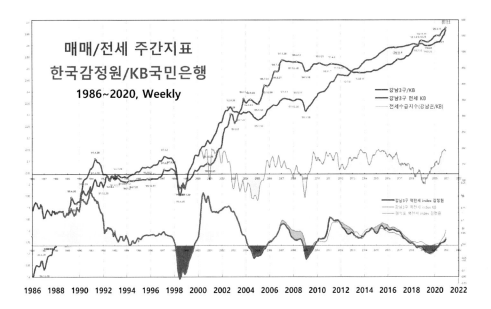

비슷한 논리로 필자가 만든 역전세 인덱스 또한 코사인 함수와 같은 주기함수다. 즉, 다른 두 지표 간의 비율이 아닌 2년 전의 자기 자신의 수치를 비교하기 때문에 일정한 범위를 벗어날 수 없고 일정한 순환주기를 반복하며 진행하는데 그 주기만 잘 찾을 수 있다면 매매시장의 분석과 대응에도 도움이 될 듯하다.

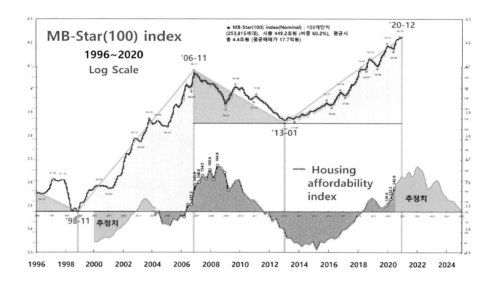

필자는 '주택구입부담지수'에 코사인 그래프의 반복성에 착안하여 데이터가 없는 전후 구간을 시뮬레이션하기도 하였다.

이 지표는 그 고점과 매매지수의 고점이 일치하는 것이 아닌, 매매지수 고점이 선행한다는 점에 착안을 하여 먼저 움직여야 함을 알려 주고 있다.

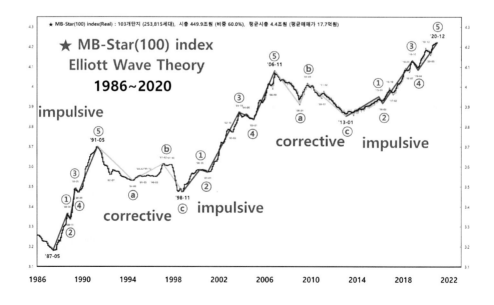

'정석'의 목차에 나와 있는 '수열' 부분도 부동산 분석에 응용이 가능하다.

앞의 차트는 1986년 이후의 서울아파트 실질지수 로그차트에 필자가 엘리어트 파동 카운팅을 한 것이다. 여기서 엘리어트 파동이론의 근간을 이루는 것이 수열이다.

숫자 0과 1을 더한 후 그 숫자를 또 직전 숫자와 계속 더해 나가면 일정한 수열이 된다.

0, 1, 1, 2, 3, 5, 8, 13, 21, 34, 55, 89, …

이런 식으로 진행되는 수열을 피보나치 수열이라고 하는데, 두 숫자의 비율은 점점 어느 한 비율로 수렴하게 된다. 그 비율은 인간이 가장 편안하게 느낀다는 바로 61.8%와 38.2%의 황금비율로 TV 화면 등 일상생활에도 많이 응용되고 있다.

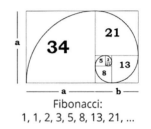

Fibonacci:
1, 1, 2, 3, 5, 8, 13, 21, ...

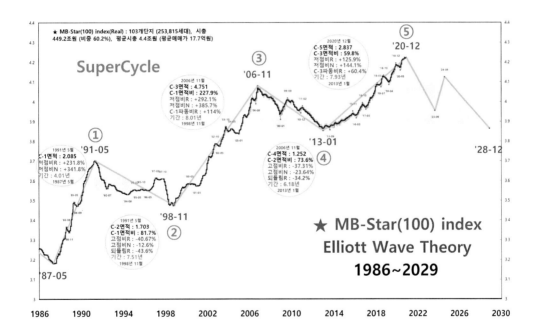

★ MB-Star(100) index
Elliott Wave Theory
1986~2029

예를 들면 1991년 5월부터 1998년 11월까지의 조정2파에서 서울아파트 실질지수는 -40.67% 하락했고 2006년 11월부터 2013년 1월까지의 조정4파도 -37.31% 하락했는데 황금비율인 -38.2%에 거의 근접한다.

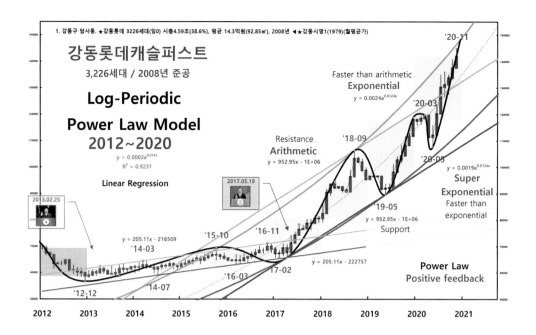

1. 강동구 암사동. ★강동롯데 3226세대(임0) 시총4.59조(38.6%), 평균 14.3억원(92.85㎡), 2008년 ◀★강동시영1(1979)(철평균가)

강동롯데캐슬퍼스트

3,226세대 / 2008년 준공

Log-Periodic
Power Law Model
2012~2020

$y = 0.0002e^{0.014x}$
$R^2 = 0.9231$

Linear Regression

2013.02.25

$y = 205.11x - 216509$
'14-03

'15-10   '16-11

'12-12   '14-07   '16-03   17-02

Resistance
Arithmetic
$y = 952.95x - 1E+06$

'18-09

2017.05.10

Faster than arithmetic
Exponential
$y = 0.0024e^{0.0124x}$

'20-11

'20-03

'20-05

$y = 0.0019e^{0.0124x}$

Super
Exponential
Faster than
exponential

19-05
$y = 952.95x - 1E+06$
Support

$y = 205.11x - 222757$

Power Law
Positive feedback

2012   2013   2014   2015   2016   2017   2018   2019   2020   2021

또한, 필자가 부동산 붕괴모델로 소개할 '로그주기멱급수모델(Log-Periodic Power Law Model)'에서도 '멱급수(Power Law)'가 등장하는데 이 또한 수열이다. 물론 수학의 정석 '기본'편이 아닌 '실력'편에만 등장하는데 '실력'편이 책값도 조금 더 비쌌다.

다음 챕터에서는 지수와 로그 부분을 살펴보고 필자가 아파트 분석에 어떻게 활용했는지 사례를 소개하겠다.

『수학의 정석』마지막 부분으로 지수함수와 로그함수 부분을 살펴보고 부동산 분석에 어떻게 활용할 수 있는지 그 실제 사례를 소개하겠다.

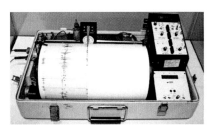

우리가 현실 생활에서 접하는 지수함수 중에는 지진의 강도를 표시하는 '리히터 규모'가 있다.

뉴스에서 말하는 리히터 규모의 1과 3의 차이는 2이고 또 3과 5와의 차이도 2이지만 같은 2가 아니다.

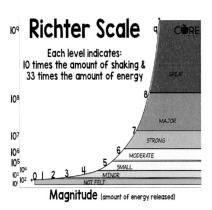

즉, 저 수치들은 '지수'를 말하는 것이라 규모 1은 10, 규모 3은 1,000, 규모 5는 100,000이 되어 지진의 강도가 100배씩 커진다는 것이다.

이러한 차이를 부동산 분석에 이용할 줄 안다면 보다 더 정확한 분석과 그에 따른 시장판단에도 큰 도움이 될 듯하다.

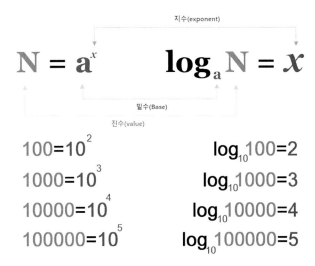

앞에서 보았던 지수와 로그의 차이점을 도식화하여 설명하면 위와 같다.

이제 필자가 『수학의 정석』에서 가장 중요시하는 '지수와 로그' 부분을 부동산 분석에 적용해 보겠다.

위 차트는 1986년 이후의 KB 강남3구 매매가 지수로 좌측은 일반적으로 보는 산술차트, 우측은 로그차트다.

좌측의 산술차트를 보면 노태우 대통령 시절인 1980년대 후반의 상승률이 현재의 상승률에 비해 매우 미약한 것으로 보인다. 그러나 우측의 로그차트를 보면 그 기울기가 2배나 더 급하다. 이유는 절댓값의 산술차트에 비해 로그차트는 수익률 차트이기 때문이다.

두 차트를 하나의 차트에 함께 그려 놓으면 그 차이를 확연하게 구분할 수 있다.

아파트 매매가를 예로 들어 보면, 1978년 은마 분양가인 2천만 원에 매수를 하여 나

중에 1억 원에 매도한 사람과 훗날 10억 원에 매수하며 20억 원에 매도한 사람 중 누가 돈을 더 많이 벌었을까?

분명 8천만 원을 번 사람보다는 10억 원을 번 사람이 더 큰돈을 벌었다. 하지만 수익률로는 8천만 원을 번 사람의 수익률이 +400%인 반면 10억을 번 사람은 +100%에 불과하다. 이처럼 장기간의 수익률을 비교할 때 사용하는 차트가 바로 로그차트이다.

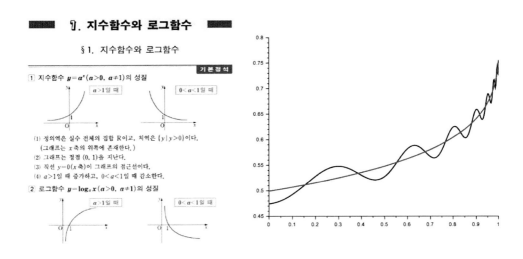

수학의 정석에서 지수와 로그를 설명한 부분에는 곡선의 그래프가 보인다. 필자가 이 책의 후반부에서 아파트 매매지수 붕괴모델로 소개하려는 '로그주기멱급수모델(Log-Periodic Power Law Model)'에서도 곡선의 그래프가 등장했었는데 모두 로그함수의 역함수가 지수함수이기에 곡선으로 표시된다는 의미다.

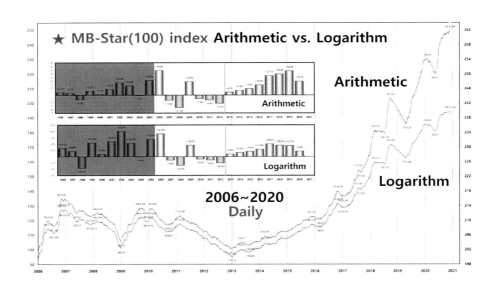

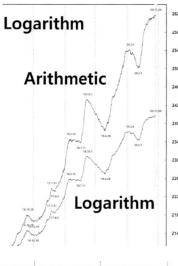

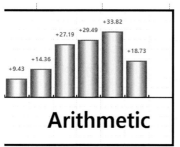

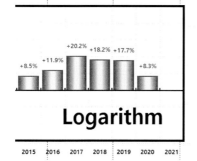

지금부터는 본격적으로 '지수와 로그' 부분을 아파트 시세 분석에 응용한 사례를 소개하겠다.

앞의 차트는 필자가 개발한 서울아파트 MB-Star(100) index의 일봉차트로 2006년부터의 국토부 실거래가로 만든 것인데 차트 윗부분에는 산술차트를, 아랫부분에는 로그차트로 비교하였다. 2개의 차트를 비교해 보면 2017년 정도까지는 큰 차이를 보이지 않다가 2018년부터 그 격차가 벌어지더니 최근에는 급격한 격차를 보이고 있다.

만일 윗부분의 산술차트를 보고 있는 투자자라면 현재의 시장이 점점 더 강하게 상승한다고 생각하는 반면, 하단의 로그차트를 보고 있는 투자자라면 시장의 상승세가 점점 약해지고 있다는 생각을 할 것이다.

실제로 9.13 대책 이후 고점을 형성했던 2018년 10월의 고점과 12.16 대책 이후 고점을 형성했던 2020년 1월의 고점을 연결한 저항선은 두 차트에서 다르게 작용한다.

즉, 저항선을 돌파한 산술차트와 돌파하지 못하고 번번이 저항을 받으며 상승 각도가 완만해지는 로그차트의 차이점이다.

육안으로 보는 차트가 아닌 실제의 수치로 확인을 해 보면 두 그래프의 차이점을 확연하게 구분할 수 있다.

2015년 이후의 산술차트에서 보이는 연간 상승폭은 2019년까지 매년 급격하게 커지고 있다. 그런데 여기서 보는 상승폭은 수익률이 아닌 산술적인 수치다.

그런데 로그차트에서 보이는 상승률은 산술차트와는 많이 다르다.

2019년까지 매년 상승폭을 키우며 급등하는 것으로 보이는 산술차트와 달리 로그차트에서의 수익률은 2017년을 고점으로 4년 연속 축소되고 있다는 것이다.

마치 은마아파트가 2천만 원에서 1억 원까지 오른 것과 10억 원에서 20억 원까지 오른 것의 차이와 같은 개념이다.

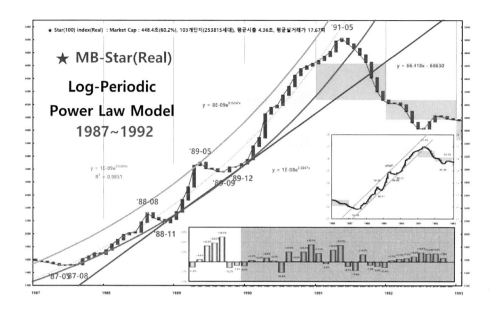

위 차트는 노태우 대통령 시절 1991년 상투를 칠 당시인 6년간의 서울아파트 산술차
트다.

4년간의 급등 구간에 2가지 색상의 추세선이 그려져 있는데, 파란색의 1차함수와 분
홍색의 지수함수 산식도 보인다. 위 차트에서 만일 1991년 당시 시장의 그래프가 지수
함수 지지선을 이탈했을 때 대응한 사람과 몇 달 후 1차함수 지지선을 이탈했을 때 뒤
늦게 대응을 한 사람과는 수익률 격차가 많이 났을 것이다.

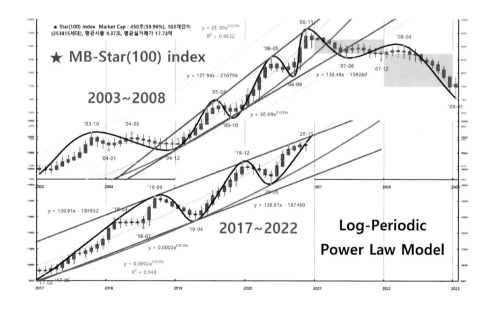

이러한 경험이 있다는 전제하에 2006년 11월 노무현 대통령 시절 상투를 쳤을 때의 그래프에 현재의 시장을 대응해 보면 앞의 차트와 같다.

2006년 말에는 지수함수의 지지선에서 반등을 한 후 1차함수의 저항선에서 상투를 형성했는데 이번에도 지수함수의 지지선과 1차함수의 저항선이 거의 흡사한 흐름을 보인다.

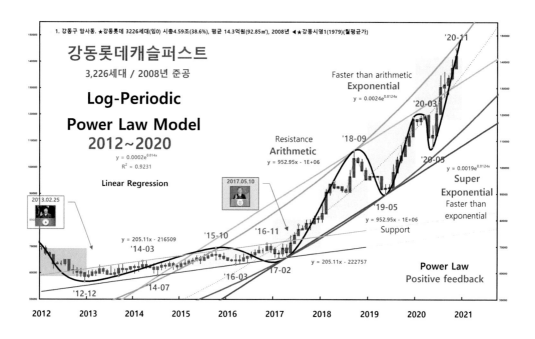

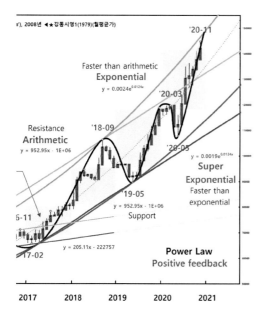

필자가 거주하고 있는 아파트의 가격예측에 사용한 중요한 지표 중의 하나도 지수함수의 저항선이었다.

우측의 차트로 확대해서 최근 몇 년간의 월봉차트를 보면 파란색의 1차함수가 지지선이고 하늘색의 1차함수는 이 지지선을 위로 평행이동 시킨 저항선이다.

반면 로그차트에서의 1차함수이자 산술차트에서 보이는 분홍색의 지수함수도 지지선이고 그 지지선을 위로 평행이동시킨 연분홍 실선도 지수함수의 저항선이다.

만일 필자의 아파트 상승세가 무척 강

하다면 1차함수의 저항선을 돌파하고 지수함수의 저항선까지도 갈 수 있다는 예상을 할 수 있다. 그런데 그 수치를 엑셀 데이터에서 확인을 하면 올해 11월에는 14.7억 원이고 12월이면 14.9억 원, 내년 1월이면 15.1억 원 정도가 된다.

『수학의 정석』 목차 마지막에 있는 '수학적 귀납법'은 이미 필자가 서술하고 있는 이 책의 모든 부분에 적용이 되어 있다. 필자는 서울아파트 분석에 '연역적'인 방법이 아닌 '귀납적'인 방법으로 접근하고 있기 때문이다.

"2021년부터 서울아파트는 하락할 것이다. 그래서 이런 데이터가 나오는 것이다." vs. "이런저런 데이터가 하락신호이니 2021년부터 서울아파트는 하락할 것이다."

23 명목지수와 실질지수
(Nominal & Real)

Housing prices Nominal house prices, 2015=100, Q1 1960 ~ Q4 2019   Source: Prices: Analytical house price indicators

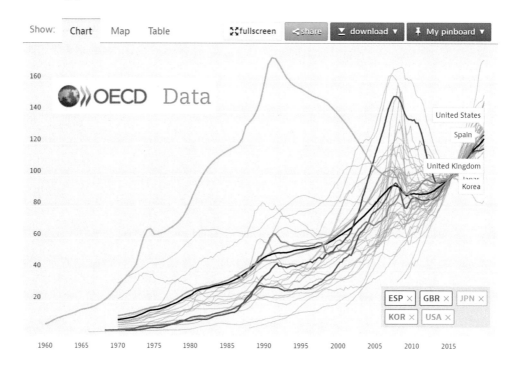

OECD 홈페이지에 가면 37개 회원국의 주택지수(Housing prices)를 볼 수 있다.

위 차트는 1960년 이후의 분기별 명목지수(Nominal)로 37개국 중 스페인, 영국, 일본, 한국, 미국의 주택지수만 하이라이트를 선택해 표시한 주택지수다. 여기서 주택지수란 아파트뿐만 아니라 모든 주택의 형태를 포함한 지수로 각 국가 기관에서 발표한 공식데이터다.

특이한 나라는 역시 1991년 대상투를 치고 잃어버린 20년의 비극을 맞은 일본(노랑)이다. 또한, 2008년 미국 서브프라임사태로 큰 폭락을 했던 스페인(빨강)도 눈에 띈다. 그러나 한국(파랑)은 특별하게 눈에 띄는 등락을 보이지는 않았던 것으로 보인다.

그러나 이는 착시 현상에서 기인한 것이다. 명목지수(Nominal)는 물가와는 상관없이 그 지수 자체만의 지수로 특정 기간의 물가 급등락을 반영하지 못하기에 장기시계열 데이터를 분석하는 데는 한계가 있다.

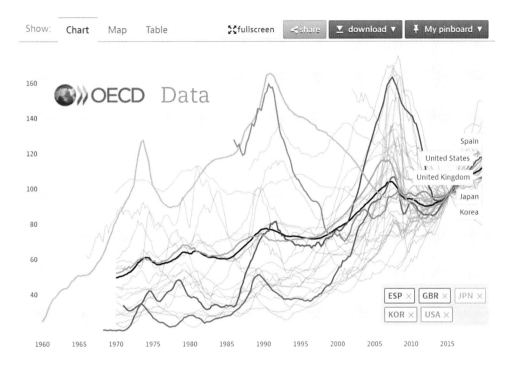

OECD 홈페이지에서는 물가를 반영한 실질주택지수(Real Housing prices)를 선택해 볼 수 있는데 위의 차트는 명목지수와는 많이 다른 등락을 보여 준다.

일본의 사례를 보면 1980년대까지는 물가의 급등기로 특히 1974년의 석유파동으로 인한 물가 급등이 반영된 차트는 큰 폭의 등락을 거쳤다. 그러나 버블붕괴 이후로는 저물가의 지속으로 명목지수나 실질지수의 등락에는 큰 차이를 느끼지 못한다.

유럽에서도 스페인의 실질 주택지수에서 2008년 서브프라임 이후의 급락현상이 눈에 띤다. 필자가 우리나라와 비교하기 위해 주요국의 주택지수를 선택하면서 특히 스페인을 추가한 것은 우리나라와 여러모로 비슷한 데이터가 많기 때문이다.

위 차트에서 우리나라(파란색)의 주택지수를 보면 1991년 상투를 친 후 명목지수에서는 보지 못했던 대폭락을 했는데 일본보다 오히려 더 큰 폭락을 했던 것이 눈에 띤다. 이유는 물가의 폭등 때문이었다. 1990년대 일본이 저물가 상태를 지속하는 중에도 우리나라는 고물가의 지속과 IMF라는 환율 폭등 등이 겹치면서 실질지수로는 일본보다 더 폭락을 했던 것이다.

여기서 주의할 점은 앞의 차트는 아파트가 아닌 주택 전체를 포함한 지수고 우리나라 데이터도 KB 데이터가 아닌 감정원의 데이터이기에 더 보수적인 시세가 반영이 된 것이다.

만일 우리나라의 데이터를 KB 서울아파트 지수로 바꾼다면 저렇게 최악의 차트로 나타나지는 않았을 것이다.

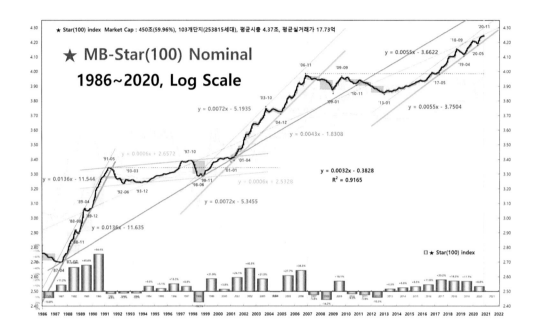

이 책에서는 서울아파트만 다루기에 필자가 만든 MB-Star(100) index로 명목지수와 실질지수의 차이점을 살펴보고 서울아파트 시장 분석에 어떻게 응용할 것인가 살펴보겠다.

위 차트는 서울아파트 시가총액 상위 103개 단지의 국토부 실거래가로 만든 로그월봉 차트다. 1986년 이후의 전 구간에서 상승 구간은 강하게 상승하고 하락 구간에서는 약하게 하락하는 모습을 볼 수 있다. 즉, 하락 구간이 실제 현장에서 느꼈던 것처럼 체감적이지 못하다.

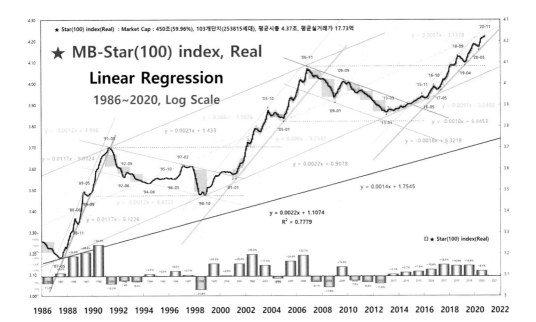

이런 단점을 극복하려면 소비자물가지수(CPI)로 명목지수를 나눈 실질지수가 필요하다. 위 차트는 MB-Star(100) index를 CPI로 나눈 차트로 명목지수보다 상승과 하락의 구간 이 명확하게 드러난다. 필자가 작업한 후에 특히 놀라웠던 것은 지수함수나 1차함수로 만든 지지선과 저항선의 추세선들이 고점이나 저점마다 정확한 작동을 했다는 것이다.

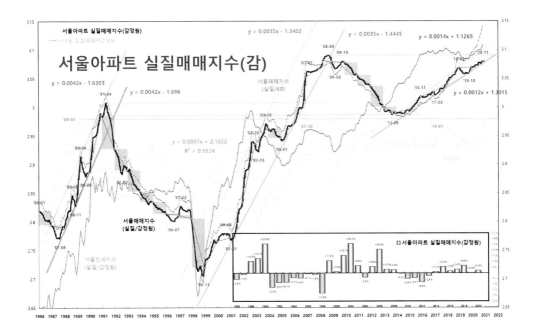

OECD에서는 우리나라의 주택지수가 전국의 모든 주택을 포함한 데이터였지만 이를 서울아파트 데이터로 바꾼 후 CPI로 나누는 똑같은 작업을 했다면 위와 같은 실질지수 차트가 된다. 명목지수로 2008년의 고점을 넘은 서울아파트 지수는 물가를 반영하면 아직 전고점을 못 넘고 있으며 최근 사상 최고치를 돌파하고 있는 KOSPI(녹색선)도 무려 30년 전인 1989년 3월의 고점을 못 넘고 있다.

물론 필자가 만든 MB-Star(100) index는 시가총액 상위 103개 아파트단지의 데이터였기에 이보다 더 강한 상승세의 그래프가 그려졌지만 앞의 서울아파트 차트도 OECD 차트보다는 강하다.

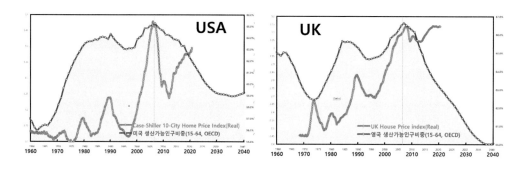

이 책 후반부의 인구통계학 편에서 살펴볼 주요국의 실질주택지수에 생산가능인구 비중을 비교한 차트다. 2008년 서브프라임사태 이후의 실질지수를 다시 본다면 현재 미국은 전고점을 못 넘은 상태다.

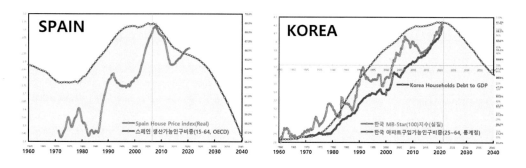

스페인도 전고점을 못 넘고 있지만 우리나라의 서울아파트 실질지수는 이미 넘은 지 오래다.

여기서 주의할 점은 앞서 감정원의 서울아파트 실질지수에서 보았듯이 우리나라 공식통계로는 아직 2008년 당시의 고점을 못 넘고 있다는 것이다.

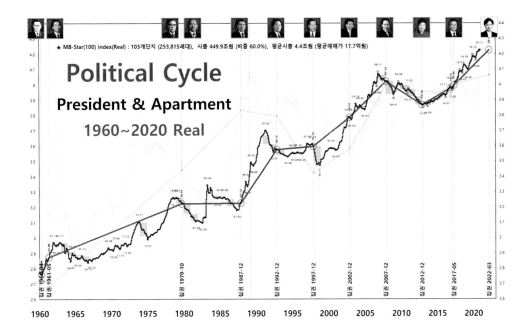

1960년 이후 대통령별 서울아파트 지수를 살펴볼 때도 차트의 형태는 실질지수였다. 명목지수로는 차트를 표현할 수 없을 정도로 1960~1970년대의 서울아파트 지수가 수직의 상승세를 보였었기 때문이다.

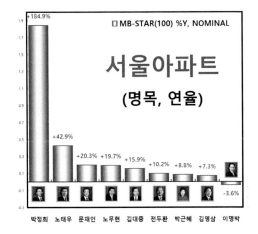

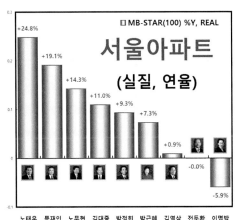

그럼 물가를 반영한 정권별 서울아파트 상승률은 어땠었나 다시 한번 돌아볼 필요가 있다.

위 2개의 차트 중 좌측은 연률로 환산한 정권별 서울아파트 상승률 막대그래프이다. 19년간의 재임기간 중 박정희 대통령 때는 매년 +184.9%의 상승을 하였다.

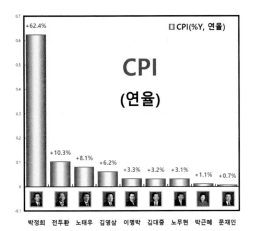

만일 지금 매년 +18%의 상승을 한다 해도 놀라울 텐데 매년 저런 상승을 19년이나 반복했다는 것은 개발도상국이라는 고물가 현상을 감안하더라도 놀라운 일이다.

그러나 물가를 반영한 박정희 대통령의 상승률 순위는 5위로 밀려난다.

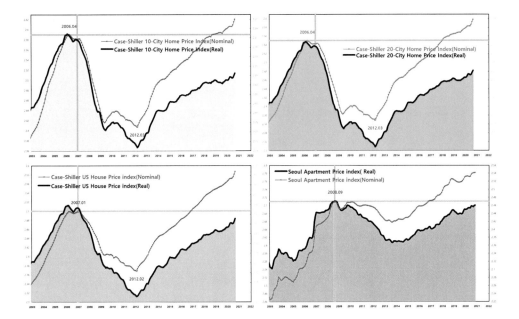

명목지수와 실질지수를 분석함에 있어 특히 주의할 점이 있다.

위 4개의 차트는 미국의 케이스-쉴러 주택가격지수(Case-Shiller Home Price Indices)와 우리나라의 감정원 서울아파트 지수다.

미국의 3개 지수는 전국, 10대 도시, 20대 도시 등으로 구분하여 작성된 것이고 각 차트는 명목지수와 물가지수가 함께 표시되어 있다. 물론 우리나라 지수도 명목지수와 실질지수를 같이 그려 놓았다.

여기서 주의할 점은 미국이나 우리나라 모두 사상 최고치를 갱신하고 있는 명목지수의 급등에도 불구하고 실질지수는 모두 전고점을 못 넘고 있다는 것이다. 즉, 상승하면 할수록 전고점 부근에 가까워지기에 저항의 강도가 매우 센 구간에 진입하게 된다는 것이다.

특히나 서울아파트 시장은 다른 나라에 비해 이 책에서 제기하는 하락의 위험인자를 훨씬 더 많이 갖고 있다. 명목지수가 아닌 실질지수를 보아야 하는 이유이기도 하다.

한센사이클
(Hansen Cycle)

올해 12월 1일자《조선비즈》기사에 따르면 많은 유튜브 전문가들이 서울아파트 변곡점으로 2023년을 주장한다고 한다. 이유로는 3기신도시와 임대사업자 주택, 금리를 꼽았다고 한다.

유튜브에서 2022년 이후의 서울아파트 전망에 대해 연도를 포함한 단어를 검색하면 수십여 개의 영상을 볼 수 있다. 언론사의 대강연회 또는 방송국에 출현한 전문가와 교수 등의 영상으로 조회수가 수만 건 이상이다.

내용을 다 보지는 못했지만 여러 가지 이유로 2023년에서 2024년 정도를 서울아파트의 고점으로 분석했고 이후 조정장을 주장하고 있다. 그럼 왜 공통적으로 2023년 전후를 서울아파트 상투기라고 주장하고 있을까? 그리고 그 주장이 적중할지 궁금하지 않을 수 없다.

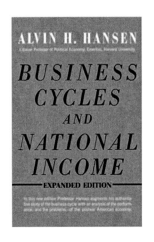

THE STAGES OF THE 18-YEAR PROPERTY CYCLE

The economist Fred Harrison was one of the first people to identify the existence of the property cycle. He traced it back for hundreds of years to conclude that the length of a full cycle averages out to 18 years, with each cycle divided into distinct stages.

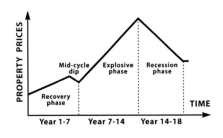

그럼 많은 부동산 전문가들이 2023년 전후를 서울아파트의 변곡점이라 주장하는 근거에는 어떤 이론이 영향을 주고 있는지 살펴보고 필자와 다른 이 주장이 서울아파트 시장에는 적용이 안 될 수도 있음을 논해 보고자 한다.

1964년 미국 하버드대의 앨빈 한센(Alvin Hansen) 교수는 1860년부터 1940년까지의 부동산 가격을 연구한 후 17년의 부동산 사이클을 주장했다. 유명한 한센사이클(Hansen Cycle)이다.

즉, 부동산 가격의 등락은 9년의 상승과 8년의 조정을 주기로 17년의 사이클을 반복한다는 것이다.

비슷한 사이클로는 이코노미스트 프레디 해리슨(Fred Harridon)의 자산 가격 18년 주기설도 있다.

17년 한센사이클과는 1년 차이가 나는데 13년 상승에 4년 하락으로 그 등락 기간도 조금 다르지만 각 세부 구간의 투자자 심리를 잘 설명해 주고 있다.

그러고 보니 우리 나라에서도 KB 시세 기준 서울아파트의 장기적인 고점이 1991년과 2008년에 나타났으니 17년의 주기가 적용되는 것 같다.

그렇게 따지면 필자가 개발한 MB-Star(100) 지수의 고점인 2006년 11월 이후 17년 정도가 되는 2023~2024년 정도가 서울아파트의 다음번 상투가 된다고 유추할 수도 있다.

각 주장의 근거들은 다들 다를 수 있지만 그 변곡점을 2023년 전후로 하는 데는 공통점이 있다. 그럼 한센사이클을 장기적인 시계열 데이터에 적용시켜 보고 이번엔 다를 수 있지 않을까 논해 보고자 한다.

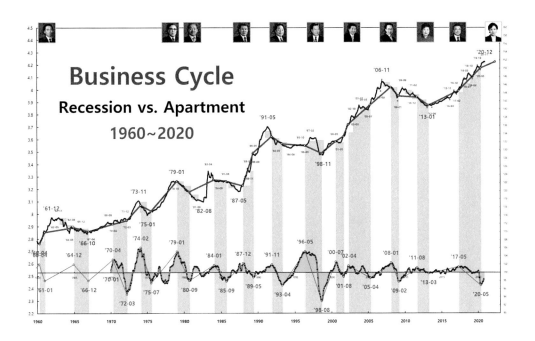

우리가 가장 대표적으로 꼽는 경기순환 주기는 바로 '경기동행지수 순환변동치'에 의해 통계청에서 발표하는 경기순환주기다. 위 차트는 1970년부터 통계청에서 발표하는 경기순환주기 사이클에 필자가 과거에 어떤 경제 서적에서 구한 1970년 이전의 10년간의 데이터를 합성한 자료이다. 여기에 필자가 개발한 서울아파트 대표지수인 MB-Star(100) 지수를 비교한 것으로 파란색 음영 부분이 통계청에서 구분한 60년간의 불황기(Recession) 구간이다.

여기서 특이한 것은 서울아파트 대폭등기가 경제 불황기와 겹친다는 것이다. 2000년 대 초반 노무현 정부 시절 장기간의 불황기에 버블세븐이 폭등했던 것도 그랬고, 2017년 5월 이후 현재까지의 역대급 최장기 불황기에 역대급 서울아파트 폭등을 체험하고 있음이 그 증거다.

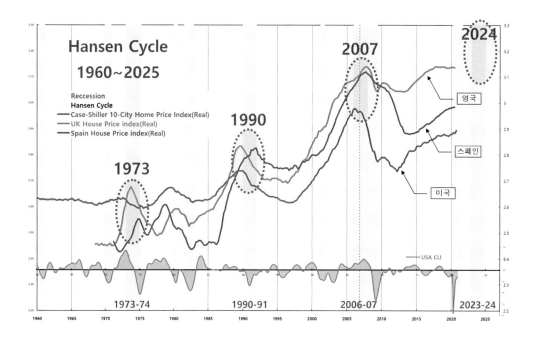

한센사이클(Hansen Cycle)을 1960년 이후의 미국과 영국, 스페인의 실질주택가격지수에 적용을 한 차트는 위와 같다. 미국의 경기사이클과 비교가 되도록 Recession 구간과 17년의 한센사이클 구간 위에 3개국의 대표지수를 차트에 표시하였다. 미국은 Case-Shiller 교수의 10개 대도시 주택가격지수이고 영국과 스페인은 국가 기관에서 발표한 주택가격지수로 CPI(소비자 물가지수)를 반영한 실질주택가격지수이다.

1차 석유파동 발발로 1973~1974년에 고점을 형성한 미국/유럽 주택가격지수는 17년 후, 일본의 부동산 버블붕괴가 발생한 1990~1991년에 또 부동산 고점이 왔다. 그리고 17년 후 미국발 서브프라임사태로 무너지기 직전인 2006~2007년 사이에도 또 부동산 고점이 출현하였다.

한센 교수가 연구했던 1860년부터 1940년 사이의 17년 주기가 100년이 지난 현대에도 정확히 적용되고 있다는 것이 놀라울 뿐이다. 그럼 2007년의 17년 후인 2024년에도 고점이 출현할 것이라는 주장은 신빙성이 매우 높으며 그때까지 남은 3~4년 동안 미국/유럽의 부동산 가격은 현재의 급등을 지속하리라 예상할 수 있다. 그럼 우리 시장에는 어떨까?

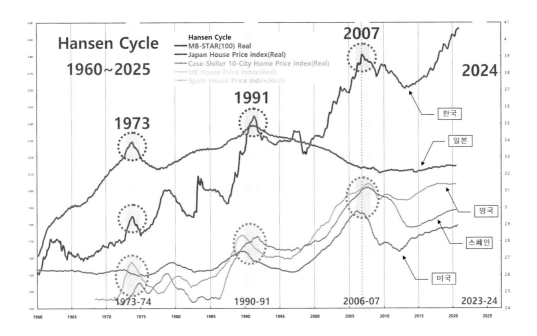

앞에서 본 미국/유럽의 주택가격지수와 한센 사이클 차트에 한국과 일본의 주택가격
지수를 추가했다.

이 차트에서 외국의 지수는 모든 형태의
주택을 포함한 지수이나 한국은 필자가 서
울아파트 일일 실거래가 시가총액 상위
100개로 만든 MB-Star(100) 지수이다.

한국의 주택 형태 중 서울의 아파트 비중
은 60%에 육박하지만 외국은 아파트 비중
이 무척 적기 때문에 비교 지수로 외국은
모든 주택을, 한국은 서울아파트를 비교하
는 데 큰 무리는 없다고 판단된다.

실제로 미국의 2018년도 센서스 결과를
보면 주택에서 차지하는 아파트 비중은 20% 정도에 불과하다.

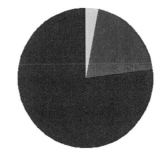

또한 2005년도 일본의 주택 유형 중 3층 이상의 맨션은 18% 정도에 불과하고 이 중
6층 이상의 아파트 비중은 불과 5% 정도에 불과하다. 물론 지진을 대비한 결과이기도
하다.

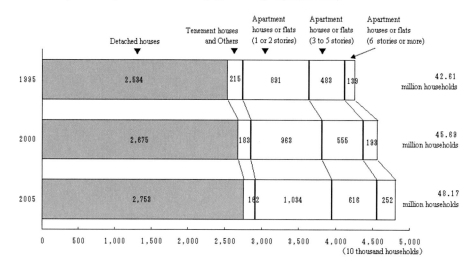

Figure 14 Changes in Private Households by Type of Building—Japan (1995-2005)

이 차트에서 우선 일본의 경우를 보면 1973년과 1991년 한센사이클이 정확히 적용이 되었으나 91년의 버블붕괴 이후에는 2007년에 3번째 고점이 출현하는 대신 '잃어버린 20년'이라는 대세하락을 지속했으며 점진적인 상승세를 타고는 있으나 아직도 당시의 고점에는 턱없이 부족하다.

한편 우리나라 지수를 보면 1973년과 1991년 고점까지 30여 년간 일본과 거의 동조화된 흐름을 보이다가 2000년 이후에는 일본과는 전혀 다른 흐름을 보이고 있다. 오히려 2007년 고점을 형성한 이후 2013년의 대반등까지도 미국과 유럽의 흐름에 동조화되고 있다.

이렇게 볼 때, 일본의 사례처럼 서울아파트의 흐름에 17년을 주기로 하는 한센사이클이 항상 적용되지는 않을 수 있고 따라서 이번에는 서울아파트의 흐름이 2023~2024년까지 대세상승을 지속하리라는 보장도 없다. 물론 이러한 상황에서는 다른 지표들도 함께 검토해 보아야 안전하다.

엘리어트 파동이론
(Elliott Wave Theory)

지난 7월 16일, 문재인 대통령은 21대 국회 개원연설에서 '부동산 투기 억제' 의지를 밝히면서 "집값은 원상회복돼야 한다. 앞으로 부동산 대책을 끝없이 내놓겠다."라는 폭탄선언을 하였다.

이러한 대통령의 발언은 그동안 '미친 집값'이라 불릴 정도로 폭등한 서울아파트값이 정부 출범 초기로 되돌아가야 한다는 것이다. 가히 충격적인 말이다. 그럼 그것이 가능할까?

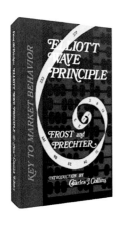

사실 필자는 서울아파트값이 문재인 정부 출범 당시인 2017년 5월로 원상회복은 물론 박근혜 정부 출범 당시인 2013년 2월 수준으로 돌아갈 수 있다고 생각했다. 이런 주장을 하면 대부분의 주택 소유자들께 비난을 받을 것이 자명하지만 필자가 지난 60여 년간의 서울아파트 매매가 추이를 연구해 본 바로는 충분히 가능한 일이다. 바로 엘리어트 파동이론을 적용했을 경우다.

여러 가지 금융 상품의 파동이론 중 상승 5파와 하락 3파를 이루며 끊임없이 등락을 반복하는 특성을 갖고 있는 엘리어트 파동이론이 60여 년간의 우리 서울아파트 매매지수에 놀라우리만치 잘 맞아 떨어진다는 사실을 발견하고 필자는 여러 날 놀랐었다.

그럼 우선 이 엘리어트 파동이론의 원리를 잠시 살펴보고 이를 우리 서울아파트 시장에 대입해 보기로 한다.

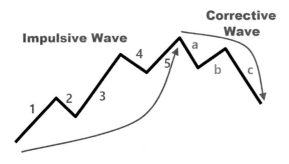

엘리어트 파동이론(Elliott Wave Theory)을 도식화하면 앞의 그림과 같다.

이 이론에서는 하나의 순환주기에서 상승파동은 5개로, 조정파는 3개로 이루어지고 각각의 하위파동을 세분해 보면 또한 같은 구조가 된다고 전제한다.

상승파동 중 1/3/5 파동은 충격파(impulsive wave)로 강력한 상승추세를 이루고 이 중에서도 보통은 3파가 가장 강하다. 그리고 2/4 파동은 조정파(corrective wave)로 과도하게 상승한 직전 파동을 일정부분 되돌리는 경우라 그 강도는 약한 편이다.

조정파동 중 a/c 파동 또한 충격파(impulsive wave)로 강력한 하락추세를 이루고 b 파동은 조정파로(corrective wave)로 과도하게 하락한 직전 파동을 일정 부분 되돌리는 경우라 약한 편이지만 의외로 강력한 반등이 나타날 때도 있다.

그리고 각각의 파동이 상승 또는 반등을 할 때면 38.2% 또는 61.8%의 피보나치 황금비율이 적용될 때가 많다.

그러나 아직 많은 부분에 적용시켜 보지 못한 이유로 엘리어트 파동이론이 금융상품에서처럼 디테일한 부분까지 부동산 시장에도 적용되는 것 같지는 않다.

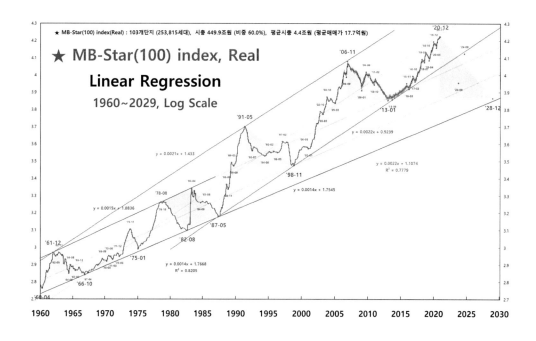

이 책의 서두에서 언급했듯이 앞의 차트는 1960년 이후 서울아파트의 최장기 매매가 실질지수이다. 2006년 이후부터는 국토부 실거래가 상위 100개 단지, 1988년 이후는 KB와 부동산뱅크 중위시세, 1979년 이후는 KB지수와 은마아파트 등을 합성, 또 그 이전까지는 댈러스 연방은행 한국 주택가격지수를 역산한 것으로 모든 지수는 소비자물가지수(CPI)로 나누어 실질지수화한 것이다.

이 차트를 로그화하여 선형회귀분석과 추세분석을 해 보면 서울아파트의 매매가 흐름은 놀라우리만치 하나의 추세대 내에서 움직이며 중요한 지점마다 지지와 저항에 충실했던 모습을 발견할 수 있다. 그리고 수십 년이 지난 현재까지도 서울아파트의 흐름은 초장기 추세선들의 영향권하에 있다.

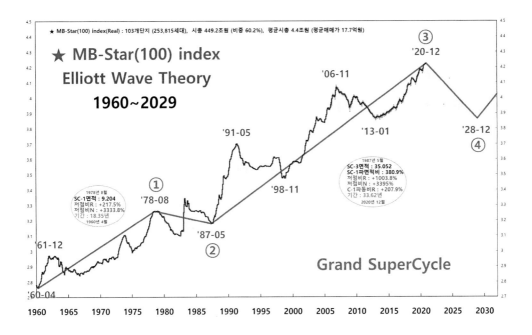

이 차트에 엘리어트 파동이론을 적용시키면 일단 가장 상위의 파동인 Grand Super Cycle이 생성된다. 필자는 1960년부터 1978년까지 18년간의 상승파동을 1파, 1978년부터 1987년까지 9년간의 불규칙파동을 조정2파, 1987년부터 현재까지 34년간의 상승파동을 3파로 카운팅하였다. 물론 올해 12월의 고점은 잠정치이다.

최초의 상승1파는 1960년부터 1978년까지 18년간 +217%상승을 하였다. 당시에는 아파트보다 주택의 비중이 훨씬 더 높던 시절이었고 물가상승률을 감안하지 않은 명목지수의 상승률은 무려 +3,333%로 실질상승률보다 훨씬 크다.

1987년 5월부터 현재까지 34년여간의 상승3파동은 저점 대비 +1,003%나 폭등을 하였다. 물론 명목상승률은 +3,395%였다.

직전의 상승1파에 비해 2.07배나 더 큰 상승을 하였으며 파동이 만들어진 구간의 삼각형 면적을 비교하면 3.8배로 그보다 훨씬 더 크다.

1987년 5월
SC-3면적 : 35.052
SC-1파면적비 : 380.9%
저점비R : +992.9%
저점비N : +3395%
C-1파동비R : +207.9%
기간 : 33.62년
2020년 12월

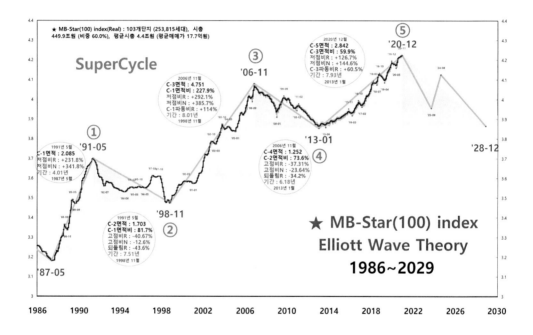

1991년 5월
C-1면적 : 2.085
저점비R : +231.8%
저점비N : +341.8%
기간 : 4.01년
1987년 5월

1987년부터 현재까지의 하위파동인 Super Cycle을 카운팅해 보면 최초의 파동인 상승1파는 노태우 정부 시절에 만들어진 것으로 87년 5월부터 91년 5월까지 만 4년이라는 단기간에 무려 +231%의 폭등세를 보였는데 명목상승률로는 +341%나 되었다. 평균적으로 모든 아파트값이 세 배 반 가까이 폭등했던 시절이다.

1991년 고점부터 시작된 조정2파는 IMF 위기를 맞으며 7.5년간 고점 대비 무려 -40.67%나 하락했다. 물론 환율 등 물가의 폭등세로 명목지수 하락률인 -12.6%보다 더 큰 폭의 조정을 보였던 것이다. 여기서 1파에 대한 되돌림 비율은 -43.6%였다.

1998년 11월, IMF 위기를 극복하며 대세상승에 들어선 서울아파트 지수는 2006년 11월 버블세븐이 터지기 직전까지 만 8년간 무려 +292%, 명목지수로는 +385%나 폭등했다. 1파의 노태우 정부 4년보다 상승 기간이 두 배나 더 길었고 상승률도 더 컸다.

즉, 3파의 상승 기간 8년은 1파 상승 기간 4년의 2배였으며 상승률은 1.14배로 조금 더 컸고 파동이 생성된 삼각형의 면적 대비로는 227%나 더 컸다. 또한 3파의 상승 기간과 2파의 조정 기간은 연봉 기준으로 8년이라는 대등수치가 적용되었다.

그리고 2006년 11월, 버블세븐이 터지며 조정 4파가 시작되었는데 하락추세로 돌아선 서울아파트 실질지수는 미국발 서브프라임사태로 조정 a파를 거쳤고 잠시 반등하기도 하였으나 유럽 재정위기 등으로 재차 c파동의 급락세를 보이며 2013년 1월, 박근혜 정부가 출범하기 직전까지 폭락을 하였다.

이 기간 조정 4파의 고점 대비 하락률은 -37.31%에 달해 IMF 당시의 조정 2파에 조금 못 미쳤으며 당시의 삼각형 크기에 비하면 73%로 조금 작은 편이었고 직전 상승파동에 대한 되돌림 비율은 -34.2%에 달했다. 물론 명목지수 하락률은 -23.64%로 그보다는 조금 작았다.

마지막 파동인 이번의 상승 5파동은 2013년 1월 시작되었는데 내년 1월이면 만 8년째 상승으로 노무현 정부 시절의 만 8년간 상승, 또 연봉 기준으로 IMF 당시의 8년간의 조정과 동일한 기간을 이루게 된다.

현재 2013년 1월의 저점 대비로는 +125.9%의 상승률을 보이고 있으며 명목상으로는 +144%의 상승률이다. 노무현 정부의 상승에 비하면 60.4%로 조금 약한 편이고 당시의 상승 삼각형에 비해서는 그 크기도 60.6% 정도이다.

1991년 5월
C-2면적 : 1.703
C-1면적비 : 81.7%
고점비R : -40.67%
고점비N : -12.6%
되돌림R : -43.6%
기간 : 7.51년
1998년 11월

2006년 11월
C-3면적 : 4.751
C-1면적비 : 227.9%
저점비R : +292.1%
저점비N : +385.7%
C-1파동비R : +114%
기간 : 8.01년
1998년 11월

2006년 11월
C-4면적 : 1.252
C-2면적비 : 73.6%
고점비R : -37.31%
고점비N : -23.64%
되돌림R : -34.2%
기간 : 6.18년
2013년 1월

2020년 12월
C-5면적 : 2.837
C-3면적비 : 59.8%
저점비R : +125.9%
저점비N : +144.1%
C-3파동비R : +60.4%
기간 : 7.93년
2013년 1월

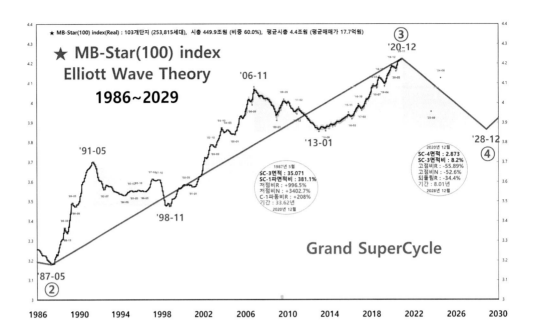

★ MB-Star(100) index(Real) : 103개단지 (253,815세대), 시총 449.9조원 (비중 60.0%), 평균시총 4.4조원 (평균매가 17.7억원)

★ MB-Star(100) index
Elliott Wave Theory
1986~2029

③ '20-12

'06-11

'91-05

'13-01

'98-11

1987년 5월
SC-2면적: 35.071
SC-1파면적비 : 381.1%
저점비R : +996.5%
저점비N : +3402.7%
C-1파동비R : +208%
기간 : 33.62년
2020년 12월

Grand SuperCycle

'28-12
④

2020년 12월
SC-4면적 : 2.873
SC-3면적비 : 8.2%
고점비R : -55.89%
고점비N : -52.6%
되돌림R : -34.4%
기간 : 8.01년
2028년 12월

'87-05
②

1986 1990 1994 1998 2002 2006 2010 2014 2018 2022 2026 2030

여기서 잠시 필자가 내년부터 시작될 것이라 주장하고 있는 하락의 형태는 어떻게 될지 예측해 보고 넘어가겠다.

엘리어트 파동이론에서의 조정은 고점 대비 하락률이 아닌 직전파동에 대한 되돌림을 말한다. 과거 IMF 때의 조정 2파와 서브프라임 이후의 조정 4파는 모두 직전 상승파에 대한 되돌림 비율이 -43.6%와 -34.2%에 달했다 물론 명목지수의 고점 대비 하락률은 각각 -12.6%와 -23.64%였다. 그럼 이번 문재인 정부 때의 되돌림 비율에 의한 고점 대비 하락률을 노무현 당시 때처럼 -23% 정도로 보면 될까?

아니다. 이번 조정파동은 문재인 정부 때의 8년간 상승에 대한 조정파가 아닌, 1987년 노태우 정부 때부터 상승한 34년간의 모든 상승에 대한 되돌림으로 카운팅하는 것이 맞다.

2020년 12월
SC-4면적 : 2.876
SC-3면적비 : 8.3%
고점비R : -55.84%
고점비N : -52.46%
되돌림R : -34.5%
기간 : 8.01년
2028년 12월

그렇게 계산하면 이번의 조정은 고점 대비 실질지수는 -55.84%, 명목지수로도 -52.46%라는 결과가 도출된다. 평균적으로 서울아파트 대부분이 반토막이 된다는 충격적이 결과다. 여기서 물가지수는 향후에도 최근 4년간의 평균 물가상승률과 동일하게 추정하였기에 물가지수의 추이에 따라 조금 달라질 수는 있는데 저물가로 인해 디플레이터 기능이 작아 두 지수 간에 큰 차이가 나지 않는다.

앞으로의 조정파동 형태는 버블세븐 이후의 지그재그 조정파 형태를, 기간은 IMF 당시와 노무현 정부 상승기, 이번 상승기 등 3차례의 8년 기간을 적용했다.

즉, 이번의 조정파동은 과거 노태우 정부 시절부터의 34년간 상승에 대한 되돌림으로 직전 파동 중의 마지막 파동인 노무현 정부의 8년간 상승5파를 완전 되돌리는 수준이 될 것으로 예측이 된다. 문재인 대통령의 '집값 원상회복'이라는 발언이 남다르게 들리는 이유이기도 했다. 이 예측을 독자들에게 받아들이라고 강요할 수는 없지만 필자의 많은 고민 끝에 나온 결과로, 독자들도 폭등하는 서울아파트 시장에서도 잠시 주변을 돌아보는 계기로 삼기를 바란다.

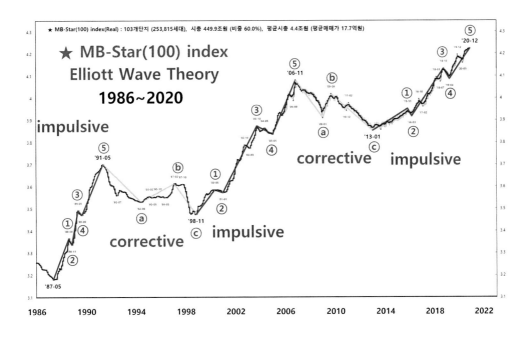

추가로 지금까지 살펴보았던 Super Cycle의 하위파동을 나름대로 카운팅해 보았다. 상승파동은 충격파동을, 조정파동은 되돌림 파동으로 이해하면 된다.

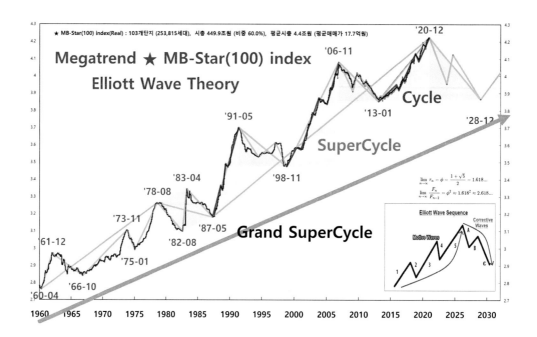

엘리어트 파동이론 측면에서 보면, 우리나라 아파트시장의 Grand Super Cycle 1파동을 만든 대통령은 박정희 대통령이다.

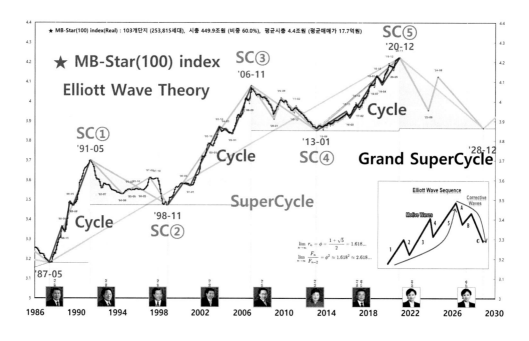

1980년대 이후에는 노태우 대통령이 상승 1파, 김대중 대통령이 상승 3파, 박근혜 대통령이 상승 5파를 만들었다.

김영삼 대통령과 이명박 대통령은 조정 2파와 조정 4파의 '설거지 국면'에 재임을 했던 불운(?)을 겪었다.

그런데 2022년 취임할 차기 대통령은 지금까지 어느 대통령도 겪어 보지 못한 큰 '설거지' 국면을 맞을 듯하다.

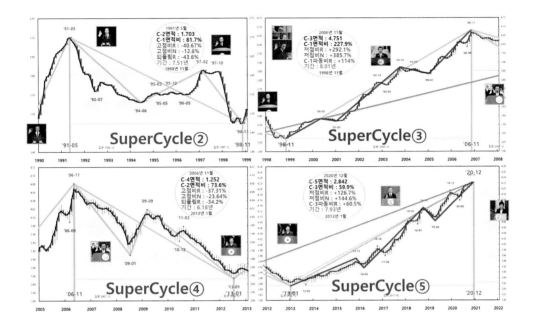

각 파동의 구간을 정권별로 비교해 보면, 조정파동인 2파와 4파는 김영삼 정부 시절과 이명박 정부 시절에, 상승파동인 3파와 5파는 노무현 정부 시절과 문재인 정부 시절에 발생하였다.

위 차트는 이 책 앞부분의 '데자뷰 현상과 평행이론'에서도 살펴보았다.

26 로그주기멱급수모델
(Log-Periodic Power Law Model)

자산시장에서 투기로 인한 거품이 발생한 이후 외부적 충격이 없는 조건에서 내부적 붕괴를 예측하기 위해 고안된 것이 로그주기멱급수모델(Log-Periodic Power Law Model, LPPL)이다.

초기에 LPPL은 통계물리학에 기반한 방법론으로 지진 등 특정 주기의 파동을 나타내는 행태에 대한

붕괴 임계 시점을 예측하는 데 활용되었으나 최근에는 자산시장에도 활용되고 있다.

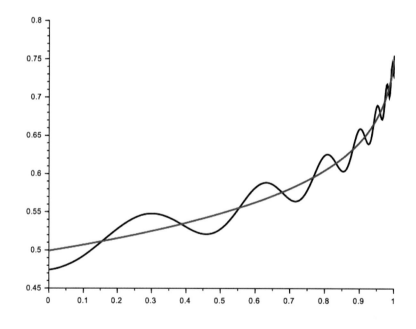

필자에게도 좀 생소하지만 이 통계 기법을 주목하게 된 이유는 금융시장의 기술적 분석 기법과 흡사한 면이 많아서이다. 필자는 여기서 LPPL의 개념적인 부분만 발췌해 서울아파트 시장의 기술적 분석에 적용해 보고자 한다.

LPPL을 간단히 설명하면 투기적인 시장에서 가격의 흐름은 투기가 진행될수록 그 파동의 주기가 점점 짧아지며 기울기도 점점 더 가팔라지다가 한계에 도달한 어느 시점이 되면 스스로 무너져 내린다는 것이다. 마치 주식시장에서 작전 세력들은 종목을 직선으로 관리하는 것이 아니라 곡선으로 관리한다는 것과 같은 맥락이다.

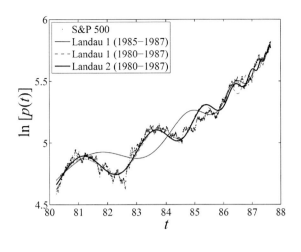

즉, LPPL과 작전 세력의 공통점에는 지수와 로그, 주기함수의 개념이 내포되어 있다.

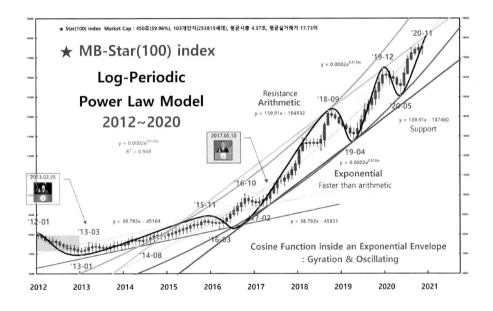

2012년 이후의 MB-Star(100) index에 LPPL을 적용시켜 보았다.

월봉차트를 분석해 보면, 지수는 상승추세대(Envelope) 내에서 반복적인 주기운동 (Oscillating & Gyration)을 하고 있다(Cosine Function inside an Exponential Envelope).

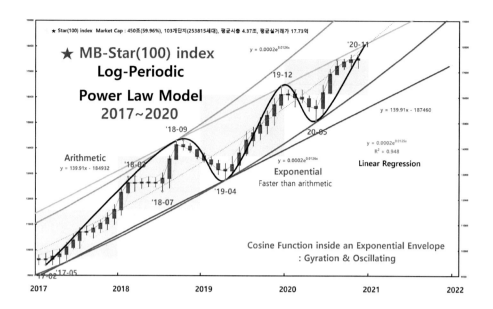

또한, 2017년부터 서울아파트 매매가의 상승세는 기울기가 급해지더니 작년 말부터의 조정을 마감한 올해 5월에는 1차함수의 산술지지선이 아닌 그보다 위에 있는 지수함수의 곡선지지선에서 반등을 하며 저점이 높아졌고 그 주기도 점점 더 짧아지고 있다 (Exponential, Faster than arithmetic).

그러나 현재의 상승세는 지수함수의 저항선까지 다다르지 못하고 1차함수의 산술저항선에서 수차례 막히며 추세가 약화된 모습이다.

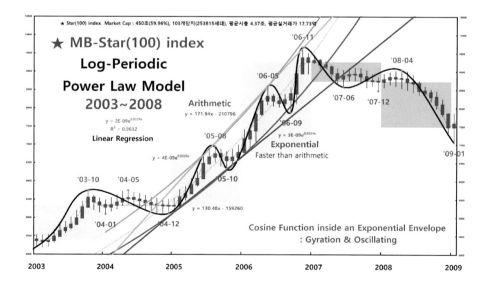

이러한 현상은 버블세븐 상투기였던 2006년에도 나타났었는데, 당시에는 진폭이 점차 커졌다는 차이점만 있을 뿐 추세대 내에서 점점 빨라지는 진동주기는 현재와 매우 흡사하다.

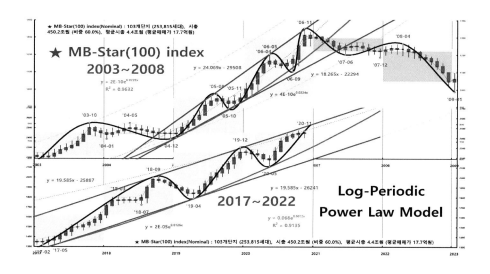

따라서 2006년과 2020년의 두 기간을 상세히 비교해 보면 상당히 비슷한 흐름을 볼 수 있다.

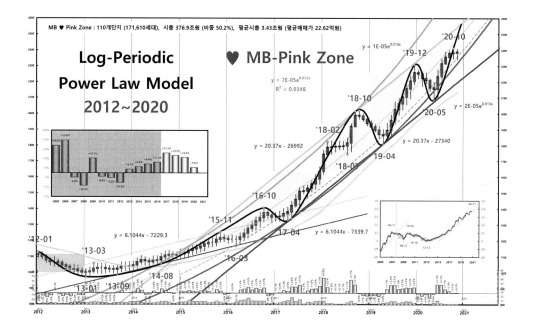

고가 아파트 위주의 Pink Zone 그래프는 최근에 무척 약해지고 있는데, 지수함수는 커녕 1차함수의 저항선도 못 넘고 있다.

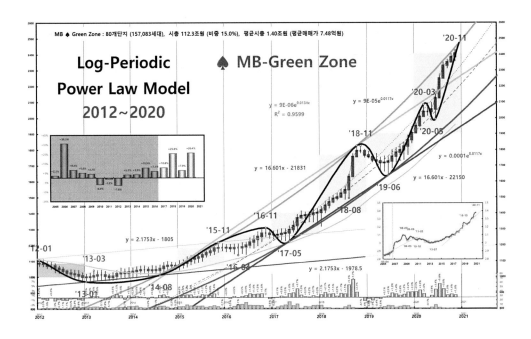

반면 저가 아파트 위주의 Green Zone 그래프는 무척 강한 흐름을 보이고 있는데 1차 함수의 저항선을 돌파한 후 지수함수의 저항선까지 상승한 상황이다.

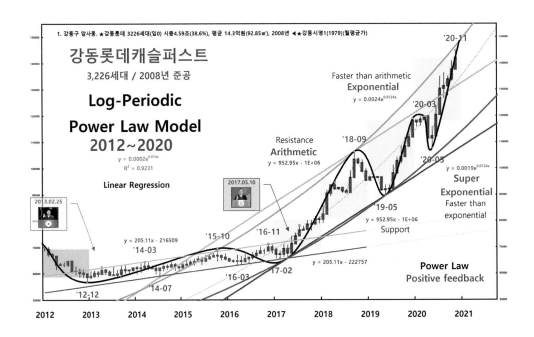

로그주기멱급수모델(Log-Periodic Power Law Model)을 개별 아파트에 적용해 보면 유의미한 결론에 도달할 수 있다.

필자가 살고 있는 강동롯데캐슬에 LPPL을 적용시키면 상승추세대 내에서의 올해 목표치가 11월에는 14.7억 원, 12월에는 14.9억 원, 내년 1월에는 15.1억 원 등 매달 2천만 원 정도씩 상승한다.

특히 롯데캐슬의 상승세는 시간이 흐를수록 더욱 강해졌는데 이는 매수자들의 상호작용으로 생성되는 양의 피드백(Positive feedback) 현상에서 기인한 것으로 MB-Star(100) 지수에서는 실패했던 산술저항선을 돌파한 후 급기야는 지수함수까지 도달하는 초강세를 보이고 있다.

LPPL 분석에서의 용어를 여기에 적용시켜 보면, 특히 단기 조정을 보이던 올해 5월의 저점은 지수함수의 지지선까지 하락하지 않는 초강세를 보였는데(Faster than exponential) 이는 패닉바잉(Panic Buying) 현상에 기인한 멱급수법칙(Power Law)으로 초기하급수적인 현상이다(Super Exponential).

추가로 다음 차트들은 강동롯데캐슬에 적용했던 것처럼 20개의 주요 아파트에 이러한 지표를 적용시켜 본 것으로 대부분 기존 상승세가 지수함수까지 다다르며 강한 추세를 지속하고 있으나 직선의 1차함수에서 막혀 약한 추세를 보이며 이미 추세가 꺾인 듯한 단지들도 찾아볼 수 있다.

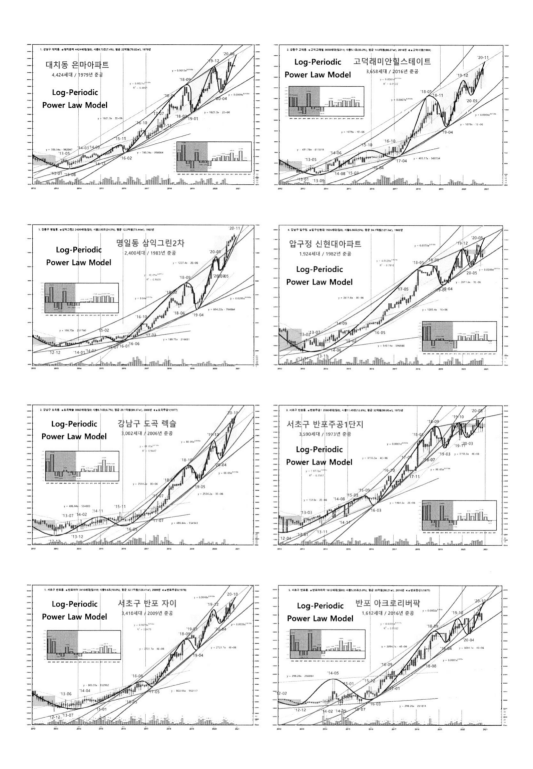

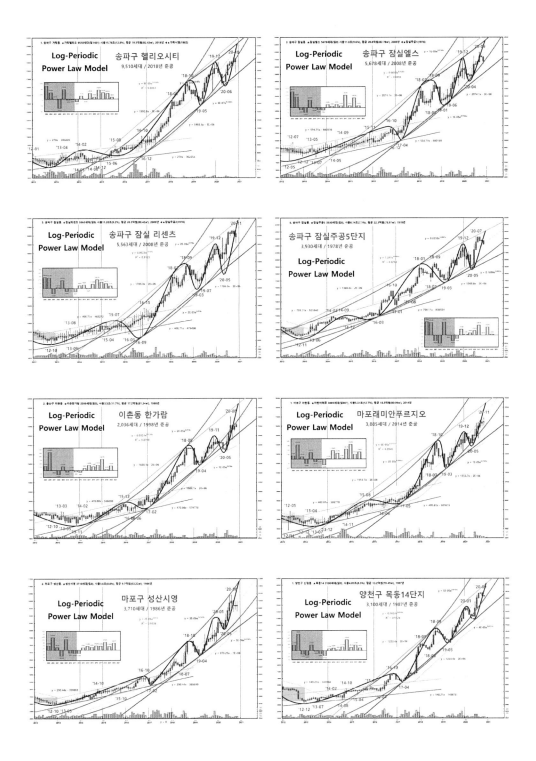

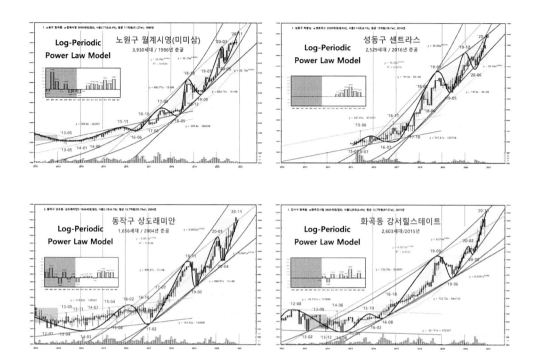

27 과대분산테스트
(Variance Bound Test)

IMF 이후 전국의 부동산이 5년째 폭등하던 2003년 10월, 강남 집값의 40%가 거품이라는 뉴스 보도가 있었다.

새로 들어선 노무현 정부는 투기를 잡겠다며 부동산 규제책을 연이어 내놓았으나 이후로도 수년간 서울아파트의 폭등세는 멈추지 않았다.

이로부터 2년여 후인 2005년 6월에는 서울아파트의 거품 가능성이 2003년보다 더 크다는 또 다른 뉴스 보도가 있었다.

지나고 보면, 이 뉴스 이후에도 강남3구 아파트 매매지수는 버블세븐이라는 신조어를 만들며 2년 가까이 더 급등을 했다.

뿐만 아니라 그동안 소외받았던 노도강 아파트 매매지수는 오히려 이때부터 폭등을 시작하여 3년간 지속되었는데 이러한 차별화 현상은 강남3구가 하락세로 돌아선 이후에도 이어졌다.

'그럼 서울아파트 매매가는 어느 정도가 버블 수준이고 또 버블은 언제 터지는 것일까?' 하는 의문이 들지 않을 수 없다.

붉게 타오르는 태양의 대기층에는 온도가 수백만 도에 이르는 코로나(Corona)와 상대적으로 온도가 낮아 검게 보이는 흑점(Sunspot)이 있다. 코로나는 지구 극지방에 오로라를 발생시키며 태양 흑점은 지구상의 전자파에 영향을 준다.

금융상품의 거품 수준을 측정하는 통계지표 중 과대분산

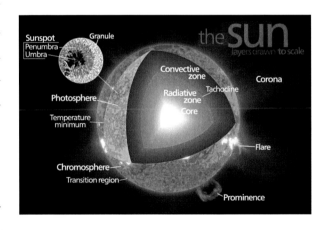

테스트(Variance Bound Test)라는 것이 있다. 이 통계분석 기법을 처음 접했을 때 필자는 부동산 지수들을 엑셀에 적용시키며 결과치 중 서울아파트 매매가의 버블을 Corona에, 그 반대를 Sunspot으로 칭했다.

과대분산테스트를 부동산 시장에 적용을 해서 투자가치가 아닌 거주가치만 있는 전세가격을 아파트 내재가치의 대리변수(Proxy)로 사용하여 24개월간 아파트 매매가와 전세가의 전월 대비 변화율의 변동성(분산)을 비교하여 거품 가능성을 분석해 보기로 한다.

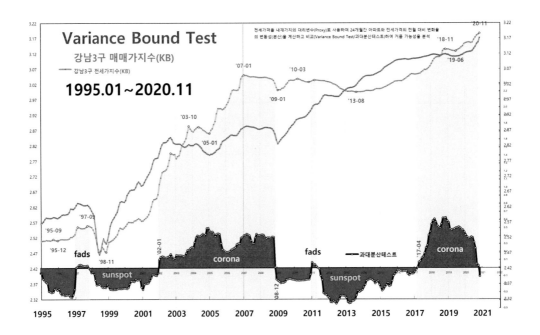

위 차트는 1995년 이후의 KB 월간 강남3구 매매지수와 전세지수의 과대분산테스트 결과를 도식화한 것이다.

결과를 보면 강남3구의 버블 기간은 2002년 1월부터 2008년 12월까지 무려 7년간, 최근에는 2017년 4월부터 현재까지 4년 가까이 지속되고 있다. 여기서 1년 미만의 일시적인 유행(fads) 기간은 제외한다.

강남3구 매매지수가 고점을 형성했던 2007년 이후의 버블 기간을 보면, 매매가와 전세가가 동시에 조정을 보이며 거품 수준은 동일하게 2년 더 지속되었었고 거품이 터진 2008년 말 이후에는 매매가의 반등보다 전세가의 반등이 더 컸기에 거품이 제거된 것으로 나타난다.

한편 이번의 버블 기간 특징을 보면 노무현 정부 때보다 버블 기간이 훨씬 짧은 반면 거품 수준은 더 높았다. 그리고 최근 들어 버블 수준이 급격하게 축소되고 있는데 이유는 아이러니하게도 전세가의 급등으로 인해 분모인 전세지수의 전월 대비 변화율이 급격하게 커졌기 때문이다. 즉, 매매가의 하락전환으로 거품이 빠지는 것이 아닌 내재가치인 전세가의 급등으로 인해 거품이 해소되고 있다는 것이다.

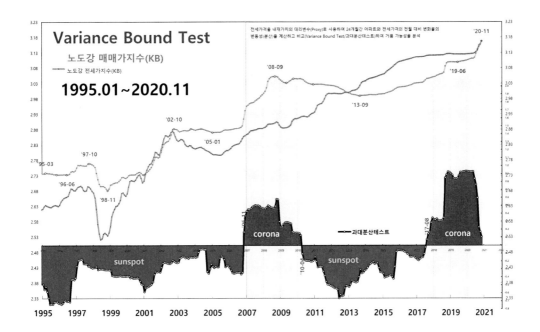

이번에는 강남3구와 대척점에 있는 노도강의 1995년 이후 KB 월간 매매지수와 전세지수의 과대분산테스트 결과를 보자.

결과를 보면 노도강 아파트의 버블 기간은 강남3구보다 4년이나 늦게 시작된 2006년 11월부터 2010년 4월까지 3년 반 정도에 불과하여 강남3구 버블 기간의 절반에 불과하였으나 최근에는 2017년 8월부터 현재까지 3년 조금 넘게 지속되고 있어 차이가 없다.

그러나 노도강 지역의 이번 거품 수준은 노무현 정부 당시 때보다 훨씬 더 크고 최근의 강남3구에 비해서도 과도하게 높다. 특히 올해 하반기 들어 노도강 아파트 매매가 버블 수준도 급격하게 축소되고 있는데 이 지표에 의하면 만일 내년부터 서울아파트 매매지수가 하락반전한다면 오히려 노도강 지역의 충격이 강남3구보다 더 클 수도 있어 보인다.

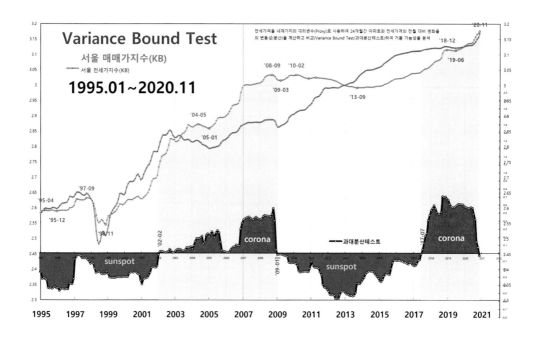

　강남3구와 노도강을 모두 포함한 서울시 25개 구의 과대분산테스트(Variance Bound Test) 결과를 보면 노무현 정부 당시에는 강남3구와 노도강의 버블 기간이 서로 달라 그 기간은 좀 더 길고 초기에는 버블 수준도 매우 낮았다. 그러나 이번 문재인 정부 때의 버블은 서울 모든 지역에서 동시에 발생하였기에 기간도 짧고 그 수준도 훨씬 높다.

　즉, 버블 구간에 시차가 컸던 노무현 정부 당시에는 강남3구가 하락세로 돌아선 2007년 이후에도 노도강 등 외곽의 중저가 아파트 단지들이 2년 가까이 추가로 더 상승세를 이어 가며 서울아파트 지수가 쌍봉을 형성했던 반면, 이번에는 서울의 전 지역에서 동시에 버블이 생겼기 때문에 그때와는 달리 이번에는 거품이 서울 전 지역에서 동시에 터지며 외봉의 고점이 만들어질 가능성이 높아 보인다.

　물론 이미 언급했듯이 과거에도 버블이 해소된 후 시차를 두고 시장이 하락세로 접어들었다는 점을 상기해 보면 이번에도 강남3구가 11월에 버블이 해소되기 시작했으니 이보다 몇 개월 늦게 서울아파트 고점이 나타날 가능성이 크다.

28 볼린저밴드
(Bollinger band)

우리나라의 화폐에 퇴계 이황이나 율곡 이이의 영정이 도안되어 있는 것처럼 독일의 10마르크에도 수학자 가우스의 얼굴이 도안되어 있다.

그런데 화폐를 자세히 보면 가운데 부분에 그래프도 그려져 있음을 발견하게 된다.

이것은 가우스 분포곡선으로, 우리가 수학 수업 중 확률통계를 공부하면 가장 먼저 나타나는 확률밀도함수다.

우리가 현실에서 이 그래프를 접하게 되는 때는 선거철인데 여론조사를 공표할 때마다 마지막에 따라붙는 '신뢰수준 95%에 오차범위 ±5%' 등으로, 여기에 등장하는 수치들이 모두 가우스 분포곡선에서 출발한 것들이다.

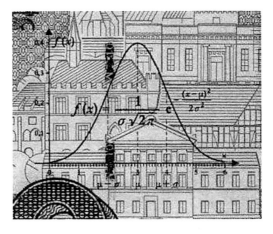

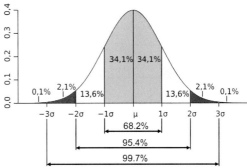

확률밀도함수에서는 종 모양을 중심으로 변곡점인 표준편차(δ) 2개까지의 구간에 95.4%의 면적이 분포하는데 편의상 간단히 95%로 한다.

여기서 우리가 부동산 시장의 분석에 응용할 수 있는 것이 있다. 바로 볼린저밴드다.

볼린저밴드란 차트에서 그려지는 어느 데이터값은 이동평균선을 중심으로 표준편차의 2배수 내에 위치할 확률이 95%라는 것인데 이를 모두 선으로 이으면 하나의 밴드가 된다. 이것을 개발자 볼린저의 이름을 붙여 볼린저밴드라 부르는 것이다.

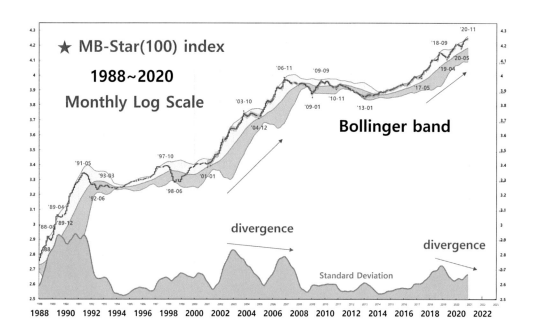

1988년부터의 MB-Star(100) 지수에 볼린저밴드와 표준편차를 표시하였다. 서울아파트지수가 밴드 내에서 등락을 거치며 우상향하는 모습이 보인다.

여기서 표준편차(변동성 지표)가 낮아지면 밴드가 좁혀지고 높아지면 밴드가 벌어진다. 특히 지수가 밴드의 상단에 진입하면 좀처럼 그 중심선을 이탈하지 않고 밴드를 밀어 올리며 상승세를 지속하는 경향을 볼 수 있다. 여기서 좁아지던 밴드가 벌어질 때가 대세상승의 초입에서 자주 일어나는 현상이다.

현재 서울아파트 시장은 2013년 1월 이후 8년간 상승 중으로 최근 들어 3번째로 상위 밴드에 근접한 상태다. 노무현 정부 시절인 2007년에는 버블세븐이 터지며 중위선을 이탈하기 시작했고 짧은 등락이 있었지만 결국 2013년까지 6년 넘는 대세하락을 거쳤었다.

그런데 최근의 상승세는 2017~2018년도의 상승세보다 조금 약한 모습이다. 이를 표준편차에서도 볼 수 있는데 본 지표가 사상 최고치를 갈아치우고 있음에도 불구하고 보조지표인 표준편차의 고점이 낮다는 것이다.

이러한 현상은 2007년에도 있었는데 시세의 상승에도 불구하고 보조지표의 고점이 낮아지는 현상을 기술적 분석에서는 다이버전스(Divegence)라고 한다. 즉, 시세가 약해지고 있다는 신호로 인식을 하게 되고 강한 상승세가 뒤따르지 않는다면 조만간 시세가 꺾일 수 있다고 해석한다.

이번엔 필자가 살고 있는 아파트를 예로 들어 볼린저밴드를 활용한 시세 분석의 경험을 소개하겠다.

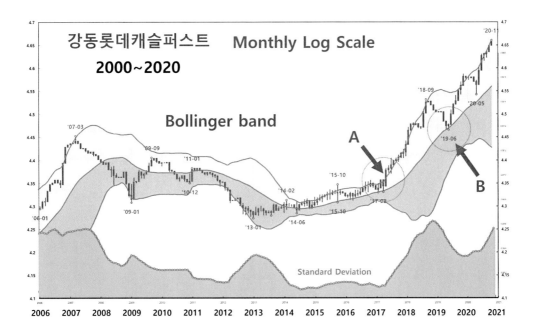

위 차트는 재건축 기간이던 2006년 이후부터 최근까지의 강동롯데캐슬 시가총액 로 그월봉차트다. 2008년 9월 입주 당시가 리먼사태가 터질 때였기에 신축의 장점에도 불구하고 2013년까지 5년 넘게 -40% 가까이 하락을 했다.

이후 2013년부터 서울아파트가 대세상승에 들어서며 급등을 하는데도 이 아파트만 유독 상승이 약하고 3년 넘게 좁은 밴드 내에 갇혀 있었다. 여기서 표준편차가 3년 가까이 역사적 저점에 머물러 있었던 것을 볼 수 있다.

볼린저밴드를 벌리며 강한 상승세가 시작된 것은 하나의 사건이 있었기 때문이다. 바로 2017년 5월의 8호선 연장 공사 발주 뉴스였다. 위 차트에서 A 부분에 하나의 장대양봉이 출현하는데 10년 내 최대 크기였다.

특히 3년 넘게 목을 조여 오던 볼린저밴드를 강하게 벌리며 실거래가가 밴드 밖으로 이탈하는 현상은 가우스분포곡선에서 5%에 불과한 예외적인 현상으로, 전혀 다른 새로운 국면이 시작되었음을 알리는 신호였다.

또한 급등 후 2018년 9.13 대책으로 큰 폭의 조정을 보이던 2019년 6월(B 부분)에는 상승 중이던 중위선에서 정확히 반등에 성공했다.

이처럼 볼린저밴드 지표는 자기가 살고 있는 아파트나 투자를 하려는 아파트 시세 분석에 매우 유용한 지표다.

일목균형표
(一目均衡表)

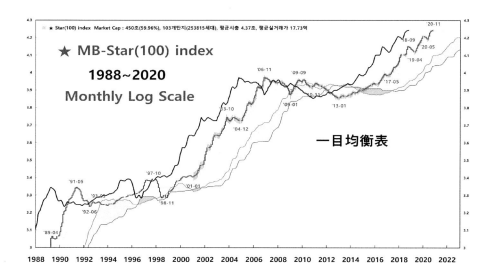

대부분의 기술적 분석 도구는 Y축의 가격에 초점을 맞춘 '수준론'의 지표이다. 반면 X축의 '시간론'에 초점을 맞춘 지표에는 일목균형표가 있는데 시세라는 것은 기본 수치 9와 17의 조합에 의한 규칙적이고 반복적인 흐름을 보인다는 동양 철학의 윤회사상에서 출발한다.

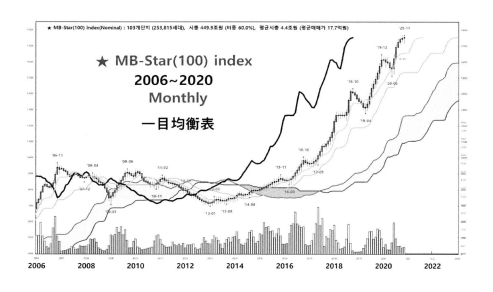

기본적인 지표들을 간단히 설명하면, 앞의 차트에서 연두색 선은 전환선이라고 하며 9개월간의 고점과 저점의 중간값을 연결한 선이고, 하늘색 선은 기준선이라고 하며 26개월간의 고점과 저점의 중간값을 연결한 선이다.

이 두 전환선과 기준선의 중간값을 26개월 선행하여 배치한 것이 선행스팬 1(분홍)이고 52개월간의 고점과 저점의 중간값을 26개월 선행하여 그려 놓은 것이 선행스팬 2(파랑)이다.

선행스팬 1과 2로 만들어지는 부분을 구름대라고 하며 양운과 음운으로 구분한다. 마지막으로 현재의 시세를 26개월 후행시켜 그려 놓은 것이 후행스팬(검정)이라고 하며 일목균형표를 만든 일목산인은 이 후행스팬을 가장 중요시하였다고 전해진다.

일목균형표의 가장 큰 특징은 보조지표들이 모두 미래의 일정 시점까지 미리 그려져 있어 앞으로의 변곡점 시간과 수치를 짐작할 수 있다는 것이다. 필자는 이 지표들을 부동산 분석에 적용하던 중 구름대와 후행스팬이 가장 유용하다는 생각이 들었다.

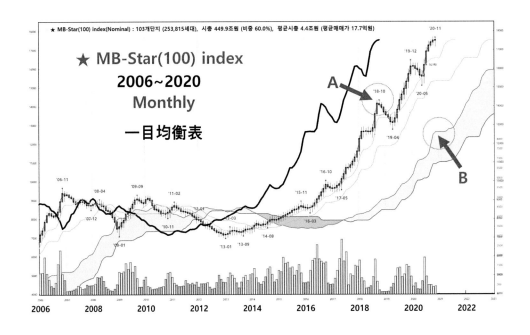

그럼 일목균형표를 MB-Star(100) 지수에 적용해 보자.

위 차트는 2006년 이후부터의 월봉차트로 2013년 1월부터 8년간 강세를 이어 오고 있으며 103개의 시가총액 상위 아파트로 만들어졌다.

위 차트에서 A 부분은 2018년 9.13 대책이 발표된 시점이고 이번 상승 기간 중 가장 큰 조정을 보인 시점이다. B 부분은 올해 11월부터 수개월간 수평을 그리게 되는 구름대로 필자가 이번 상승장의 고점 부근이 될 것이라 예상한 시점 부근이다.

26개월 후행시켜 지수를 따라오고 있는 후행스팬이 과거의 9.13 대책 당시와 만나는 시기가 월종가상으로는 올해 11월, 월중 고점 기준으로는 12월이다.

B 부분은 좁은 폭을 유지하며 상승하던 구름대(기린목 구간이라 함)가 수평으로 누우며 두터운 양운을 형성하기 시작하는 부분으로 26개월 전의 전환선과 기준선에 의해 만들어진 결과다. 개마고원이라 부르는 이 부분의 시작이 11월부터이기에 11월 이후에는 지수의 변곡점이 만들어질 확률이 높다고 판단했다.

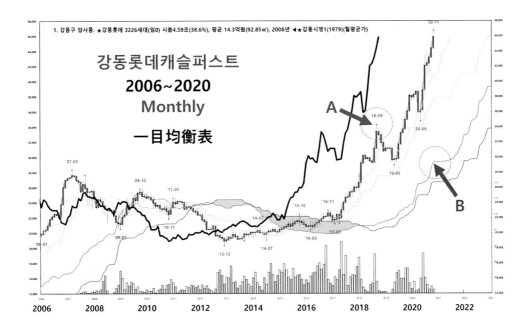

대부분의 서울아파트 흐름이 비슷했기에 이러한 논리로 개별 아파트에도 적용을 해 보면 비슷한 결론을 얻을 수 있다.

필자가 살고 있는 강동롯데캐슬에 일목균형표를 적용해 보았다.

대부분의 지표 위치가 MB-Star(100) 지수와 거의 비슷한 상태로 9.13 대책이 26개월 되는 시점이 올해 11월 또는 12월이었으며 구름대의 개마고원 시작도 올해 11월부터였다. 이 지표들은 2년 전부터 이미 그려져 있었던 것으로 시장 흐름의 고점 시점을 미리 결정할 수가 있었다.

물론 서울아파트 시장의 고점이 필자가 예상하는 시점보다 몇 개월 더 늦게 나타날 수도 있으며 지나고 봐야 확인이 되겠지만 필자의 판단이 틀렸을 수도 있다.

그러나 시간론을 중시하는 일목균형표의 시각으로 보면 26개월 전의 악몽이 되살아

나는 이 시점에 서울아파트의 고점이 나타날 것이라 예측하는 것이 윤회사상 의미에서 또다시 업보를 쌓지 않는 것이라는 생각이 든다.

물론 좋은 아파트라는 것과 시장의 시세는 별개로 봐야 한다.

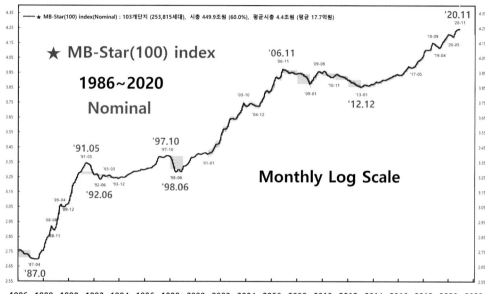

위 차트는 1986년 이후 서울아파트 시가총액 상위 103개 단지의 국토부 실거래가 (2006년 이후)로 만든 MB-Star(100) index 월봉로그차트다. 노란색과 파란색 박스는 연간 등락 구간으로 이 구간을 봉차트로 만들면 연봉이 된다.

월간 등락이 연속되는 구간을 보면 언제는 매도해야 했고 언제는 버텨야 했는지 판단을 하기가 쉽지 않다.

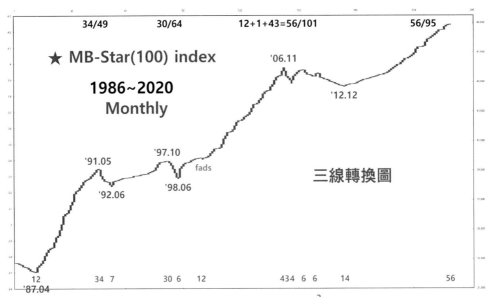

이러한 판단에 사용되는 기준으로 삼선전환도라는 지표가 있다.

상승기를 기준으로 설명하자면, 월종가상 마지막 최고가를 3개 이상 하회하지 않으면 상승세가 지속된다고 판단하는 것이다. 즉, '언제까지 오를까'의 '시간론'이 아닌, 가격의 높낮이만 따지는 '수준론'에 관한 것이다. 한마디로 표현하면 시간을 무시하는 지표다.

위 삼선전환도에서 첫 번째 상승기인 1987년 4월 이후를 보면 49개월간 상승하는 중에 전환값은 34개가 발생했다.

1998년 이후에는 101개월 동안 12개의 상승과 1개의 하락, 43개의 상승이 있어 56개의 전환값이 발생했다. 중간 1개의 음전환은 fads(일시적 현상)으로 처리했다.

그리고 2013년 1월 이후 올해 11월까지는 95개월 동안 56개의 양봉이 연속되고 있다. 즉, 단 한 번도 하락한 적이 없다는 것이다.

필자가 주목하는 것은 지난 상승기였던 노무현 정부 시절까지 전환값이 56개 발생했다는 것과 이번 상승기인 문재인 정부에도 전환값이 56개가 발생하는 시점이 올해 11월이라는 것이다. 즉, 버블세븐 때와 같은 상승 기간을 유지한다면 그 끝은 올해 11월이라는 것이다.

명목지수가 아닌 실질지수로는 노무현 정부의 상승 기간이 1998년 11월부터 2006년 11월까지 정확히 8년이었다. 이번 상승 기간은 2013년 1월부터인데 올해 11월이면 만 8년에 2개월 모자라는 시기가 된다. 즉, 이번의 상승에서 양전환이 56개째가 되는 올해 11월이나 만 8년이 되는 내년 1월 또는 조금 늦어 1분기에 고점이 발생할 확률이 높다는 것이다.

앞의 차트에서는 삼선전환도의 결괏값을 보았는데 월종가 차트에 전환구간을 도식화 해서 보면 이 지표에서 가장 중요시 되는 '속임수 패턴'을 확인할 수 있다.

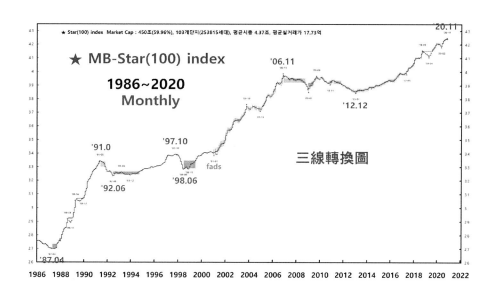

삼선전환도의 결과를 도출하기 직전의 순수한 월봉차트에 전환구간을 표시한 차트를 도식화하면 위와 같다. 삼선전환도의 결괏값에서는 같은 1개의 양봉이라 하더라도 조정 을 거친 후 수개월에 걸쳐 만들어질 수도 있고 급등기 때처럼 연속해서 매월 양전환값 이 추가될 수도 있다.

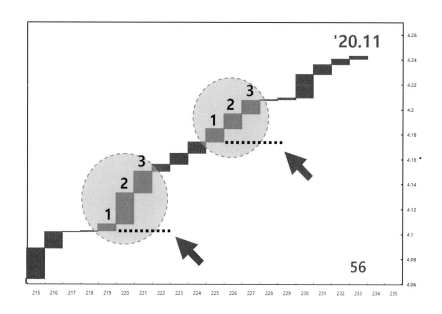

2018년 이후의 삼선전환도 결괏값을 보면 이번 상승장의 특징을 파악하기 용이하다. 위 차트에서 마지막 양봉은 올해 11월의 값인데(잠정치) 지난 3년간 2번의 음전환 위기가 있었다.

앞 차트의 2개 구간 중 첫 번째 구간의 양봉 번호 3번은 2018년 9.13 대책 당시의 고점이었고, 두 번째 구간의 양봉 번호 3번은 2019년 12.16 대책 당시의 고점이다. 이 삼선전환도가 도출되기 직전의 월봉을 보면 다음과 같다.

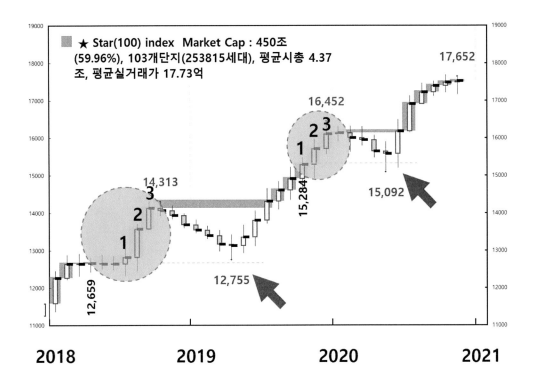

위 차트는 삼선전환도와 동일한 구간의 월봉차트에 전환구간을 박스 마스킹으로 도식화한 차트다. 연속적인 상승 구간에서는 월봉과 삼선전환도 양봉값이 동일하게 나타난 반면, 하락 구간에서는 아무 색으로도 처리되지 않다가 종가상 직전 최고치를 돌파하면 비로소 그때 양전환값으로 처리된다.

여기서 자세히 보면 2018년 9.13 대책 이후 7개월 연속 하락했지만 음전환값인 번호 1번의 저점 12,659pt를 하회하지 않았기에 음전환에 실패한 것이고 이후 직전 고점인 14,313pt를 돌파한 후에야 추가적인 양전환이 그려지게 된 것이다. 즉, 8년간의 상승 기간 중 가장 큰 폭의 조정을 보였던 위기의 국면에서도 이때는 '버티기'가 답이었다.

작년 말에도 12.16 대책으로 하락반전했던 지수를 보면 4개월간의 하락으로 5월의 월

중 저점이 번호 1번의 15,284pt를 일시 하회하기도 하였지만 종가상으로는 이를 지켰기 때문에 음전환에 실패했던 것이다. 즉, 삼선전환도는 고점/저점으로 만들어지는 다른 지표들과 달리 이동평균선처럼 종가만 따지는 지표이기에 월말까지 지켜봐야 한다는 것이다.

이처럼 삼선전환도는 중장기적인 안목으로 시장을 판단할 때에 유리하며 단점은 지수가 어느 정도 하락해야만 기존의 상승추세가 끝났다고 인정하는 후행지표라는 데에 있다. 따라서 이 지표는 다른 보조지표와 함께 보아야 효율성을 높일 수 있다.

현재 삼선전환도가 여전히 양전환값을 추가 중인 상황에서 올해 11월부터 내년 4월 이전에 서울아파트의 고점이 나타날 것이라고 주장하는 이유 중에는 노무현 정부 시절의 56개째 양전환과 동일 수치라는 것과 최근 추가되고 있는 양봉의 값이 축소되고 있어 오히려 음전환되기가 쉬워졌다는 약점 때문이었다.

상대강도
(Relative Strength Index)

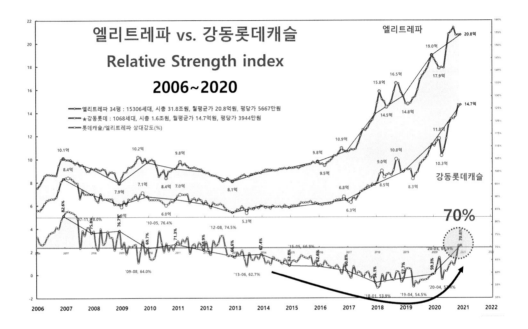

어느 한 아파트의 시세가 강한지 약한지를 파악하기 위해서는 다른 단지의 시세와 비교하는 것이 가장 쉬운 일이다.

위 차트는 필자가 거주하는 강동롯데캐슬과 송파구의 시가총액 상위 단지 5개를 묶은 엘리트레파(엘스/리센츠/트리지움/레이크팰리스/파크리오)의 34평의 실거래가를 비교한 것이다. 송파구와 강동구는 인접해 있고 6개 단지 모두 입주 연도가 비슷하다. 또 단지 규모도 비슷하기에 필자의 아파트 시세흐름에 벤치마크로 삼을 만하다.

강동롯데캐슬은 2008년 9월 입주할 당시에는 엘리트레파 대비 매매가 비율이 약 70% 수준이었다. 이후 격차가 더 벌어졌고 필자가 6억 원에 매수해 입주한 2016년 초 엘리트레파의 매매가 평균은 10억 원 정도로 그 비중이 60%까지 떨어진 상태였다. 이후 입주 10년 차인 2018년도에는 50% 이하로 내려가기도 하였으나 이러한 차이가 좁혀지기 시작한 때는 지금으로부터 2년 전인 2019년부터인데 필자는 이러한 차이가 결국 입주 당시의 70% 선으로 회복될 것이라는 믿음이 있었다.

즉, 엘리트레파가 20억 원이 되면 강동롯데캐슬은 14억 원이 될 것이고 21억 원이면

14.7억 원이 된다는 이야기다. 최근 엘리트레파가 22억 원을 호가하고 강동롯데캐슬도 15억 원을 호가하니 70% 수준까지 회복된 것이다.

이러한 상대강도(Relative Strength Index) 분석은 다른 단지들과도 가능하다.

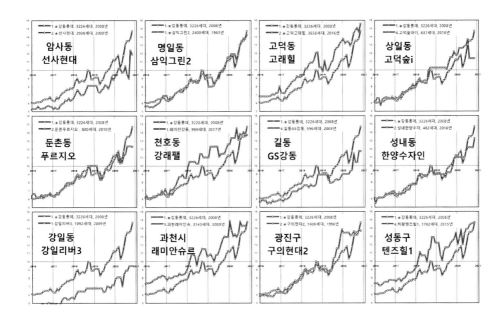

위 차트는 필자가 인근 지역의 아파트들 중 연식이나 가격대가 비슷한 단지들의 34평을 비교·분석했던 2016년 이후 5년간의 차트다.

초기에 매매가 차이가 많이 났던 아파트들과는 현재 그 차이가 많이 좁혀졌거나 오히려 최근에는 역전시킨 경우도 있다.

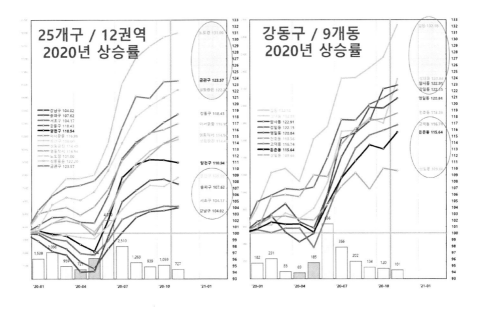

상대강도 분석은 개별 아파트뿐만 아니라 지역적으로도 가능한데 좌측의 서울 25개 구 12권역의 올해 상승률 차트를 보면 노도강의 폭등과 강남3구의 저조한 상승률을 볼 수 있다.

뿐만 아니라 우측의 강동구 내 9개 동의 연간 상승률을 보면 그동안 소외되었던 길동이나 암사동, 성내동의 폭등세가 신축단지가 밀집된 고덕지구의 상승률보다 월등함을 볼 수 있다.

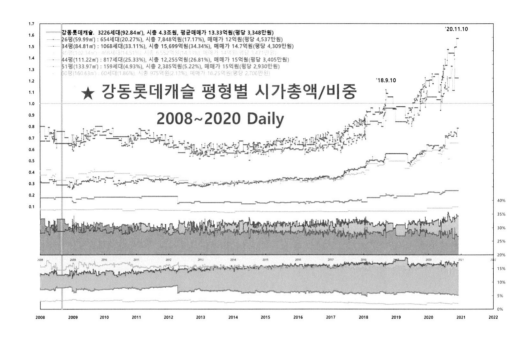

이러한 상대강도 분석은 단지 간 비교뿐만 아니라 단지 내의 평형별 비교도 가능하다.

위 차트는 2008년 입주 이후의 강동롯데캐슬 평형별 시가총액 일간차트와 상대강도를 도식화한 것으로 입주 초기에는 44평이 34평보다 시가총액이 더 컸으나 2011년 대세하락기에 들어서며 역전 현상이 나타났다. 최근에는 34평의 단지 내 시가총액 비중이 급증을 하며 44평을 크게 앞서고 있다.

시가총액이 비슷했던 26평과 40평도 비슷한 현상이 나타났는데 초대형 평형대인 51평과 60평은 입주 초기에 비해 시가총액 비중이 크게 축소되었다.

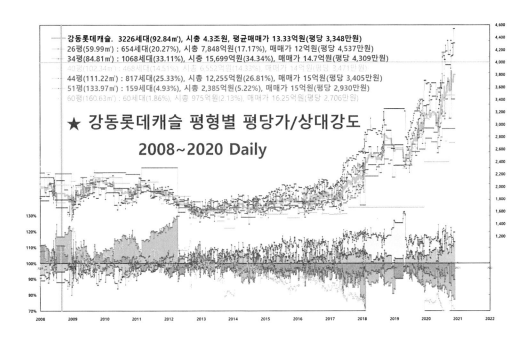

평형별 평당가의 상대강도에서도 특이한 현상이 발견되는데, 재건축 단계였던 2008년 이전에는 대형평형의 평당가가 소형평형에 비해 크게 앞섰지만 지금은 정반대다.

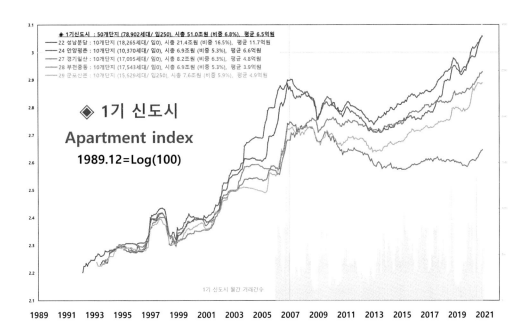

1991년 입주를 시작한 1기신도시 5개 지역에서도 이러한 상대강도에 큰 차이가 나는 현상을 볼 수 있다.

앞의 차트에서 입주 10년간은 거의 비슷한 상승률을 보이던 5개 지역은 2003년 이후부터 급격한 상대강도 격차를 보이기 시작했는데 당시 버블세븐에 포함된 성남 분당과 안양 평촌의 폭등세가 나머지 3개 지역과 큰 차이가 났다.

특히 2007년 대세하락 이후에는 비슷한 하락세를 보였던 5개 지역에서 2013년 회복기 이후에는 일산지역의 저조한 상승률로 인해 현재의 큰 격차가 벌어졌다.

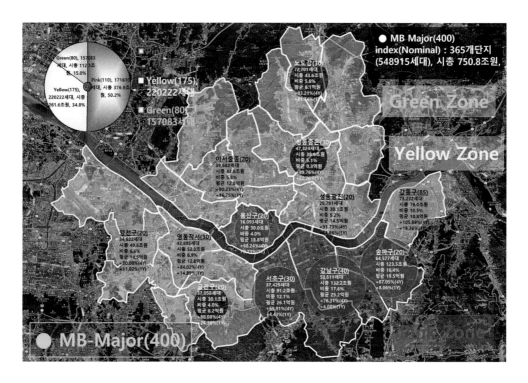

서울시 내에서도 매매가격대별 상대강도 분석이 가능한데 고가 기준이 되는 15억과 9억으로 구분한 3개 지역의 장기간 수익률 격차에는 큰 차이가 난다.

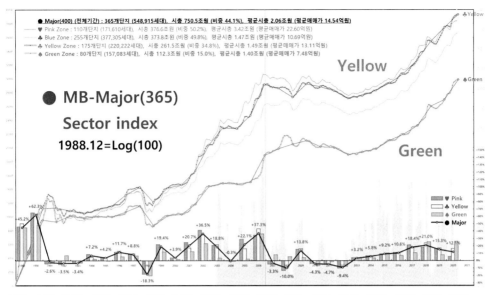

특히 노도강 등의 중저가 아파트로 구성된 Green-Zone 지역은 나머지 지역들과 큰 격차를 벌려 왔다.

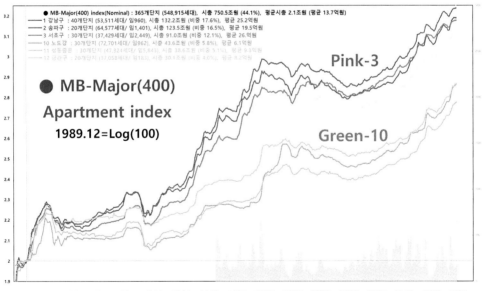

구별로 나누어 세부적으로 보아도 중장기적으로는 고가 아파트와 저가 아파트의 상대강도에서 큰 차이가 남을 알 수 있다.

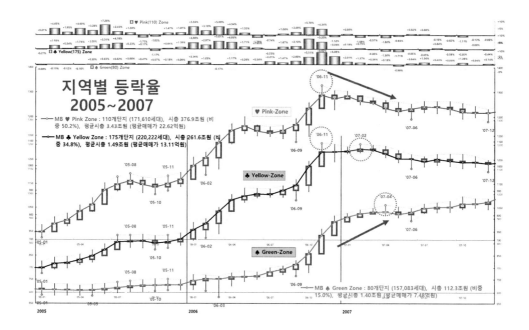

물론 이러한 가격대별 상대강도는 시기에 따라 정반대로 나타나기도 한다.

버블세븐의 거품이 터진 직후인 2007년부터 강남3구와 용산구가 포함된 Pink-Zone의 급락에도 노도강/금관구 등이 포함된 Green-Zone의 상승세가 바로 그러한 경우로 2020년 현재도 비슷한 현상이 나타나고 있다.

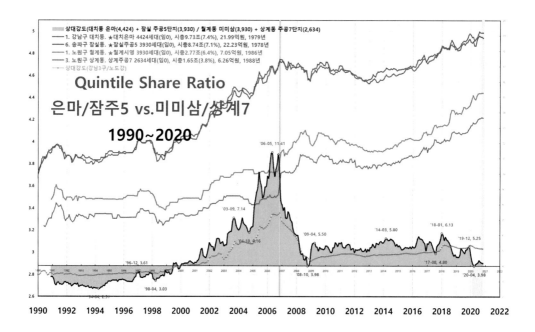

강남아파트를 대표하는 은마와 잠실주공5단지의 시가총액 합, 노도강을 대표하는 미미삼과 상계주공7단지의 시가총액 합을 비교하면 2006년 11배의 차이가 최근 4배 수준으로 축소되는 현상도 상대강도의 좋은 예이다.

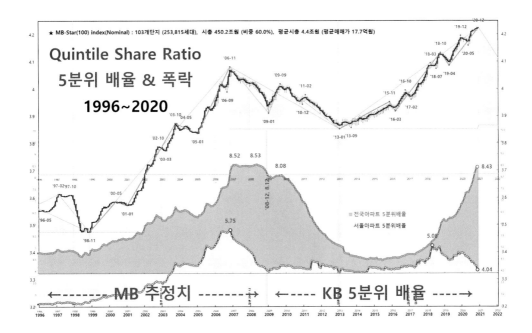

최근 서울의 강남3구 수익률이 저조한 반면 지방 아파트의 폭등세가 심하게 나타나고 있는데 이 또한 상대강도 분석으로 설명이 된다.

즉, 5분위 배율이 역사적인 수치를 기록할 만큼 5년 넘게 강남 고가 아파트의 폭등과 지방 저가 아파트의 침체가 극에 달하자 이러한 초양극화가 해소되는 과정이 현재 나타나고 있다고 보면 될 듯하다.

이처럼 상대강도(Relative Strength Index) 분석은 아파트 단지들간에 또는 지역별로 적용하며 시세흐름을 판단하는 데 좋은 도구라는 생각이 든다.

재료학개론
(材料學概論)

2017년 5월 12일은 필자에게 역사적인 날이다. 부동산에는 전혀 관심 없던 필자에게 부동산 공부를 시작하게 해 준 하나의 빅 뉴스가 보도된 날이기 때문이다.

필자는 2016년 초, 아무 정보도 없이 이사 갈 집을 구하러 나왔다가 강동롯데캐슬을 방문하고 한눈에 반해 그 자리에서 계약서를 쓰게 되었다. 나중에 알고 보니 입주민 중에도 나와 비슷한 케이스가 많았다.

15년 전부터 추진되던 지하철 8호선 연장 건을 이사 온 지 1년 반이나 지나도록 모르고 있었던 필자에게는 공사 발주가 되었다는 뉴스가 큰 충격이었다.

부동산 문외한인 필자에게도 저런 뉴스는 아파트값 상승의 재료라는 것이 분명했기 때문이었다.

그때부터 내가 사는 아파트 부근에 어떠한 개발 호재가 있나 궁금하기도 해서 부동산 카페에 가입하고 강동구 뉴스에 귀 기울이며 주민들이 주고받는 이야기를 경청하기 시작했다.

아니나 다를까 지하철 공사 발주 뉴스는 아파트 시세에 곧바로 영향을 미쳤다.

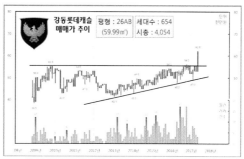

위 차트는 필자가 부동산 카페에 가입 후 올렸던 것으로, 10년 동안 수차례나 5.5억 원을 못 넘던 26평 실거래가에 5월 지하철 공사 발주 뉴스에 사상 최고치의 천장을 뛰어넘는 장대양봉이 출현한 것이다.

이후 26평의 실거래가는 중간중간 등락을 거듭하긴 하였으나 최근 12억 원까지 실거래되며 폭등세를 보였다. 10년간의 천장을 뚫고 사상 최고가를 기록한지 3년 만에 '더블'이 난 것이다.

물론 다른 평형도 상승하긴 하였으나 60평 등 초대형 평형이 유독 많은 강동롯데캐슬 내에서는 26평대의 상승이 가장 컸다.

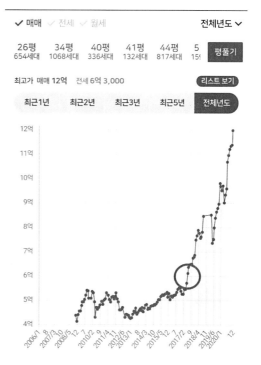

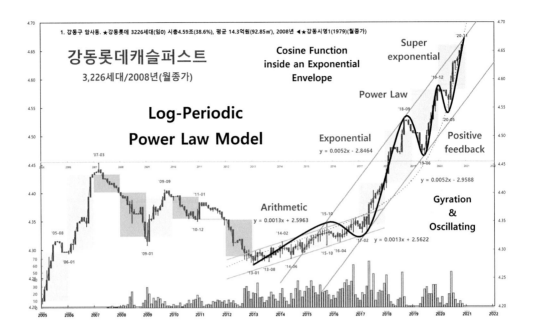

1. 강동구 암사동. ★강동롯데 3226세대(임0) 시총4.59조(38.6%), 평균 14.3억원(92.85㎡), 2008년 ◀★강동시영1(1979)(월종가)

강동롯데캐슬퍼스트
3,226세대/2008년(월종가)

Log-Periodic
Power Law Model

Cosine Function
inside an Exponential
Envelope

Super
exponential

Power Law

Exponential
$y = 0.0052x - 2.8464$

Positive
feedback

$y = 0.0052x - 2.9588$

Arithmetic
$y = 0.0013x + 2.5963$

Gyration
&
Oscillating

$y = 0.0013x + 2.5622$

26평뿐만 아니라 대형평형까지 포함된 2005년 재건축 당시부터의 시가총액 차트를 보면 2017년 5월의 뉴스가 어떠한 형태로 단지 전체의 매매가에 영향을 미쳤는지 극명하게 드러난다.

2007년 초의 고점 이후 -40%의 하락세를 보이던 막바지 국면인 2012년 이후부터의 월봉차트를 보면 박근혜 대통령이 취임을 하면서 아파트 매매가는 서서히 상승세로 돌아선 후 문재인 대통령이 당선된 2017년 5월에 장대양봉이 출현했다. 전체 차트의 5월 양봉의 크기가 26평 차트에서의 5월 장대양봉에 비해 조금 약했는데 당시 초대형평형의 시세가 약했던 이유였다.

2017년 5월의 사건을 정리해 보면, 4일에 코스피 지수가 사상 처음 2천 선을 돌파했고 9일에는 문재인 당시 대선 후보가 당선되었으며 12일에는 8호선 공사가 발주된 것이다.

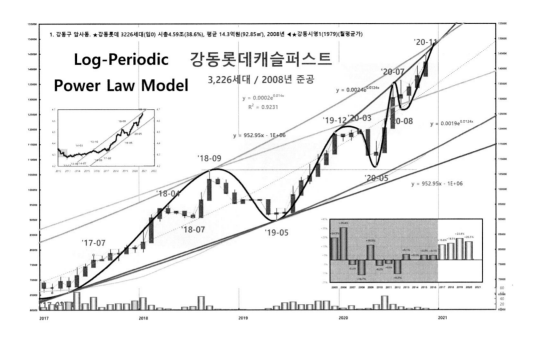

그럼 이러한 개발 재료가 부동산에 어떠한 과정을 거치며 영향을 미쳤는지 필자가 공부했던 사례를 소개한다면 독자들이 추후에 실거주나 투자의 목적으로 부동산을 구입할 때 도움이 될 듯하다.

20년 전 8호선 연장에 대한 논의가 처음 있었을 때는 강동구 암사동에서 한강을 넘어 경기도 별내까지의 노선 중 강동구 구간은 직선으로 한강을 넘는 것이었다.

즉, 노선이 지금과는 다르게 직선이었고 정거장도 응봉역(고덕산 봉우리) 하나가 신설될 예정이었다. 따라서 강동롯데캐슬과는 거리가 먼 이야기였고 따라서 호재도 아니었을 듯하다.

그러다가 2006년 예비타당성 조사에서 암사2동에 있는 선사유적지가 문제가 되어 노선 변경이 이루어지게 되었다. 「문화재보호법」에 걸려 100m 우회해야 했기에 직선의 노선이 S 자로 틀어야 했던 것이다.

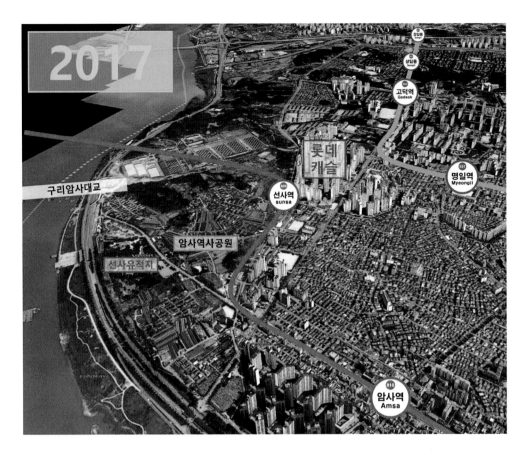

뿐만 아니라 예타 통과 한참 후에는 당초 계획된 정거장 위치가 드래프트 구간에 포함되어 최소 회전 반경이 안 나왔고 결국 정거장 위치는 400m나 더 위로 올라가게 되어 현재의 롯데캐슬 뒤에 선사역이(가칭) 위치하게 되었다.

당시 논밭만 있는 곳에 지하철역을 만드냐는 비난도 많았지만 2017년 12월에는 주민 설명회가 개최되고 공사가 시작되었다.

지금 생각해 보면 3년 전의 저 뉴스는 필자가 살고 있는 아파트 시세에 지금까지 가장 큰 호재가 되었던 듯하다. 그래서 필자는 과거 10년 또는 20년 전에 진행되었다가 중단된 아파트 주변의 개발호재를 조사하기 시작했다. 놀라운 사실은 그동안 진행되었다 중단된 큼지막한 개발호재가 매우 많았다는 것이고 더 놀라웠던 것은 아파트 원주민들도 그런 호재가 있었는지조차도 모르고 있다는 것이었다.

오세훈 서울시장 때 중단된 암사역사공원과 암사초록길, 소문으로만 전해 내려오던 동부기술교육원 부지의 롯데몰 개발 계획 등이다. 특히 이러한 재료가 현실화된다면 가장 특혜를 입는 대단지가 우리 아파트라는 사실을 알아 가면서 매우 흥분하기도 하였다.

그럼 추후에 이러한 개발호재를 부동산 투자나 실거주를 위한 아파트 구입 시 어떻게 이용할 수 있을까? 아래 강동구 암사동 강동롯데캐슬 주변의 개발호재를 지도에 표시해 보았다.

우선 지하철 8호선 선사역 호재다. 기존 5호선 명일역이 있었으나 큰길을 한 번 건너야 했고 5호선이 지선이라 배차 간격이 2배이고 강북으로 가는 노선이라는 단점이 있었는데 선사역이 개통되면 잠실까지 10분 내에 갈 수 있고 강남권으로 가는 여러 노선과 환승이 되어 획기적인 교통 개선이 이루어지게 된다. 현재 공사 공정률은 54% 정도.

그리고 선사유적지와의 사이에 암사역사공원이라는 초대형 공원이 생기는데 이미 10% 부분 완공되었고 지하철 공사가 끝나면 전체가 완공될 예정이다. 또한 한강까지 올림픽대로를 걸어서 넘어갈 수 있는 덮개 공원인 암사초록길 공사도 막 시작되었다.

조만간 설계용역이 마무리되는 동부기술교육원 부지에 수영장과 도서관 등 초대형 커뮤니티 시설이 들어서는 것도 큰 호재다. 아직은 구상 단계이지만 단지 바로 앞 고덕산 공원 개발과 이미 완공된 아리수로와 암사대교 또한 아파트 주변 환경에는 큰 장점이다.

필자가 군이 이러한 호재를 나열하는 이유는 이 호재들이 갑작스러운 것들이 아니기 때문이다. 2006년 버블세븐이 폭등을 진행할 당시에 강동시영1단지를 재건축하던 강동 롯데캐슬의 입주권도 대폭등하였다. 위에 나열한 각종 호재들이 당시 모두 아파트값 폭등에 영향을 미쳤으나 서브프라임사태로 인해 폭락세로 들어선 이후에는 어느 하나 진행된 것이 없었다.

결국 이런 호재들이 필자가 입주한 후에야 하나둘 공사를 시작했고 현재는 진행이 잘 되고 있으며 아파트 시세에도 큰 호재로 작용하고 있다. 이런 사례를 감안하면 부동산에 투자할 때는 당장의 어떤 호재를 찾기보다 과거 진행되려다 좌초된 호재가 있다면 그 부분을 잘 연구해 보아야 한다는 것이다. 그러한 호재들은 10년 또는 20년 후 결국은 된다는 것이다.

33 은마, 서울아파트 바로미터
(銀馬 Town)

1978년 7월 31일자 대치동 은마아파트의 분양 광고다.

당시에는 기존 최대 단지였던 2,100가구의 잠실 장미아파트에 비해서도 2배를 훨씬 넘는 4,424세대로 단군 이래 최대 규모의 초대형 단지였다. 특히 부채형 아파트라는 특이한 모양 때문에 관심을 더 끌었다.

필자가 은마아파트라는 개별 단지를 별도로 언급하는 것은 서울아파트 분석에 있어 매우 중요한 의미가 있다는 판단에서다.

서울아파트 시장의 과거 흐름을 연구하다 보면 중요한 시기마다 은마아파트에 대한 기사가 나오는데, 특히 은마아파트에는 '풍향계' 또는 '바로미터'라는 수식어가 붙었다.

20년 전인 2001년과 10년 전인 2010년의 기사에도, 또 올해 7월의 기사에도 재건축의 '바로미터'라는 수식어는 빠지지 않았는데 그럼 은마는 20년 넘게 재건축을 진행하고 있다는 말이다.

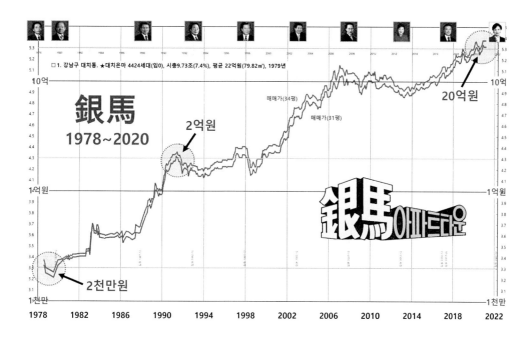

위 차트는 1978년부터 40년 넘는 기간 동안의 은마아파트 31평형과 34평형의 매매가 로그차트다.

2006년 이후부터 현재까지는 국토부에 신고된 실거래가이고 그전인 1988년부터는 'KB국민은행'과 '데이터뱅크' 월간시세 중위가격이다. 그리고 1988년 이전의 데이터는 필자가 신문기사의 시세란을 전부 뒤져 엑셀 작업을 해서 보완한 것으로 부분적으로는 누락된 부분도 있다.

여기서 주의 깊게 볼 내용은 1978년의 분양가는 31평과 34평이 각각 2,092만 원과 2,339만 원이었다는 것이다. 초기 미분양 등 시세하락을 겪은 후 장기간 상승을 하여 1991년 서울아파트 상투기에는 2억 원을 넘었다가 이후 1998년 IMF 때까지 장기간 큰 폭으로 조정을 받았다.

그리고 입주 40년이 지난 현재 31평의 실거래가는 20.8억 원이고 34평의 실거래가는 23.8억 원으로 두 평형의 평균가는 22억 원을 넘고 있다.

필자가 여기서 주목하는 것은 31평 기준 은마아파트가 분양가인 2천만 원에서 1991년 매매가가 2억 원으로 10배 올랐을 때 큰 폭으로 조정을 보였다는 것이다. 따라서 분양가 대비 100배나 오른 현 시점에도 조정을 받을 개연성이 높다고 예상할 수 있다. 서울 아파트의 '바로미터'인 은마아파트의 조정은 서울아파트의 조정 신호로 해석될 수 있다.

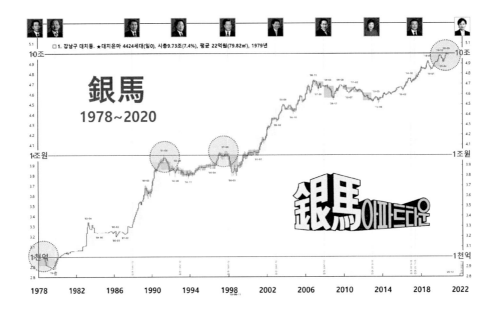

또한, 두 개 평형의 4,424세대 실거래가를 모두 더한 시가총액 그래프에서는 더욱 중요한 단서를 찾을 수 있다.

분양 당시의 사업 소개 광고를 보면 총 사업비가 1천억 원을 넘는다고 한다. 그렇다면 아파트 단지의 시가총액도 1천억 원에 이를 것이라 짐작할 수 있는데 실제로 분양가에 세대수를 곱하면 아파트 전체의 시가총액은 1천억 원이 조금 못되었다.

분양 당시 절반이 미분양 났었고 입주 당시 서울아파트 시장의 침체로 고전을 겪지 못하던 은마아파트는 1980년이 지나서야 시가총액 1천억 원을 돌파하였다.

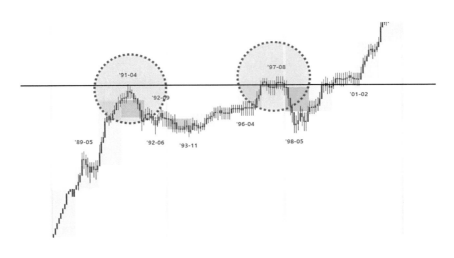

이후 은마아파트는 10년간 상승을 하며 1991년 4월 사상 처음으로 시가총액 1조 원에 이르렀으나 바로 이 순간이 서울아파트 시장의 상투였다. 그리고 은마가 시가총액 1조 원을 확실하게 돌파한 시점은 10여 년이 지나 IMF 직후인 2000년이었다.

이후 은마아파트의 시가총액이 사상 처음 10조 원까지 오른 시점은 올해 8월이었다. 시가총액 1천억 원에서 1조 원에 이르는데 걸린 시간이 약 10년이었고 그 이후 10조 원에 이른 시간은 30년이 걸렸다. 즉, 분양 후 시가총액이 100배 오르는데 걸린 시간은 총 40년인 것이다.

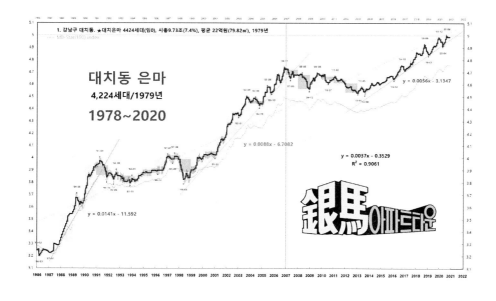

1987년 이후 은마아파트의 상승기는 총 3번으로 볼 수 있는데, 당시의 시가총액 로그 차트에 1차함수의 추세선을 그리면 3번 모두 정확히 지지선으로서의 기능을 했던 것을 확인할 수 있다.

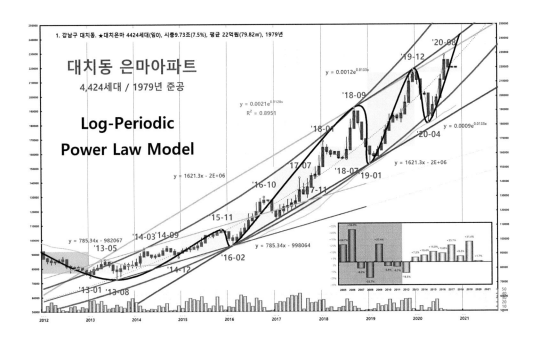

최근의 상승기인 2013년 이후의 산술차트에 필자가 소개했던 로그주기멱급수모델 (Log-Periodic Power Law Model) 패턴을 적용시키면 비교적 잘 맞는 것으로 보인다.

즉, 2016년부터 기울기가 급해진 상승추세를 그리던 은마아파트는 그 상승 주기가 점점 짧아지고 기울기가 점점 더 급해지더니 올해 4월의 조정에서는 1차함수의 산술지지 선까지 내려오지 않고 그 위에 있는 지수함수인 곡선의 지지선에서 반등에 성공을 했다.

그런데 최근 은마아파트의 상승추세에서 저항선으로 작용하고 있는 것은 지수함수인 곡선의 저항선이 아니고 1차함수인 직선의 저항선인데, 여기서 번번이 저항을 받고 있다. 즉, 지수함수 차원에서 보면 상승의 강도가 점점 약해지고 있다는 것이다.

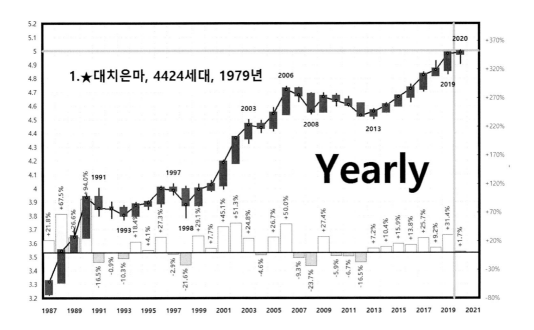

1.★대치은마, 4424세대, 1979년

Yearly

더구나 연봉 로그차트에서 보면 8년째 상승 중인 올해 경우 +1.7%의 극히 저조한 상승률을 기록하고 있다. 힘에 부치는 것으로 보인다.

34 GDP & 시가총액
(GDP & Market Cap)

올해 1분기의 OECD 주요 39개국 GDP 대비 가계부채 비율 데이터를 보면 한국이 1등이다. 회색 코뿔소가 가장 가까이 다가온 나라가 한국이라는 의미다.

또 다른 뉴스에는 미국이나 영국 등 선진국들은 100%에 육박하며 급증했던 가계부채 비율이 2008년 서브프라임사태를 기점으로 급격하게 하락전환하였다.

그런데 한국은 오히려 가계부채 비율이 더 급격하게 증가하며 올해 1분기 기준으로 97.9%에 이르렀다.

올해 코로나 사태로 인해 우리나라 경제성장률이 -1% 정도라고 가정하고 최근 '영끌'까지 하며 급증한 대출까지 감안하면 지금쯤 100%를 넘었을 것임이 틀림없다.

그럼 도대체 어느 정도의 부채 비율이 위험한 수준이고 서울아파트의 규모는 어느 정도가 임계치일까? 장기시계열 GDP 데이터와 시가총액으로 확인할 필요가 있다.

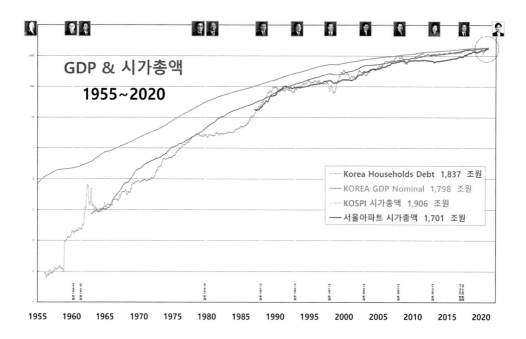

GDP & 시가총액 1955~2020

Korea Households Debt 1,837 조원
KOREA GDP Nominal 1,798 조원
KOSPI 시가총액 1,906 조원
서울아파트 시가총액 1,701 조원

앞의 차트는 1955년 이후 우리나라 GDP와 KOSPI 시가총액, 가계부채 총액, 서울아파트 시가총액 등 필자가 보유한 장기시계열 데이터를 로그화하여 비교한 것이다.

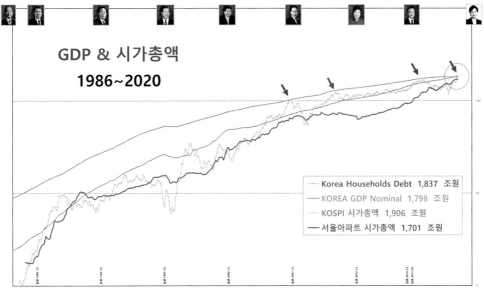

기간을 단축시켜 1986년 이후부터의 차트를 보면, GDP를 천장으로 하고 3가지 지표들이 수렴하고 있는 모습이 보인다.

특히 2006년 이후 KOSPI는 GDP 대비 100%에 근접했을 때마다 급락이 있었다. 물론 해외의 사례처럼 4번째 도전해 성공한 KOSPI 시가총액이 드디어 이번에는 GDP를 넘겼지만 지금처럼 이미 GDP 대비 100%를 넘겨 버린 가계부채 비율과 서울아파트 시가총액까지 모두 근접한 때는 처음이다.

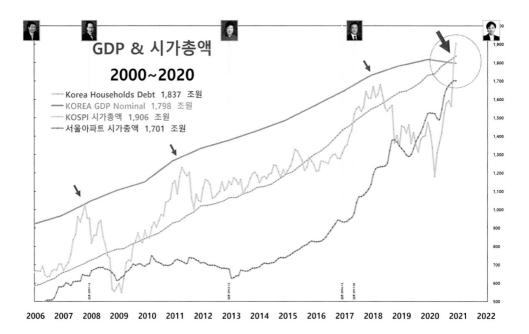

GDP & 시가총액

2000~2020

Korea Households Debt 1,837 조원
KOREA GDP Nominal 1,798 조원
KOSPI 시가총액 1,906 조원
서울아파트 시가총액 1,701 조원

2006 2007 2008 2009 2010 2011 2012 2013 2014 2015 2016 2017 2018 2019 2020 2021 2022

　2006년 이후로 확대하여 산술차트로 보면 더 세밀하게 확인이 가능한데, 올해의 GDP는 작년 대비 -1% 정도로 추산을 한 것이고(약 1,800조 원) 가계부채는 BIS 1분기 데이터에 통계청 3분기 데이터 비율대로 추정을 했으며(약 1,820조 원) KOSPI 시가총액은 거래소에서(12월 9일 기준 1,900조 원), 서울아파트 시가총액은 MB-Major(400) index의 365개 아파트 시가총액으로 추정을 했으나(약 1,710조 원) 최근 입주한 아파트나 소규모 단지들까지 포함하면 실제로는 약 1,800조 원 정도 될 듯하다.

　과거 3차례의 KOSPI 급락 현상이 GDP에 근접했을 때마다 벌어졌던 것을 기억한다면 최근 GDP를 넘어선 가계부채와 GDP에 근접한 서울아파트에서도 비슷한 현상이 발생할 수 있다.

　그것도 동시에 3가지 중요한 시가총액이 GDP와 만났다는 것은 그만큼 회색 코뿔소가 가까이 왔다는 의미로 받아들여야 하지 않을까?

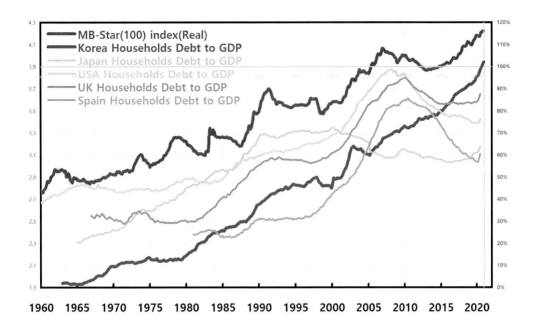

1960년 이후 주요국의 GDP 대비 가계부채 비율 흐름을 보면 현재의 우리나라 가계부
채가 얼마나 위험한 수준인지 가늠할 수 있다.

버블이 터진 1991년 이후 정체되었다가 2000년부터 감소하기 시작한 일본, 2008년 서
브프라임사태 이후 급격하게 축소되고 있는 서구 3개국과는 달리 유독 한국만 지속적
으로 증가하고 있는 가계부채 비율이 심상치 않아 보인다.

위 데이터에서 추정할 수 있는 것은 선진국들 모두 가계부채의 강제축소 현상이 부동
산의 급락으로 인해 벌어진 비극의 결과라는 것이다. 즉, 자발적이고 사전적인 부채축소
가 아닌 마진콜 등의 한계 상황에 몰려 강제적이고 후행적인 구조조정을 당했기 때문이
다. 일본의 버블붕괴와 서구의 서브프라임사태가 바로 그것이다.

이번 서울아파트 상승장에서 정부가 우려하는 '영끌'의 위험성이 바로 100%를 넘겨
버린 GDP 대비 가계부채비율이 아닐까 한다. 그런데 그 위험에는 8년간 급등한 서울아
파트도 포함되어 있다는 생각이 든다.

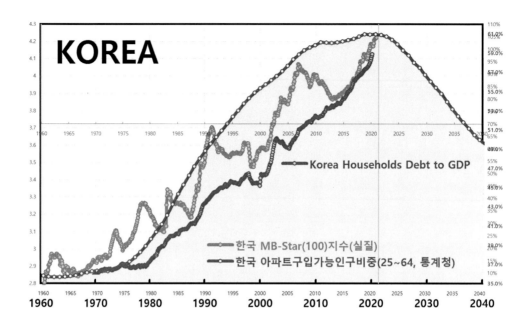

다음 챕터의 인구통계학 글에서 자세히 다루겠지만 우리나라는 생산가능인구 중 아파트를 구매할 수 있는 25세 이상 64세 미만의 비중이 내년부터 급격하게 축소된다.

이런 상황을 먼저 겪었던 1991년의 일본이나 2007년의 서구에서는 주택가격이 폭락했고 뒤이어 가계부채의 강제축소 현상이 발생했었다. 다 알고 있었던 회색 코뿔소에게 당했던 것이다.

지금 서울아파트도 회색 코뿔소의 위험 반경에 들어와 있다. 8년간 오른 현재 시점에 강남불패나 서울아파트 폭등론에 휘둘리지 말아야 한다.

인구통계학
(Demography)

지난 6월 28일, 노무현 정부의 홍보수석이었던 조기숙 이화여대 교수가 문 대통령이 "일본처럼 집값 폭락할 테니 집 사지 말고 기다리라"고 말했다고 주장했다. 이 내용은 당일 각종 언론을 통해 보도되며 국민들에게 충격을 주었다. 현 정부의 부동산 정책에 대한 시각을 보여 주는 것으로 비판의 목소리가 높았다.

그런데 필자에게는 문 대통령의 말이 남다르게 들렸다. 필자가 예상하고 있는 우리나라의 부동산, 특히 서울아파트의 미래와 일치하는 시각이었기 때문이었다.

그럼 정말 우리나라의 부동산이 잃어버린 일본의 20년처럼 장기적으로 폭락할 수 있을까? 필자가 연구했던 자료를 가지고 그 가능성을 살펴보자.

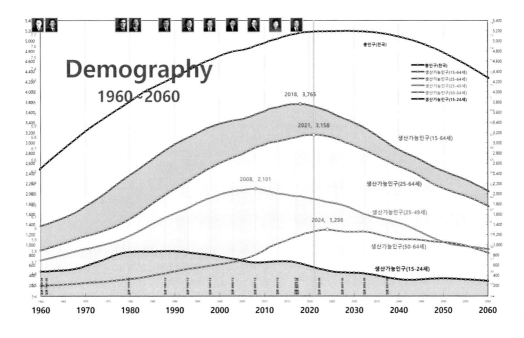

위 차트는 1960년부터 2060년까지 우리나라 인구 추계를 포함한 100년간의 통계청 데이터를 차트에 표시한 것이다. 필자는 여기에 생산가능 인구 추계치를 연령대별로 구분, 계층별로 도식화하였는데 서울아파트값의 미래와 관련된 의미 있는 결과를 구할 수 있었다.

여기서 생산가능인구라 함은 15세 이상 64세 미만의 인구로, 경제적인 생산 활동이 가능한 연령대를 말한다. 1990년대 이후 일본의 부동산 버블붕괴를 논할 때면 언제나 따라다녔던 재료가 바로 이 생산가능인구 데이터였다.

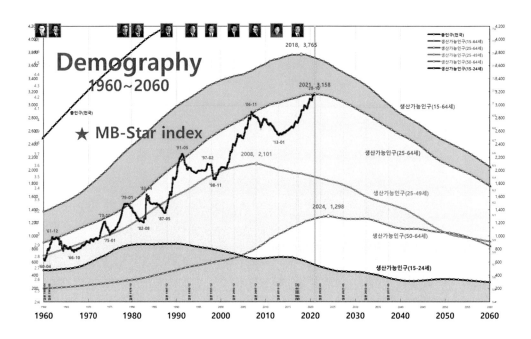

필자가 만든 서울아파트 대표지수인 MB-Star(100) 지수를 생산가능인구, 그중에서도 15세 이상이 아닌 25세 이상 64세 미만의 계층별 차트에 오버랩을 시켰다. 이유는 생산가능인구 중에서도 서울아파트를 구매할 수 있는 연령대는 25세 이상이 보다 적합하다고 판단해서다.

통계청에서는 25세 이상 64세 미만의 생산가능인구의 정점을 2021년인 내년에 3,158만 명으로 추산했다. 그리고는 2~3년 후까지는 완만하게 줄다가 그 이후 급격하게 감소해 2060년에는 1,800만 명 이하로 무려 1,400만 명가량이 감소한다는 것이다.

그렇게 되면 서울아파트를 구매해 줄 수요자가 대폭으로 줄어들 것이고 빈집들도 늘어날 터인데 가구 수 증가나 1인 가구 증가로도 저 감소분을 매울 수는 없을 듯하다.

그런데 십수 년 전부터 생산가능인구 감소와 부동산 폭락론이 여러 차례 있었는데 왜 필자는 그때는 틀렸고 이번에는 맞을 것이라고 주장하는 것일까?

바로 OECD 통계의 오류 때문이다.

OECD 통계사이트에 가면 1950년부터 2050년까지 각국의 인구 데이터를 다운받을 수 있는데, 그 데이터들은 2011년까지는 실제 데이터이고 그 이후의 40년간은 추계라는 설명이 있다.

즉, 십수 년이 지난 지금에 와서는 당시에 추계한 현재의 인구 구조와 실제 인구 구조가 다를 수 있다는 말이다. 실제로 우리나라 통계청에서의 생산가능 인구 정점은 OECD에서의 2006년이 아닌, 실제로는 2018년이 정점이었다. 즉 잘못된 통계를 적용했던 것이 당시의 일본식 부동산 폭락론이 틀리게 된 중요한 원인이었을 것이라 예상이 된다.

그럼 현재의 데이터로 당시의 오류를 바로잡아 보고 또 미래를 예측해 보기로 한다.

우측의 차트는 1960년부터 일본의 실질주택가격지수와 생산가능인구수 추이다.

1991년 일본의 버블이 꺼지기 시작한 몇년 후 생산가능인구의 정점이 왔으며 이후 생산가능인구 수의 급격한 하락으로 일본의 잃어버린 20년이 시작 되었다.

서울아파트의 정점이었던 2006년 말의 시점을 일본의 정점 시점과 비교하기 위하여 X축을 15년 전으로 후행시켜 1975년부터의 그래프를 그린 후 여기에 당시의 OECD 추계치와 현재의 통계청 확정치 및 추계치를 함께 그렸다.

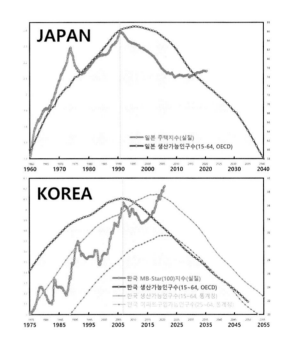

2007년 서울아파트의 버블세븐이 터진 몇 년 후부터 OECD의 생산가능인구 추계치를 근거로 서울아파트의 일본형 폭락론이 팽배해져 갔다. 그러나 2013년부터 현재까지 서울아파트는 오히려 폭등을 하며 그 주장들은 완벽하게 틀리게 되었다.

이미 언급했듯이 OECD 통계치의 오류로 인한 착시현상이었으며 위 차트에서 보이는 현재의 통계청 실제치는 최근에야 그래프가 꺾이는 모습을 보이고 있으며 특히 25세 이상의 생산가능인구 감소는 내년부터야 비로소 하락이 시작되려고 한다.

특히 인구수의 절대치 대신 총 인구수 내에서의 비중으로 바꾸어 보면 주택지수와 인구의 상관관계를 보다 명확히 볼 수 있다.

1차석유파동으로 꺾였던 1973년의 일본의 주택지수 1차 고점에서도 생산가능인구 비중의 감소도 영향을 미쳤을 것으로 보이고 한센 사이클의 17년 후인 1991년에도 동일한 현상이 나타났었는데 인구수 변동보다 인구비중 변동이 보다 더 밀접한 상관관계가 있어 보인다.

앞의 우리나라 차트를 살펴보면 OECD 데이터의 오류로 인해 10년 전에는 틀렸던 일본형 버블붕괴 주장이 통계청의 실제 데이터(비중)를 적용시킨 현재는 맞을 가능성이 무척 커 보인다.

그럼 미국이나 유럽은 어떨까?

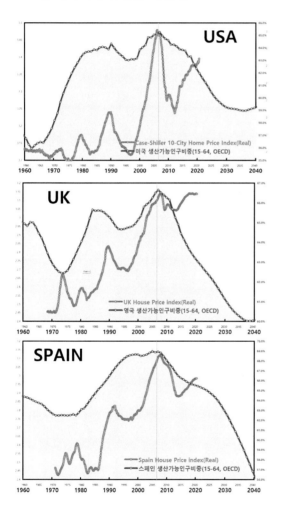

좌측은 1960년부터 미국의 케이스 쉴러 10대 도시 주택가격 실질지수에 생산가능인구 비중 추이의 추계를 비교한 것이다.

미국 주택지수는 2007년 서브프라임사태로 폭락을 한 이후 반등에 성공했으며 현재도 상승 중이나 명목지수에 비해 실질지수는 아직 전고점을 넘지는 못했다.

또한 1960년 이후 영국과 스페인의 주택가격 실질지수와 생산가능인구 비중 추계를 비교해도 비슷한 흐름을 보인다.

정도에 차이는 있지만 서구의 3개국 모두 생산가능인구 극대치 부근에서 주택가격 극대치가 발생했으며 이후 급락세로 돌아선 후 반등에 성공했으나 영국을 제외하면 아직 실질지수는 전고점을 못 넘고 있다.

이렇듯 일본과 서구의 주요 국가에서 나타났던 주택지수와 인구 구조의 변화가 우리에게 시사하는 것은 우리의 생산가능인구의 정점에서도 서울아파트의 정점이 발생할 수 있다는 것이다. 특히 2018년의 15세 이상 생산가능인구수 정점보다 내년의 25세 이상의 생산가능인구수 정점에 주목해야 하는 이유다.

이러한 지표에 각국의 가계부채 추이를 더해서 비교해 보면 그 유의성은 더욱 높아진다.

우측의 차트는 각 국가의 가계부채 총액이 GDP 대비 어느 정도인가를 추가로 오버랩시킨 차트다.

일본은 급증하던 가계부채 증가율이 1991년 부동산 버블 붕괴 이후 정체되었으며 이후 부동산의 폭락과 함께 가계부채는 급격하게 감소하였다.

이러한 현상은 2007년 미국의 서브프라임사태 당시에 더 극명하게 드러났으며 스페인은 그 심각성이 무척 커 보인다.

지금까지 생산가능인구의 감소와 과도한 가계부채 부담이 주택가격에 미치는 영향을 비교해 보았는데 두 지표 모두 우리가 경험해 보지 못한 것들이다.

그럼 우리의 현실은 어떤가?

주요국의 사례에서처럼 서울아파트 MB-Star(100) 지수에 25세 이상의 생산가능인구 비중 추계치와 현재의 GDP 대비 가계부채 비중을 하나의 차트에 그렸다.

생산가능인구 데이터는 이미 그려져 있고 가계부채 비중은 현재 100%를 넘어섰으며 언제 멈출지 모른다.

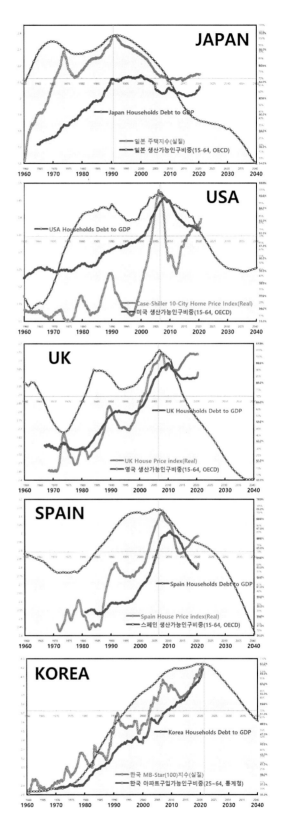

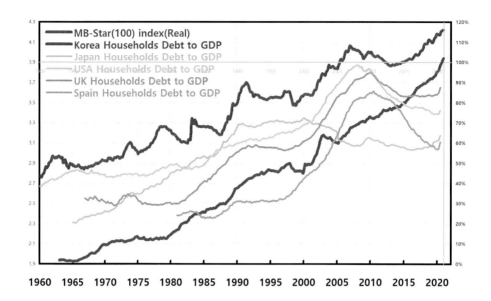

위에서 살펴본 5개국의 가계부채 비율을 한 차트에 모아 봤다.

1991년 이후 정체되었다가 2000년부터 감소하기 시작한 일본 및 2008년 서브프라임 사태 이후 급격하게 축소되고 있는 서구 3개국과는 달리 유독 한국만 지속적으로 증가하고 있는 가계부채 비율이 심상치 않아 보인다.

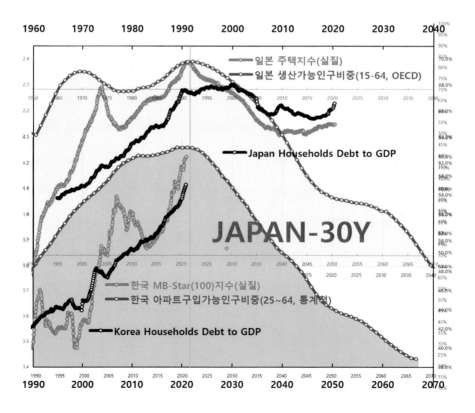

이 차트는 지금까지 본 우리나라 생산가능인구와 서울아파트, 가계부채 등의 지표를 30년 전의 일본과 비교한 것이다.

만일 우리나라가 인구통계학적으로 30년 전의 일본과 같은 길을 걷게 된다면 1991년 일본의 버블붕괴처럼 우리나라도 2021년부터 서울아파트의 붕괴가 시작되고 뒤이어 가계부채 증가세가 멈추거나 축소 현상이 나타날 가능성이 크다.

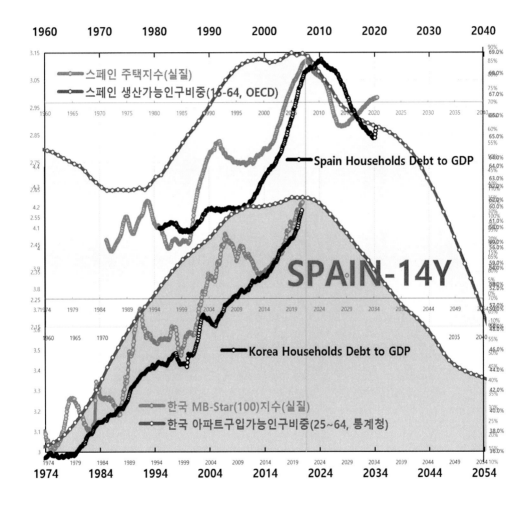

또한, 14년 전의 스페인 인구 구조를 따라간다면 서울아파트 폭락과 함께 1~2년의 시차를 두고 강제적인 가계부채 축소 현상이 나타날 가능성도 크다.

혹시 문 대통령은 이러한 버블이 터지면 서울아파트 시장이 일본형 버블붕괴로 이어지지 않을까 하는 우려에 젊은이들에게 집을 사지 말고 기다리라고 한 것은 아닐까?

우리나라 부동산 정책을 총괄하는 김현미 국토부 장관은 '영끌'까지 하며 아파트를 패닉바잉한 젊을이들에게 몇 년 후 이러한 위기가 왔을 때를 염두에 두고 부동산 폭등기에도 부채 관리를 하고자 대출을 꽁꽁 묶어 놓은 것은 아닐까 하는 추측을 해 본다.

지금 서울아파트 시장은 회색 코뿔소의 사정권에 들어왔으며 각자 위험 관리가 필요한 때다.

부록

지수 구성 단지(행정구역별)

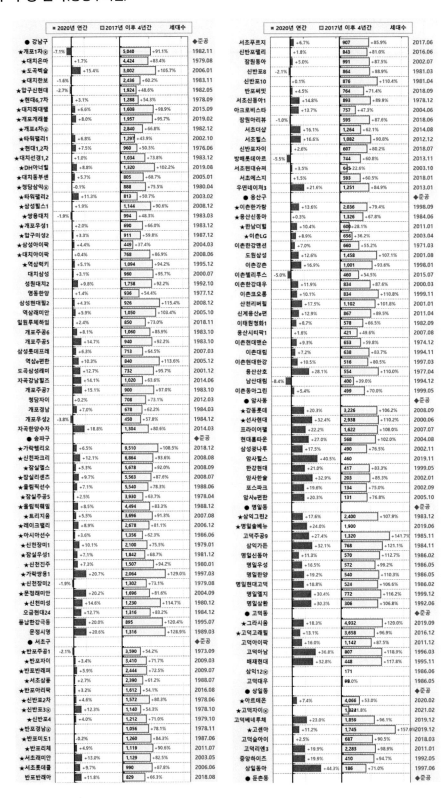

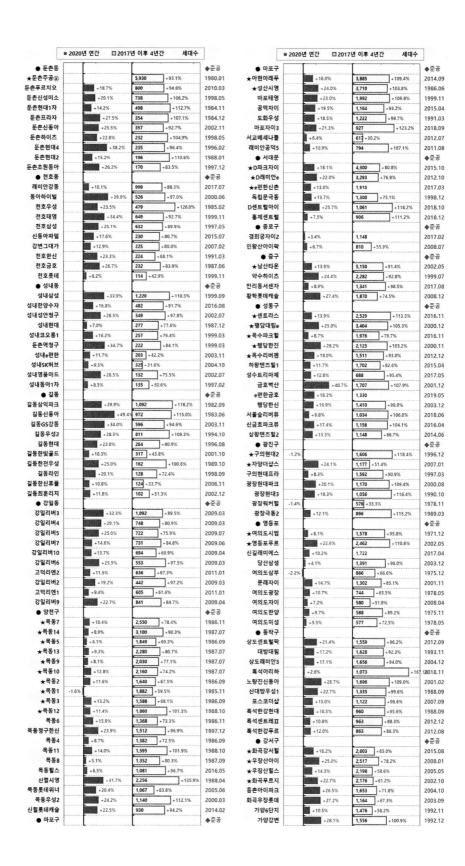

■ 2020년 연간　□ 2017년 이후 4년간　세대수

단지	2020년 연간	세대수	2017년 이후 4년간	준공
● 둔촌동				
★둔촌주공(※)		5,930	+93.1%	1980.01
둔촌푸르지오	+18.7%	800	+94.6%	2010.03
둔촌신성미소	+20.1%	738	+106.2%	1998.05
둔촌현대1차	+14.2%	498	+112.7%	1984.11
둔촌프라자	+27.5%	354	+107.1%	1984.12
둔촌신동아	+25.5%	357	+92.7%	2002.11
둔촌하이츠	+22.8%	232	+104.9%	1998.05
둔촌현대4	+38.2%	235	+96.4%	1996.02
둔촌현대2	+15.2%	196	+110.6%	1988.01
둔촌초원동아	+26.3%	170	+83.5%	1997.12
● 천호동				
래미안강동	+10.1%	999	+88.3%	2017.07
동아하이빌	+39.9%	526	+97.0%	2000.06
천호우성	+23.5%	479	+126.0%	1985.02
천호태영	+34.4%	649	+92.7%	1999.11
천호삼성	+25.1%	632	+89.9%	1997.05
신동아파밀	+17.6%	230	+80.7%	2015.07
강변그대가	+12.9%	225	+80.0%	2007.02
천호한신	+23.3%	224	+68.1%	1991.03
천호금호	+26.7%	232	+83.9%	1987.06
천호롯데	+6.2%	114	+42.9%	1999.11
● 성내동				
성내삼성	+33.9%	1,220	+110.5%	1999.09
성내한양수자	+16.8%	482	+91.7%	2016.08
성내성안청구	+28.5%	349	+97.8%	2002.07
성내현대	+7.0%	277	+77.6%	1987.12
성내코오롱1	+16.2%	257	+76.4%	1999.03
둔촌역청구	+34.7%	222	+84.1%	1999.03
성내e편한	+11.7%	203	+42.2%	2003.11
성내SK허브	+9.5%	325	+31.6%	2004.10
성내영풍마드	+28.5%	132	+75.5%	2002.07
성내동아1차	+8.5%	135	+50.6%	1997.02
● 길동				
길동삼익파크	+29.9%	1,092	+118.2%	1982.09
길동신동아	+49.4%	972	+115.0%	1983.06
길동GS강동	+34.0%	596	+94.6%	2003.11
길동우성2	+28.5%	811	+109.3%	1994.10
길동현대	+23.0%	264	+80.9%	1996.08
길동한빛골드	+10.3%	317	+43.8%	2001.10
길동한전우성	+25.0%	162	+100.6%	1989.10
길동라인	+20.1%	128	+72.4%	1998.09
길동한신휴플	+10.8%	124	-33.7%	2006.11
길동희훈리치	+11.8%	102	+51.3%	2002.12
● 강일동				
강일리버3	+32.3%	1,092	+89.5%	2009.03
강일리버4	+29.1%	748	+80.9%	2009.07
강일리버5	+25.0%	722	+75.9%	2009.07
강일리버7	+14.6%	731	+84.8%	2009.06
강일리버10	+13.7%	694	+69.9%	2009.04
강일리버6	+25.5%	553	+97.5%	2009.03
고덕리엔2	+11.5%	636	+67.3%	2011.01
강일리버2	+19.2%	442	+97.2%	2009.03
고덕리엔1	+9.4%	605	+61.6%	2011.01
강일리버9	+22.7%	841	+84.7%	2009.04
● 양천구				
★목동7	+10.4%	2,550	+78.4%	1986.11
★목동14	+8.9%	3,100	+90.3%	1987.07
★목동5	+6.1%	1,849	+69.3%	1986.09
★목동13	+9.3%	2,280	+80.7%	1987.07
★목동9	+8.1%	2,030	+77.1%	1987.07
★목동10	+12.8%	2,160	+74.2%	1987.07
★목동2	+11.6%	1,640	+67.5%	1986.09
★목동1	-1.6%	1,882	+59.5%	1985.11
★목동3	+13.2%	1,588	+68.1%	1986.09
★목동12	+11.4%	1,860	+101.3%	1988.10
목동6	+15.9%	1,368	+73.3%	1986.11
목동청구한신	+23.9%	1,512	+96.9%	1997.12
목동4	+8.7%	1,382	+72.5%	1986.09
목동11	+14.0%	1,595	+101.9%	1988.10
목동8	+5.1%	1,352	+80.3%	1987.09
목동힐스	+6.5%	1,081	+96.7%	2016.05
신월시영	+31.7%	2,256	+135.9%	1988.04
목동롯데위너	+20.4%	1,067	+63.8%	2005.04
목동우성2	+24.2%	1,140	+112.1%	2000.03
신월롯데캐슬	+22.5%	930	+94.2%	2014.02
● 마포구				

단지	2020년 연간	세대수	2017년 이후 4년간	준공
● 마포구				
★아현마래푸	+16.0%	3,885	+109.4%	2014.09
★성산시영	+24.0%	3,710	+103.8%	1986.06
마포태영	+23.0%	1,992	+109.8%	1999.11
공덕자이	+19.5%	1,164	+93.2%	2015.04
도화우성	+18.5%	1,222	+99.7%	1991.03
마포자이3	+21.3%	927	+123.2%	2018.09
서교메세나폴	+6.4%	611	-30.2%	2012.07
래미안공덕5	+10.9%	794	+107.1%	2011.08
● 서대문				
★D파크자이	+18.1%	4,300	+80.8%	2015.10
★D래미안e	+22.0%	3,293	+76.9%	2012.10
★e편한신촌	+13.0%	1,910		2017.03
독립문극동	+13.7%	1,300	+75.1%	1998.12
D센트럴아이	+25.7%	1,061	+118.2%	2018.10
홍제센트럴	+7.5%	906	+111.2%	2018.12
● 종로구				
경희궁자이2	+3.4%	1,148		2017.02
인왕산아이팍	+6.7%	810	+55.9%	2008.07
● 중구				
★남산타운	+13.9%	5,150	+91.4%	2002.05
약수하이츠	+24.4%	2,282	+92.8%	1999.07
만리동서센자	+8.9%	1,341	+98.5%	2017.08
황학롯데캐슬	+27.4%	1,870	+74.5%	2008.12
● 성동구				
★센트라스	+13.9%	2,529	+113.3%	2016.11
★행당대림e	+25.0%	3,404	+105.3%	2000.12
★옥수파크힐	+8.7%	1,976	+79.7%	2016.11
★행당한진	+28.2%	2,123	+103.2%	2000.11
★옥수리버젠	+18.0%	1,511	+93.0%	2012.12
하왕텐즈힐1	+11.7%	1,702	+82.6%	2015.04
성수트리마제	+12.8%	688	+95.4%	2017.05
금호벽산	+40.7%	1,707	+107.9%	2001.12
e편한금호	+18.2%	1,330		2019.05
행당한신	+16.9%	1,410	+98.9%	2003.12
서울숲리버뷰	+9.8%	1,034	+106.0%	2018.06
신금호파크뷰	+17.4%	1,156	+104.1%	2016.04
상왕텐즈힐2	+15.3%	1,148	+86.7%	2014.06
● 광진구				
★구의현대2	-1.2%	1,606	+118.4%	1996.12
★자양더샵스	+24.1%	1,177	+51.4%	2007.01
구의현대프라	+8.3%	1,592	+90.9%	1997.03
광장현대파크	+20.1%	1,170	+109.4%	2000.08
광장현대3	+18.3%	1,056	+116.4%	1990.10
광장워커힐	-1.4%	576	-33.3%	1978.11
광장극동2	+12.1%	896	+115.2%	1989.03
● 영등포				
★여의도시범	+8.1%	1,578	+95.8%	1971.12
★영등포푸르	+22.6%	2,462	+110.8%	2002.05
신길래미에스	+10.2%	1,722		2017.04
당산삼성	+4.1%	1,391	+98.0%	2003.12
여의도삼부	-2.2%	866	+66.6%	1975.12
문래자이	+14.7%	1,302	+85.1%	2001.11
여의도광장	+10.7%	744	+63.5%	1978.05
여의도자이	+7.2%	580	+51.8%	2008.04
여의도한양	+9.7%	588	+89.2%	1975.11
여의도미성	+5.5%	577	+72.5%	1978.03
● 동작구				
상도센트럴팍	+21.4%	1,559	+96.2%	2012.09
대방대림	+17.2%	1,628	+92.3%	1993.11
상도래미안3	+17.1%	1,656	+94.0%	2004.12
흑석아리하	+2.6%	1,073	+167.1%	2018.11
노량진신동아	+28.7%	1,696	+109.0%	2001.02
신대방우성1	+22.7%	1,335	+99.6%	1988.09
포스코더샵	+15.0%	1,122	+96.6%	2007.09
흑석한강현대	+16.5%	960	+95.6%	1988.09
흑석센트레II	+10.8%	963	+88.3%	2012.12
흑석한강푸르	+12.0%	863	+86.3%	2012.08
● 강서구				
★화곡강서힐	+16.2%	2,603	+65.0%	2015.08
우장산아이	+25.0%	2,517	+78.2%	2008.01
우장산힐스	+14.3%	2,198	+58.6%	2005.05
★화곡푸르지	+22.7%	2,176	+61.2%	2002.10
등촌아이파크	+26.5%	1,653	+71.8%	2004.10
화곡우장롯데	+27.2%	1,164	+67.3%	2003.09
가양6단지	+10.5%	1,476	+58.2%	1992.11
가양강변	+28.1%	1,556	+100.9%	1992.12

Left table:

단지	2020년 연간	세대수	2017년 이후 4년간	준공
마곡엠밸리6	+7.2%	1,466	+58.5%	2014.06
마곡수명산1	+15.7%	1,421	+59.6%	2007.11
● 노원구				◆준공
★월계시영	+30.8%	3,930	+124.6%	1986.06
★월계그랑빌	+30.3%	3,003	+107.5%	2002.10
상계보람	+31.6%	3,315	+88.7%	1988.06
중계그린1	+42.7%	3,481	+91.3%	1990.09
상계주공6	+26.0%	2,646	+101.3%	1988.05
상계주공3	+25.2%	2,213	+118.7%	1987.11
상계주공7	+23.7%	2,634	+84.5%	1988.07
중계주공5	+26.8%	2,328	+118.7%	1992.04
상계주공9	+33.4%	2,830	+85.2%	1988.10
상계주공10	+30.1%	2,654	+99.6%	1988.07
중계무지개	+39.1%	2,433	+93.3%	1991.11
학여울청구	+34.5%	1,476	+83.8%	1999.04
상계주공16	+39.8%	2,392	+91.0%	1988.09
상계주공4	+20.3%	2,136	+77.6%	1988.05
상계주공14	+37.7%	2,025	+96.0%	1989.04
상계주공1	+34.4%	1,807	+100.9%	1988.05
상계주공11	+33.9%	1,944	+97.2%	1988.09
상계주공2	+30.9%	1,807	+102.5%	1988.11
하계장미6	+35.2%	1,880	+106.4%	1989.10
월계주공2	+39.7%	2,002	+95.1%	1992.10
● 도봉구				◆준공
북한산아이5	+18.6%	2,061	+70.9%	2004.07
창동주공3	+22.9%	2,856	+82.1%	1990.09
창동동아청솔	+23.8%	1,981	+104.2%	1997.03
도봉한신	+39.3%	2,678	+78.5%	1995.09
방학신동아1	+42.7%	3,169	+71.5%	1986.12
창동주공17	+44.4%	1,980	+105.2%	1989.07
도봉서원	+38.4%	2,450	+60.3%	1996.10
● 강북구				◆준공
★SK북한산	+43.0%	3,830	+88.3%	2004.05
미아트리베2	+27.5%	1,330	+68.5%	2010.05
번동주공1	+36.7%	1,430	+92.1%	1991.05
● 성북구				◆준공
★한신/한진	+26.0%	4,515	+76.7%	1998.07
길음센터피스	+21.1%	2,352	+118.4%	2019.02
월곡두산	+35.8%	2,197	+88.7%	2003.04
길음뉴8래미	+9.7%	1,497	+82.5%	2010.06
석관두산	+33.0%	1,998	+99.5%	1998.04
길음뉴4e편	+24.2%	1,605	+79.9%	2005.04
장위퍼스트하	+6.2%	1,562		2019.09
길음동부센트	+26.3%	1,377	+98.8%	2003.03
보문파크자이	+17.3%	1,186	+95.1%	2017.01
안암대광	+42.2%	348	+63.5%	1971.12
● 동대문				◆준공
★답십리안	+14.1%	2,652	+96.7%	2014.10
★전농크레시	+20.0%	2,397	+116.9%	2013.04
장안롯타운1	+30.0%	2,182	+95.9%	2003.10
래미안장안2	+30.4%	1,786	+89.4%	2007.06
전농SK	+32.9%	2,013	+107.0%	2000.07
휘경주공1	+27.3%	2,024	+72.7%	2001.11
청량리미주	+21.6%	1,089	+128.9%	1978.09
● 중랑구				◆준공
중화한신1	+31.2%	1,544	+92.5%	1997.10
신내대시앙포	+23.9%	1,896	+70.7%	2013.12
신내우디안1	+20.7%	1,402	+70.4%	2014.06
● 은평구				◆준공
녹번래미베라	+14.9%	1,305		2019.08
녹번북한푸르	+16.6%	1,230	+75.6%	2015.07
불광미성	+26.9%	1,340	+84.2%	1988.10
북한산필스3	+16.4%	1,185	+59.0%	2010.08
녹번힐스	+11.8%	952	+110.2%	2018.10
백련산필스2	+24.2%	1,148	+85.8%	2011.12
불광현대롯	+15.7%	662	+55.8%	2004.05
진관박석필1	+11.3%	947	+42.0%	2009.01
불광롯데캐슬	+24.6%	488	+134.1%	2018.11
신사현대2	+28.0%	445	+75.4%	1997.09
● 금천구				◆준공
독산롯데골드1	+22.4%	1,743	+140.0%	2016.11
관악벽산5	+35.7%	2,810	+63.6%	2004.08
시흥남서울힐	+9.3%	1,764	+68.0%	2014.08
가산두산	+17.7%	1,495	+70.5%	1998.03
● 관악구				◆준공
★관악드림	+29.2%	3,544	+97.7%	2003.09
봉천두산	+28.6%	2,001	+93.2%	2000.12

Right table:

단지	2020년 연간	세대수	2017년 이후 4년간	준공
관악푸르지오	+19.5%	2,104	+78.1%	2004.08
봉천벽산블루	+34.7%	2,105	+98.8%	2005.07
봉천관악현대	+27.3%	2,134	+101.9%	1992.04
관악휴먼2	+31.0%	2,265	+75.5%	2008.03
신림푸르지오	+23.3%	1,456	+75.1%	2005.06
봉천우성	+27.7%	1,597	+94.8%	2000.12
신림현대	+22.9%	1,634	+84.6%	1993.05
신림강남⊗		876	+88.2%	1974.05
● 구로구				◆준공
신도림대림1	+17.1%	2,298	+85.1%	1999.07
개봉현대	+27.9%	2,412	+77.9%	2001.08
개봉한마을	+28.9%	1,983	+81.3%	1999.04
신도림동아1	+16.4%	1,095	+104.0%	1999.11
구로주공1	+13.9%	1,400	+100.0%	1986.06
고척산업인	+34.7%	342	+77.4%	1976.07

지수 구성 단지(시가총액순)

단지명	준공연월	시가총액	2020년 상승률	세대수
1.★가락헬리오	2018.12	157,559	+6.5%	9,510
2.★신천파크리	2008.08	133,332	+12.1%	6,864
3.★잠실엘스	2008.09	117,950	+5.3%	5,678
4.★올림픽선수	1988.06	115,078	+7.1%	5,540
5.★반포주공1	1973.09	114,857	-2.1%	3,590
6.★잠실리센츠	2008.07	112,720	+9.7%	5,563
7.★개포1차ⓧ	1982.11	104,625	+7.1%	5,040
8.★둔촌주공ⓧ	1980.01	98,588		5,930
9.★대치은마	1979.08	97,269	+1.7%	4,424
10.★반포자이	2009.03	95,955	+3.4%	3,410
11.★잠실주공5	1978.04	87,348	+2.5%	3,930
12.★도곡렉슬	2006.01	87,306	+15.4%	3,002
13.★올림픽훼밀	1988.12	85,422	+8.5%	4,494
14.★반포반래퍼	2008.07	78,815	+5.9%	2,444
15.★트리지움	2007.08	75,760	+5.5%	3,696
16.★그라시움	2019.09	73,117	+18.3%	4,932
17.★대치한보	1983.11	72,604	-1.6%	2,436
18.★압구신현대	1982.05	65,506	-2.7%	1,924
19.★서초삼풍	1988.07	58,390	+2.7%	2,390
20.★아르테온	2020.02	58,246	+7.4%	4,066
21.★레이크팰리	2006.12	55,857	+8.9%	2,678
22.★대치래대펠	2015.09	54,584	+6.6%	1,608
23.★현대6,7차	1978.09	53,641	+3.1%	1,288
24.★반포아리팍	2016.08	53,415	+3.2%	1,612
25.★아현마래푸	2014.09	53,044	+16.0%	3,885
26.★고덕고래힐	2016.06	50,995	+13.1%	3,658
27.★개포개래블	2019.02	47,106	+8.0%	1,957
28.★강동롯데	2008.09	45,830	+20.3%	3,226
29.★D파크자이	2015.10	45,491	+18.1%	4,300
30.★목동7	1986.11	43,558	+10.4%	2,550
31.★개포2차ⓧ	1982.12	43,504		2,840
32.★신천장미1	1979.01	42,315	+10.1%	2,100
33.★아시아선수	1986.06	41,787	+3.6%	1,356
34.★타워팰리1	2002.10	41,309	+6.8%	1,297
35.★목동14	1987.07	40,826	+8.9%	3,100
36.★신반포2차	1978.06	39,114	+4.6%	1,572
37.★현대1,2차	1976.06	38,754	+7.5%	960
38.★잠실우성1	1981.12	37,794	+7.1%	1,842
39.★남산타운	2002.05	36,793	+13.9%	5,150
40.★성산시영	1986.06	35,959	+24.0%	3,710
41.★목동13	1987.07	35,854	+9.3%	2,280
42.★목동5	1986.11	35,209	+6.1%	1,849
43.★이촌한가람	1998.09	34,972	+13.6%	2,036
44.★용산신동아	1984.06	34,072	+0.3%	1,326
45.★대치선경1,2	1983.12	34,045	+1.0%	1,034
46.★목동9	1987.07	33,831	+8.1%	2,030
47.★D래미안e	2012.10	33,194	+22.0%	3,293
48.★목동10	1987.07	33,140	+12.8%	2,160
49.★화곡강서힐	2015.08	32,875	+16.2%	2,603
50.★DH아너힐	2017.06	32,141	+8.8%	1,320
51.★신반포3차ⓧ	1978.10	32,087	+12.3%	1,140
52.★신반포4	1979.10	31,942	+4.0%	1,212
53.★신천진주	1980.01	31,871	+7.3%	1,507
54.★관악드림	2003.09	31,688	+29.2%	3,544
55.★센트라스	2016.11	31,351	+13.9%	2,529
56.★대치동부센	2005.01	30,669	+5.7%	805
57.★목동2	1986.09	30,657	+11.6%	1,640
58.★한신/한진	1978.07	30,644	+26.0%	4,515
59.★우장산아이	2008.01	30,253	+25.0%	2,517
60.★목동1	1985.11	30,088	-1.6%	1,882
61.★선사현대	2000.06	29,933	+32.4%	2,938
62.★여의도시범	1971.12	29,775	+8.1%	1,578
63.★삼익그린2	1983.12	29,419	+17.6%	2,400
64.★반포경남s	1978.11	28,701		1,056
65.★목동3	1986.09	28,492	+13.2%	1,588
66.★답십래미안	2014.10	28,109	+14.1%	2,652
67.★SK북한산	2004.05	28,017	+43.0%	3,830
68.★행당대림e	2000.12	27,680	+25.0%	3,404
69.★쳘계시영	1986.06	27,674	+30.8%	3,930
70.★한남더힐	2011.01	27,412	+10.4%	600
71.★전농크레시	2013.04	27,306	+20.0%	2,397
72.★청담삼익ⓧ	1980.04	26,956	-0.1%	888
73.★월계그랑빌	2002.10	26,841	+30.3%	3,003
74.★가락쌍용1	1997.03	26,488	+20.7%	2,064
75.★영등포푸르	2002.05	25,918	+22.6%	2,462
76.★반포리체	2011.07	25,891	+4.9%	1,119
77.★옥수파크힐	2016.11	25,870	+8.7%	1,976
78.★고덕자이	2021.02	25,829		1,824
79.★문정래미안	2004.09	25,733	+20.2%	1,696
80.★행당한진	2000.11	25,459	+28.2%	2,123
81.★타워팰리2	2003.02	25,206	+11.3%	813
82.★반포미도1	1987.06	25,200	-0.2%	1,260
83.★우장산힐스	2005.05	24,851	+14.3%	2,198
84.★서초래미안	2003.05	24,599	+13.0%	1,129
85.고덕베네루체	2019.12	24,584	+23.0%	1,859
86.★삼성힐스1	2008.12	24,583	+1.9%	1,144
87.★옥수리버젠	2012.12	24,307	+18.0%	1,511
88.★신천장미2	1979.08	24,167	-1.9%	1,302
89.★목동12	1988.10	24,037	+11.4%	1,860
90.★e편한신촌	2017.03	23,703	+13.0%	1,910
91.★압구미성2	1987.12	23,535	+3.3%	911
92.★명일솔베뉴	2019.06	22,810	+24.0%	1,900
93.오금현대24	1984.12	22,728	+12.7%	1,316
94.★고센아	2019.12	22,599	+11.2%	1,745
95.목동청구한신	1997.12	22,483	+23.9%	1,512
96.★서초롯데캐	2006.06	22,405	+9.7%	990
97.★개포우성1	1983.12	22,311	+2.0%	690
98.★쌍용대치	1983.03	22,167	-1.9%	994
99.★화곡푸르지	2002.10	22,145	+22.7%	2,176
100.상도센트럴팍	2012.09	22,085	+21.4%	1,559
101.★신천미성	1980.12	22,075	+14.6%	1,230
102.신길래미에스	2017.04	22,050	+10.2%	1,722
103.★자양더샵스	2007.01	22,034	+24.1%	1,177
104.신도림대림1	1999.07	22,027	+17.1%	2,298
105.★구의현대2	1996.12	21,949	-1.2%	1,606
106.당산삼성	2003.12	21,842	+4.1%	1,391
107.길음센터피스	2019.02	21,663	+21.1%	2,352
108.반포반래아	2018.08	21,621	+11.8%	829
109.개포주공6	1983.11	21,575	+8.1%	1,060
110.대치삼성	2000.07	21,562	-3.1%	960
111.★삼성아이팍	2004.03	21,500	+4.4%	449
112.목동6	1986.11	21,455	+15.9%	1,368
113.★역삼럭키	1995.12	21,455	+5.1%	1,094
114.구의현대프라	1997.03	21,315	+8.3%	1,592
115.★대치아이팍	2008.06	21,254	-0.4%	768
116.신반포펠리	2016.06	21,092	+1.8%	843
117.성원대치2	1992.10	20,988	-9.8%	1,758
118.상도래미안3	2004.12	20,984	+17.1%	1,656
119.목동4	1986.09	20,928	+8.7%	1,382
120.서초푸르지	2017.06	20,831	+6.7%	907
121.하왕텐즈힐1	2015.04	20,777	+11.7%	1,702
122.삼성현대힐	2008.12	20,614	+4.3%	926
123.대방대림	1993.11	20,290	+17.2%	1,628
124.프라이어팰	2007.07	20,224	+22.2%	1,622
125.역삼래미안	2005.10	20,199	+5.9%	1,050
126.경희궁자이2	2017.02	19,990	+3.4%	1,148
127.장안힐타운e	2003.10	19,883	+30.0%	2,182
128.영등한양	1998.07	19,814	+1.4%	936
129.잠원동아	2002.07	19,740	+5.0%	991
130.개포주공5	1983.10	19,528	+14.7%	940
131.봉천두산	2000.10	19,346	+28.6%	2,001
132.북한산아이	2010.09	19,309	+18.6%	2,045
133.금호벽산	2001.12	19,274	+40.7%	1,707
134.신반포8	1981.03	19,251	-2.1%	864
135.개봉현대	2001.08	19,166	+27.9%	2,412
136.개포주공7	1983.10	18,819	+15.1%	900
137.삼성롯데프레	2007.03	18,664	+6.3%	713
138.목동11	1988.10	18,598	+14.0%	1,595
139.상계보람	1988.06	18,554	+31.6%	3,315
140.문래자이	2001.11	18,442	+14.7%	1,302

단지명	준공연월	시가총액	2020년 상승률	세대수
141.마포태영	1999.11	18,436	+23.0%	1,992
142.★이촌LG	2003.04	18,242	+8.9%	656
143.창동주공3	1990.09	18,225	+22.9%	2,856
144.일원푸체하임	2018.11	18,143	+2.4%	850
145.봉천벽산블루	2005.07	18,120	+34.7%	2,105
146.헐곡두산	2003.04	18,103	+35.8%	2,197
147.역삼e편한	2005.12	18,067	+10.3%	840
148.e편한금호	2019.05	17,929	+18.2%	1,330
149.약수하이츠	1999.07	17,917	+24.4%	2,282
150.도원삼성	2001.08	17,812	+12.6%	1,458
151.자곡강남힐즈	2014.06	17,768	+14.1%	1,020
152.이촌한강맨션	1971.03	17,695	+7.0%	660
153.노량진신동아	2001.02	17,693	+28.7%	1,696
154.광장현대파크	2000.08	17,676	+20.1%	1,170
155.중계그린1	1990.09	17,676	+42.7%	3,481
156.성수트리마제	2017.05	17,651	+12.8%	688
157.야크로비스타	2004.06	17,647	+13.7%	757
158.등촌아이파크	2004.10	17,522	+26.5%	1,653
159.관악푸르지오	2004.08	17,465	+19.5%	2,104
160.목동8	1987.09	17,423	+5.1%	1,352
161.도곡삼성래미	2001.12	17,322	+12.7%	732
162.독산롯데골드1	2016.11	17,291	+22.4%	1,743
163.신반포10	1981.04	17,240	+0.1%	876
164.봉천관악현대	1992.04	17,199	+27.3%	2,134
165.여의도삼부	1975.12	17,163	-2.2%	866
166.잠원아리란	2018.06	17,105	-1.0%	595
167.이촌강촌	1998.01	17,092	+16.9%	1,001
168.창동아청솔	1997.03	17,087	+23.8%	1,981
169.상계주공3	1987.11	17,078	+25.2%	2,213
170.서초신동아1	2017.12	17,072	+10.8%	893
171.흑석아리하	2018.11	16,915	+2.6%	1,073
172.고덕주공9	1985.11	16,751	+27.4%	1,320
173.반포써밋	2018.09	16,605	+4.5%	764
174.래미안장안2	2007.06	16,592	+30.4%	1,786
175.전농SK	2002.12	16,558	+32.9%	2,013
176.개포경남	1984.03	16,496	+7.0%	678
177.상계주공7	1988.07	16,479	+23.7%	2,634
178.석관두산	1998.04	16,311	+33.0%	1,998
179.관악휴먼2	2008.03	16,215	+31.0%	2,265
180.상계주공6	1988.05	16,177	+26.0%	2,646
181.관악벽산5	2004.08	16,032	+35.7%	2,810
182.상계주공2	1988.10	15,838	+33.4%	2,830
183.서초더샵	2014.08	15,805	+16.1%	1,264
184.도봉한신	1995.09	15,804	+39.3%	2,678
185.만리동e센자	2017.08	15,788	+8.9%	1,341
186.행당한신	2003.12	15,704	+16.9%	1,410
187.이촌첼리투스	2015.07	15,640	-5.0%	460
188.길음뉴8래미	2010.06	15,553	+9.7%	1,497
189.중계주공5	1992.04	15,476	+26.8%	2,328
190.청담자이	2012.03	15,471	+0.2%	708
191.개봉한마을	1999.04	15,311	+28.9%	1,983
192.황학벽데캐슬	2004.08	15,260	+27.4%	1,870
193.상계주공10	1988.07	15,139	+30.1%	2,654
194.시흥남서울힐	2014.08	15,135	+9.3%	1,764
195.이촌한강대우	2000.03	15,122	+11.9%	834
196.공덕자이	2015.04	15,078	+19.5%	1,164
197.서초힐스	2012.12	15,060	+16.6%	1,082
198.신대방우성	1988.09	15,046	+22.7%	1,335
199.신반포자이	2018.07	14,971	+2.6%	607
200.고덕아이팍	2011.12	14,852	+16.0%	1,142
201.길음뉴4e편	2005.04	14,772	+24.2%	1,605
202.광장현대1	1990.10	14,441	+18.3%	1,056
203.흑석한강현대	1988.09	14,268	+16.5%	960
204.개포우성2	1984.12	14,261	-3.8%	450
205.포스코더샵	2007.09	14,224	+15.0%	1,122
206.도화우성	1991.03	14,206	+18.5%	1,222
207.휘경주공2	2001.11	14,197	+27.3%	2,024
208.서울숲리버뷰	2018.06	14,127	+9.8%	1,034
209.여의도광장	1978.05	13,989	+10.7%	744
210.방학신동아1	1986.12	13,903	+42.7%	3,169

단지명	준공연월	시가총액	2020년 상승률	세대수
211.청량리미주	1978.09	13,893	+21.6%	1,089
212.서초현대슈퍼	2003.10	13,812	+3.5%	645
213.상왕헨즈필2	2014.06	13,787	+15.3%	1,148
214.신금호파크뷰	2016.04	13,758	+17.4%	1,156
215.신림푸르지오	2005.06	13,732	+23.3%	1,456
216.목동힐스	2016.05	13,699	+6.5%	1,081
217.방배롯데아르	2013.11	13,686	-5.5%	744
218.이촌코오롱	1999.11	13,648	+10.1%	834
219.광장극동2	1989.03	13,622	+12.1%	896
220.여의도자이	2008.04	13,617	+7.2%	580
221.봉천우성	2000.12	13,508	+27.7%	1,597
222.신월시영	1988.04	13,445	+31.7%	2,256
223.화곡우장롯데	2007.03	13,240	+27.2%	1,164
224.래미안강동	2017.07	13,141	+10.1%	999
225.산천리버힐	2001.01	12,966	+17.5%	1,102
226.성내삼성	1999.09	12,813	+33.9%	1,220
227.장위퍼스트하	2019.09	12,736	+6.2%	1,562
228.독립문극동	1998.12	12,709	+13.7%	1,300
229.D센트럴아이	2018.10	12,443	+25.7%	1,061
230.광장워커힐	1978.11	12,322	-1.4%	576
231.신도림동아	1999.11	12,299	+16.4%	1,095
232.서초에스지	2011.04	12,269	+1.5%	593
233.목동롯데위너	2005.06	12,215	+20.4%	1,067
234.중계무지개	1991.11	12,161	+39.1%	2,433
235.학여울청구	1999.04	12,089	+34.5%	1,476
236.길음동부센트	2003.03	12,010	+27.3%	1,377
237.목동우성2	2000.03	11,966	+24.2%	1,140
238.상계주공16	1988.09	11,959	+39.8%	2,392
239.상계주공11	1988.09	11,940	+33.9%	1,944
240.신계용산e편	2011.04	11,902	+12.9%	867
241.녹번래미볘라	2019.08	11,815	+14.9%	1,305
242.구로주공1	1986.06	11,783	+13.9%	1,400
243.마포자이3	2018.09	11,505	+21.3%	927
244.여의도한양	1975.11	11,244	+9.7%	588
245.흑석센트레지	2012.12	11,232	+10.8%	963
246.녹번북한푸르	2015.07	11,183	+16.6%	1,230
247.신림현대	1993.05	11,078	+22.9%	1,634
248.상계주공4	1988.05	10,751	+20.3%	2,136
249.여의도미성	1978.05	10,704	-5.5%	577
250.불광미성	1988.10	10,559	+26.9%	1,340
251.상계주공2	1988.11	10,529	+30.9%	1,807
252.자곡한양수자	2014.03	10,522	+18.8%	1,304
253.이태원청화1	1982.09	10,468	+8.7%	578
254.흑석한강푸르	2011.08	10,465	+12.0%	863
255.중화한신1	1997.10	10,232	+31.2%	1,544
256.서교메세나홀	2012.07	10,082	+6.4%	617
257.길동삼익파크	1983.09	10,033	+29.9%	1,092
258.풍납한강극동	1995.07	10,031	+20.0%	895
259.둔촌푸르지오	2010.03	9,819	+18.7%	800
260.북한산힐스	2010.08	9,790	+16.4%	1,185
261.인왕산아이팍	2008.07	9,742	+6.7%	810
262.상계주공14	1989.04	9,737	+37.7%	2,025
263.미아트리베2	2010.05	9,683	+27.5%	1,330
264.보문파크자이	2017.01	9,680	+17.3%	1,186
265.상계주공1	1988.05	9,649	+34.4%	1,807
266.이촌현대맨숀	1974.12	9,607	+9.3%	653
267.래미안공덕5	2011.08	9,548	+10.9%	794
268.하계장미6	1989.10	9,540	+35.2%	1,880
269.가산두산	1998.03	9,515	+17.7%	1,495
270.이촌대림	1994.11	9,395	+7.2%	638
271.길동신동아	1983.06	9,336	+49.4%	972
272.가양강변	1992.12	9,279	+28.1%	1,556
273.용산시티팍1	2007.08	9,139	+1.6%	421
274.문정시영	1989.03	8,950	+20.6%	1,316
275.가양6단지	1992.11	8,889	+10.5%	1,476
276.풍제센트럴	2018.12	8,728	+7.5%	906
277.삼익가든	1984.11	8,603	+32.1%	768
278.월계주공1	1992.10	8,454	+39.7%	2,002
279.명일신동아	1986.02	8,336	+11.3%	570
280.용산산호	1977.04	8,252	+28.1%	554

단지명	준공연월	시가총액	2020년 상승률	세대수
281.명일우성	1986.05	8,190	+16.5%	572
282.녹번힐스	2018.10	8,178	+11.8%	952
283.고덕아남	1996.03	8,078	+36.8%	807
284.명일한양	1986.05	8,055	+19.2%	540
285.길동GS강동	2003.11	7,781	+34.0%	596
286.고덕숲아이	2018.03	7,745	+2.5%	687
287.명일현대고덕	1986.02	7,744	+18.8%	524
288.신월롯데캐슬	2014.02	7,612	+22.5%	930
289.백련산힐스2	2011.12	7,574	+24.2%	1,148
290.번동주공1	1991.05	7,517	+36.7%	1,430
291.둔촌신성미소	1998.05	7,015	+20.1%	738
292.창동주공4	1989.07	6,958	+44.4%	1,980
293.마곡엠밸리6	2014.06	6,955	+7.2%	1,466
294.이촌현대한강	1997.03	6,923	+10.5%	516
295.길동우성1	1994.12	6,897	+28.5%	811
296.현대홈타운	2004.08	6,643	+27.0%	568
297.우면네이처3	2013.01	6,626	+21.6%	1,251
298.명일엘지	1999.12	6,609	+30.4%	772
299.도봉서원	1996.10	5,925	+38.4%	2,450
300.마곡수명산1	2007.11	5,555	+15.7%	1,421
301.성내한양수자	2016.08	5,534	+16.8%	482
302.둔촌현대1차	1984.11	5,518	+14.2%	498
303.신내데시앙포	2013.12	5,464	+23.9%	1,896
304.이촌동아그린	1999.05	5,202	+5.4%	499
305.불광현대홈	2004.05	5,178	+15.7%	662
306.진관박석힐1	2009.01	5,110	+11.3%	947
307.신내우디안1	2014.06	4,983	+20.7%	1,402
308.배재현대	1995.11	4,867	+32.8%	448
309.삼성광나루	2002.11	4,830	+17.5%	490
310.고덕리엔3	2011.01	4,682	+19.9%	2,283
311.불광롯데캐슬	2018.11	4,680	+24.6%	488
312.남수대림	1994.12	4,470	-8.4%	400
313.강일리버3	2009.03	4,192	+32.3%	1,092
314.동아하이빌	2000.06	4,094	+39.9%	526
315.천호우성	1985.02	4,035	+23.5%	479
316.천호태영	1999.11	3,806	+34.4%	649
317.암사힐스	2019.11	3,778	+40.5%	460
318.둔촌프라자	1984.12	3,707	+27.5%	354
319.명일삼환	1992.06	3,669	+30.3%	306
320.한강현대	1999.05	3,621	+21.0%	417
321.중앙하이츠	1992.05	3,473	+19.9%	410
322.천호삼성	1997.05	3,405	+25.1%	632
323.둔촌신동아	2002.11	3,298	+25.5%	357
324.성내성안청구	2002.07	3,059	+28.5%	349
325.신동아파밀	2015.07	2,839	+17.6%	230
326.신림강남⒜	1974.05	2,780		876
327.신사현대2	1987.09	2,570	+28.0%	445
328.강일리버4	2009.03	2,565	+29.1%	748
329.강일리버5	2009.07	2,450	+25.0%	722
330.강일리버7	2009.06	2,401	+14.6%	731
331.둔촌현대4	1996.02	2,234	+38.2%	235
332.강일리버6	2009.03	2,126	+25.5%	553
333.강일리버10	2009.04	2,061	+13.7%	694
334.성내코오롱1	1999.03	2,056	+16.2%	257
335.강변그대가	2007.02	2,025	+12.9%	225
336.둔촌하이츠	1998.05	1,996	+22.8%	232
337.성내현대	1987.12	1,956	+7.0%	277
338.길동현대	1996.08	1,948	+23.0%	264
339.둔촌역청구	1999.03	1,933	+34.7%	222
340.암사한솔	2002.01	1,912	+32.9%	203
341.고덕리엔2	2011.01	1,705	+11.5%	636
342.둔촌현대1	1988.01	1,677	+15.2%	196
343.강일리버2	2009.03	1,613	+19.2%	442
344.성내e편한	2003.11	1,533	+11.7%	203
345.길동한빛골드	2001.10	1,504	+10.3%	317
346.둔촌초원동아	1997.12	1,338	+26.3%	170
347.고덕리엔1	2011.01	1,317	+9.4%	605
348.길동한전우성	1989.10	1,166	+25.0%	162
349.성내SK허브	2004.10	1,145	+9.5%	325
350.상일동아	1997.06	1,127	+44.3%	186

단지명	준공연월	시가총액	2020년 상승률	세대수
351.암사e편한	2005.10	1,107	+20.3%	131
352.천호한신	1991.03	1,106	+23.3%	224
353.성내영풍마드	2002.07	1,089	+28.5%	132
354.포스파크	2002.09	1,074	+19.6%	134
355.삼익12⒜	1986.06	963		171
356.고객산업인	1976.07	959	+34.7%	342
357.강일리버9	2009.04	957	+22.7%	841
358.성내동아1차	1997.02	862	+8.5%	135
359.천호금호	1987.06	847	+26.7%	232
360.길동라인	1998.09	781	+20.1%	128
361.안암대광	1971.12	755	+42.2%	348
362.길동한신휴플	2006.11	687	+10.8%	124
363.천호롯데	1991.11	587	+6.2%	114
364.길동희쁜리치	2002.12	579	+11.8%	102
365.고덕대우	1986.05	515		99

서울시 구별 시가총액 차트

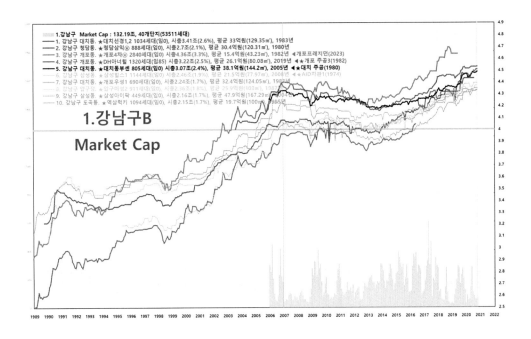

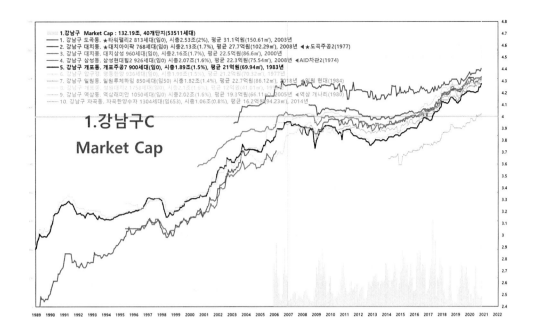

1.강남구 Market Cap : 132.19조, 40개단지(53511세대)
— 1. 강남구 도곡동. ★타워팰리2 813세대(임0) 시총2.53조(2%), 평균 31.1억원(150.61㎡), 2003년
— 2. 강남구 대치동. ★대치아이파크 768세대(임0) 시총2.13조(1.7%), 평균 27.7억원(102.29㎡), 2008년 ◀도곡주공2(1977)
— 3. 강남구 대치동. 대치삼성 960세대(임0), 시총2.16조(1.7%), 평균 22.5억원(86.6㎡), 2000년
— 4. 강남구 삼성동. 삼성현대힐2 926세대(임0) 시총2.07조(1.6%), 평균 22.3억원(75.54㎡), 2008년 ◀AID차관2(1974)
— 5. 강남구 개포동. 개포주공7 900세대(임0), 시총1.89조(1.5%), 평균 21억원(69.94㎡), 1983년
— 6. 강남구 압구정. 영동한양1 936세대(임0) 시총1.99조(1.5%), 평균 21.2억원(70.32㎡), 1977년
— 7. 강남구 일원동. 일원루체하임 850세대(임50) 시총1.82조(1.4%) 평균 22.7억원(86.12㎡), 2018년 ◀일원 현대(1984)
— 8. 강남구 대치동. 청실대치2 1758세대(임0) 시총2.1조(1.6%), 평균 12억원(41.01㎡), 19__년
— 9. 강남구 역삼동. 역삼래미안 1050세대(임0) 시총2.02조(1.6%) 평균 19.3억원(66.11㎡), 2005년 ◀역삼 개나리1(1980)
— 10. 강남구 자곡동. 자곡한양수자 1304세대(임653), 시총1.06조(0.8%), 평균 16.2억원(94.23㎡), 2014년

1.강남구C

Market Cap

1989 1990 1991 1992 1993 1994 1995 1996 1997 1998 1999 2000 2001 2002 2003 2004 2005 2006 2007 2008 2009 2010 2011 2012 2013 2014 2015 2016 2017 2018 2019 2020 2021 2022

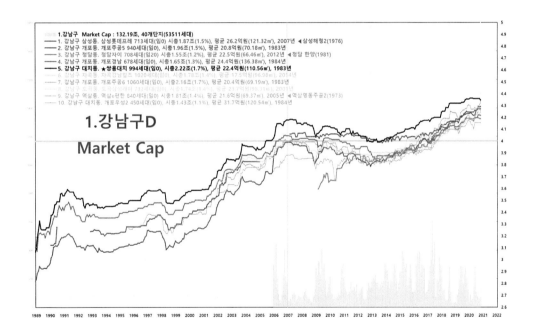

1.강남구 Market Cap : 132.19조, 40개단지(53511세대)
— 1. 강남구 삼성동. 삼성롯데프레 713세대(임0) 시총1.87조(1.5%), 평균 26.2억원(121.32㎡), 2007년 ◀삼성해청2(1976)
— 2. 강남구 개포동. 개포주공5 940세대(임0), 시총1.96조(1.5%), 평균 20.8억원(70.18㎡), 1983년
— 3. 강남구 청담동. 청담자이 708세대(임0) 시총1.55조(1.2%), 평균 22.5억원(66.46㎡), 2012년 ◀청담 한양(1981)
— 4. 강남구 개포동. 개포경남 678세대(임0), 시총1.65조(1.3%), 평균 24.4억원(136.38㎡), 1984년
— 5. 강남구 대치동. ★쌍용대치1 994세대(임0), 시총2.22조(1.7%), 평균 22.4억원(110.56㎡), 1983년
— 6. 강남구 자곡동. 자곡강남힐스 1020세대(임0) 시총1.78조(1.4%), 평균 17.5억원(86.98㎡), 2014년
— 7. 강남구 개포동. 개포주공6 1060세대(임0) 시총2.16조(1.7%), 평균 20.4억원(69.19㎡), 1983년
— 8. 강남구 대치동. 개포우성1 690세대(임0) 시총2조(1.5%) 평균 28.9억원(130.77㎡), 19__년
— 9. 강남구 역삼동. 역삼e편한1 840세대(임0) 시총1.81조(1.4%), 평균 21.6억원(69.37㎡), 2005년 ◀역삼명동주공2(1973)
— 10. 강남구 대치동. 개포우성2 450세대(임0), 시총1.43조(1.1%), 평균 31.7억원(120.54㎡), 1984년

1.강남구D

Market Cap

1989 1990 1991 1992 1993 1994 1995 1996 1997 1998 1999 2000 2001 2002 2003 2004 2005 2006 2007 2008 2009 2010 2011 2012 2013 2014 2015 2016 2017 2018 2019 2020 2021 2022

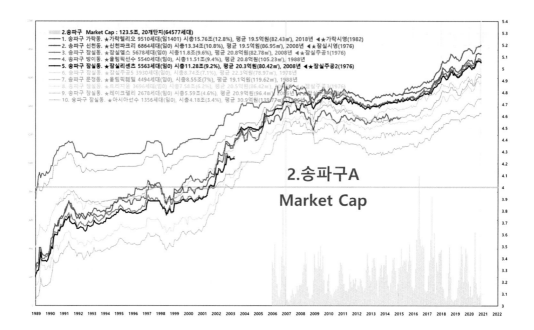

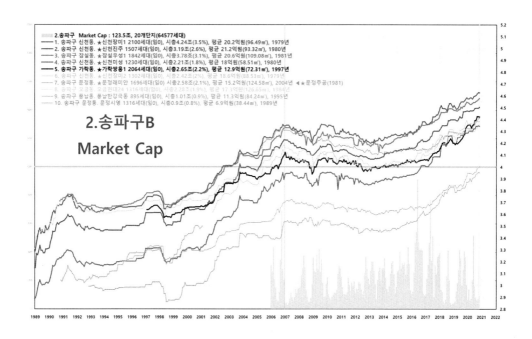

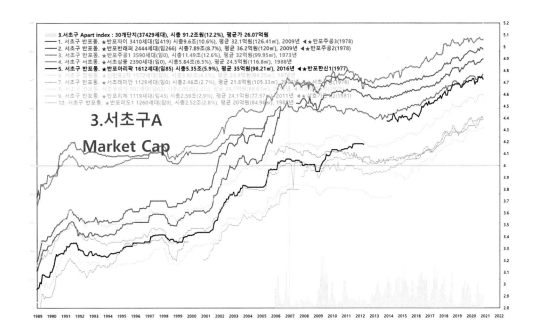

3.서초구A

Market Cap

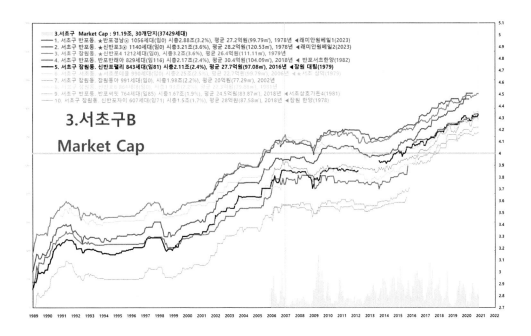

3.서초구B

Market Cap

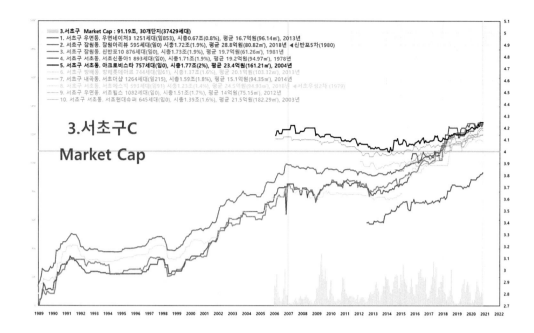

3.서초구 Market Cap : 91.19조, 30개단지(37429세대)
1. 서초구 우면동. 우면네이처3 1251세대(임853), 시총0.67조(0.8%), 평균 16.7억원(96.14㎡), 2013년
2. 서초구 잠원동. 잠원아리뷰 595세대(임0) 시총1.72조(1.9%), 평균 28.8억원(80.82㎡), 2018년 ◀신반포5차(1980)
3. 서초구 잠원동. 신반포10 876세대(임0), 시총1.73조(1.9%), 평균 19.7억원(61.26㎡), 1981년
4. 서초구 서초동. 서초신동아1 893세대(임0), 시총1.71조(1.9%), 평균 19.2억원(94.97㎡), 1978년
5. 서초구 서초동. 아크로비스타 757세대(임0), 시총1.77조(2%), 평균 23.4억원(161.21㎡), 2004년
6. 서초구 방배동. 방배롯데아르 744세대(임61), 시총1.37조(1.6%), 평균 20.1억원(103.32㎡), 2013년
7. 서초구 내곡동. 서초더샵 1264세대(임215), 시총1.59조(1.8%), 평균 15.1억원(94.35㎡), 2014년
8. 서초구 서초동. 서초에스지 593세대(임91) 시총1.21조(1.4%), 평균 24.5억원(94.02㎡), 2018년 ◀서초우성2차 (1979)
9. 서초구 우면동. 서초힐스 1082세대(임0), 시총1.51조(1.7%), 평균 14억원(75.15㎡), 2012년
10. 서초구 서초동. 서초현대슈퍼 645세대(임0), 시총1.39조(1.6%), 평균 21.5억원(182.29㎡), 2003년

3.서초구C
Market Cap

4.용산구 Market Cap : 30.01조, 20개단지(16093세대)
1. 용산구 서빙고. ★용산신동아 1326세대(임0), 시총3.41조(11.4%), 평균 25.7억원(151.4㎡), 1984년
2. 용산구 이촌동. ★이촌한가람 2036세대(임0), 시총3.5조(11.7%), 평균 17.2억원(81.34㎡), 1998년
3. 용산구 한남동. ★한남더힐 600세대(임0), 시총2.75조(9.2%), 평균 45.7억원(186.47㎡), 2011년
4. 용산구 이촌동. ★이촌LG 656세대(임0), 시총1.83조(6.1%), 평균 27.9억원(163.29㎡), 2003년 ◀★이촌한강외인(1970)
5. 용산구 이촌동. 이촌한강맨션 660세대(임0), 시총1.77조(5.9%), 평균 26.9억원(110.61㎡), 1971년
6. 용산구 도원동. 도원삼성 1458세대(임0), 시총1.79조(6%), 평균 12.1억원(84.87㎡), 2001년
7. 용산구 이촌동. 이촌강촌 1001세대(임0), 시총1.71조(5.7%), 평균 17.1억원(86.66㎡), 1998년
8. 용산구 이촌동. 이촌벨라우스 460세대(임0), 시총1.57조(5.3%), 평균 34억원(124.92㎡), 2015년 ◀아촌 렉스(1974)
9. 용산구 신계동. 신계용산e편 867세대(임168), 시총1.2조(4%), 평균 17.1억원(93.21㎡), 2011년
10. 용산구 이촌동. 이촌한강대우 834세대(임0), 시총1.52조(5.1%), 평균 18.2억원(94.76㎡), 2000년

4.용산구A
Market Cap

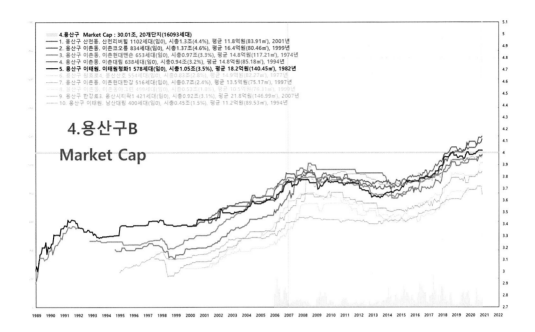

4.용산구 Market Cap : 30.01조, 20개단지(16093세대)
1. 용산구 산천동. 산천리버힐 1102세대(임0), 시총1.3조(4.4%), 평균 11.8억원(83.91㎡), 2001년
2. 용산구 이촌동. 이촌코오롱 834세대(임0), 시총1.37조(4.6%), 평균 16.4억원(80.46㎡), 1999년
3. 용산구 이촌동. 이촌현대맨숀 653세대(임0), 시총0.97조(3.3%), 평균 14.8억원(117.21㎡), 1974년
4. 용산구 이촌동. 이촌대림 638세대(임0), 시총0.94조(3.2%), 평균 14.8억원(85.18㎡), 1994년
5. 용산구 이태원. 이태원청화1 578세대(임0), 시총1.05조(3.5%), 평균 18.2억원(140.45㎡), 1982년
6. 용산구 청파동4. 용산산호 554세대(임0), 시총0.83조(2.8%), 평균 14.9억원(82.27㎡), 1977년
7. 용산구 이촌동. 이촌현대한강 516세대(임0), 시총0.7조(2.4%), 평균 13.5억원(75.17㎡), 1997년
8. 용산구 이촌동. 이촌동아 1단 499세대(임0), 시총0.53조(1.8%), 평균 10.5억원(76.31㎡), 1999년
9. 용산구 한강로3. 용산시티파크1 421세대(임0), 시총0.92조(3.1%), 평균 21.8억원(146.99㎡), 2007년
10. 용산구 이태원. 남산대림 400세대(임0), 시총0.45조(1.5%), 평균 11.2억원(89.53㎡), 1994년

4.용산구B

Market Cap

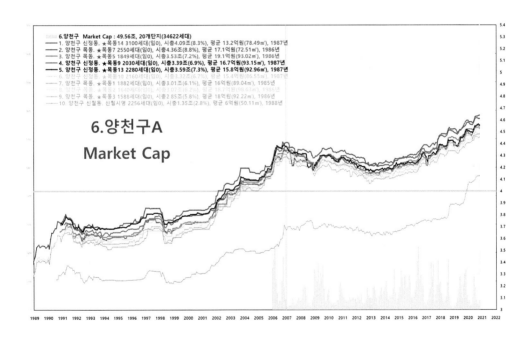

6.양천구 Market Cap : 49.56조, 20개단지(34622세대)
1. 양천구 신정동. ★목동14 3100세대(임0), 시총4.09조(8.3%), 평균 13.2억원(78.49㎡), 1987년
2. 양천구 목동. ★목동7 2550세대(임0), 시총4.36조(8.8%), 평균 17.1억원(72.51㎡), 1986년
3. 양천구 목동. ★목동5 1849세대(임0), 시총3.53조(7.2%), 평균 19.1억원(93.02㎡), 1986년
4. 양천구 신정동. ★목동9 2030세대(임0), 시총3.39조(6.9%), 평균 16.7억원(93.15㎡), 1987년
5. 양천구 신정동. ★목동13 2280세대(임0), 시총3.59조(7.3%), 평균 15.8억원(92.96㎡), 1987년
6. 양천구 신정동. ★목동10 2160세대(임0), 시총3.32조(6.7%), 평균 14.9억원(86.55㎡), 1987년
7. 양천구 목동. ★목동1 1882세대(임0), 시총3.01조(6.1%), 평균 16억원(89.04㎡), 1985년
8. 양천구 목동. ★목동2 1640세대(임0), 시총3.07조(6.2%), 평균 17억원(90.63㎡), 1985년
9. 양천구 목동. ★목동3 1586세대(임0), 시총2.85조(5.8%), 평균 18억원(92.22㎡), 1986년
10. 양천구 신월동. 신월시영 2256세대(임0), 시총1.35조(2.8%), 평균 6억원(50.11㎡), 1988년

6.양천구A

Market Cap

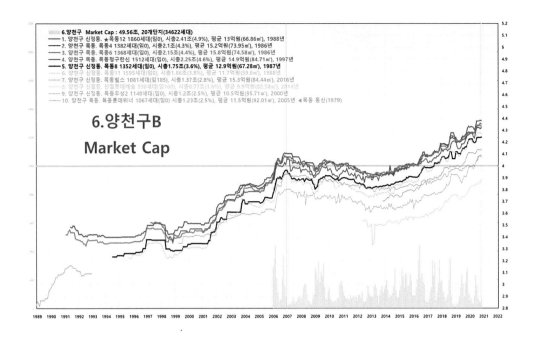

6.양천구 Market Cap : 49.56조, 20개단지(34622세대)
- 1. 양천구 신정동. ★목동12 1860세대(임0), 시총2.41조(4.9%), 평균 13억원(66.86㎡), 1988년
- 2. 양천구 목동. 목동4 1382세대(임0), 시총2.1조(4.3%), 평균 15.2억원(73.95㎡), 1986년
- 3. 양천구 목동. 목동6 1368세대(임0), 시총2.15조(4.4%), 평균 15.8억원(74.58㎡), 1986년
- 4. 양천구 목동. 목동청구한신 1512세대(임0), 시총2.25조(4.6%), 평균 14.9억원(84.71㎡), 1997년
- **5. 양천구 신정동. 목동8 1352세대(임0), 시총1.75조(3.6%), 평균 12.9억원(67.28㎡), 1987년**
- 6. 양천구 신정동. 목동11 1595세대(임0), 시총1.86조(3.8%), 평균 11.7억원(59.6㎡), 1988년
- 7. 양천구 신정동. 목동윌스 1081세대(임185), 시총1.37조(2.8%), 평균 15.3억원(84.44㎡), 2015년
- 8. 양천구 신정동. 신정테마을 330세대(임160), 시총0.77조(1.6%), 평균 9.9억원(52.58㎡), 2014년
- 9. 양천구 신정동. 목동우성2 1140세대(임0), 시총1.2조(2.5%), 평균 10.5억원(95.71㎡), 2000년
- 10. 양천구 목동. 목동롯데위너 1067세대(임0), 시총1.23조(2.5%), 평균 11.5억원(92.01㎡), 2005년 ◀목동 동신(1979)

6.양천구B
Market Cap

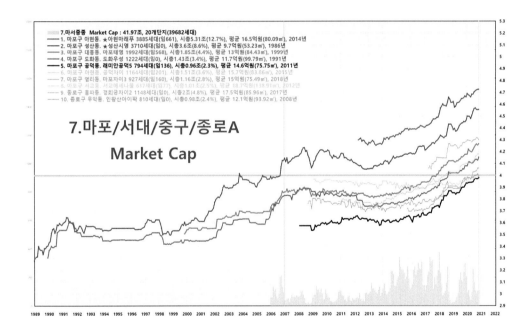

7.마서중종 Market Cap : 41.97조, 20개단지(39682세대)
- 1. 마포구 아현동. ★아현마래푸 3885세대(임661), 시총5.31조(12.7%), 평균 16.5억원(80.09㎡), 2014년
- 2. 마포구 성산동. ★성산시영 3710세대(임0), 시총3.6조(8.6%), 평균 9.7억원(53.23㎡), 1986년
- 3. 마포구 대흥동. 마포태영 1992세대(임568), 시총1.85조(4.4%), 평균 13억원(84.43㎡), 1999년
- 4. 마포구 도화동. 도화우성 1222세대(임0), 시총1.43조(3.4%), 평균 11.7억원(99.79㎡), 1991년
- **5. 마포구 공덕동. 래미안공덕5 794세대(임136), 시총0.96조(2.3%), 평균 14.6억원(75.75㎡), 2011년**
- 6. 마포구 아현동. 공덕자이 1164세대(임201), 시총1.51조(3.6%), 평균 15.7억원(83.86㎡), 2015년
- 7. 마포구 염리동. 마포자이3 927세대(임160), 시총1.16조(2.8%), 평균 15억원(75.49㎡), 2018년
- 8. 마포구 서교동. 서교예미울 617세대(임77), 시총1.01조(2.5%), 평균 18.7억원(113.91㎡), 2012년
- 9. 종로구 홍파동. 경희궁자이2 1148세대(임0), 시총2조(4.8%), 평균 17.5억원(85.96㎡), 2017년
- 10. 종로구 무악동. 인왕산아이파크 810세대(임0), 시총0.98조(2.4%), 평균 12.1억원(93.92㎡), 2008년.

7.마포/서대/중구/종로A
Market Cap

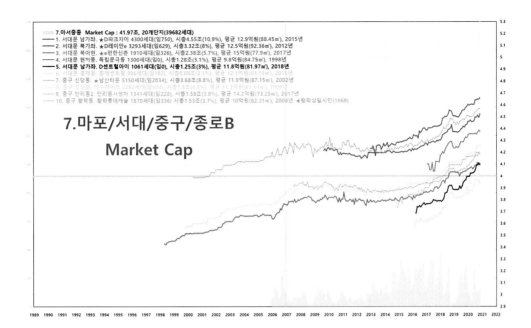

7.마서중종 Market Cap : 41.97조, 20개단지(39682세대)
1. 서대문 남가좌. ★D파크자이 4300세대(임750), 시총4.55조(10.9%), 평균 12.9억원(88.45㎡), 2015년
2. 서대문 북가좌. ★D래미안e 3293세대(임629), 시총3.32조(8%), 평균 12.5억원(92.36㎡), 2012년
3. 서대문 북아현. ★e편한신촌 1910세대(임326), 시총2.38조(5.7%), 평균 15억원(77.9㎡), 2017년
4. 서대문 현저동. 독립문극동 1300세대(임0), 시총1.28조(3.1%), 평균 9.8억원(84.75㎡), 1998년
5. 서대문 남가좌. D센트럴아이 1061세대(임0), 시총1.25조(3%), 평균 11.8억원(81.97㎡), 2018년
6. 서대문 홍제동. 홍제센트럴 906세대(임182), 시총0.88조(2.1%), 평균 12.1억원(84.14㎡), 2018년
7. 중구 신당동. ★남산타운 5150세대(임2034), 시총3.68조(8.8%), 평균 11.9억원(87.15㎡), 2002년
8. 중구 신당동. 약수하이츠 2282세대(임684), 시총1.8조(4.3%), 평균1.8억원(81.14㎡), 1999년
9. 중구 만리동2. 만리동서센자 1341세대(임228), 시총1.58조(3.8%), 평균 14.2억원(73.25㎡), 2017년
10. 중구 황학동. 황학롯데캐슬 1870세대(임336), 시총1.53조(3.7%), 평균 10억원(82.31㎡), 2008년 ◀황학삼일시민(1969)

7.마포/서대/중구/종로B

Market Cap

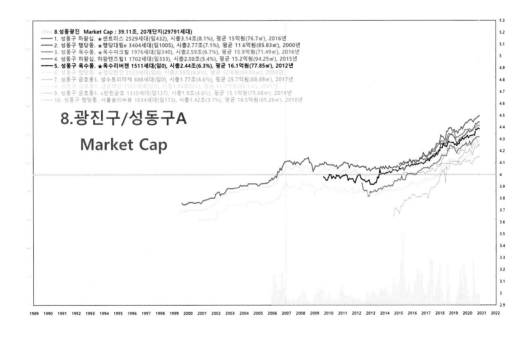

8.성동광진 Market Cap : 39.11조, 20개단지(29791세대)
1. 성동구 하왕십. ★센트라스 2529세대(임432), 시총3.14조(8.1%), 평균 15억원(76.7㎡), 2016년
2. 성동구 행당동. ★행당대림e 3404세대(임1005), 시총2.77조(7.1%), 평균 11.6억원(85.83㎡), 2000년
3. 성동구 옥수동. ★옥수파크힐 1976세대(임340), 시총2.59조(6.7%), 평균 15.9억원(71.49㎡), 2016년
4. 성동구 하왕십. 하왕텐즈힐 1702세대(임333), 시총2.08조(5.4%), 평균 15.2억원(94.25㎡), 2015년
5. 성동구 옥수동. ★옥수리버젠 1511세대(임0), 시총2.44조(6.3%), 평균 16.1억원(77.85㎡), 2012년
6. 성동구 행당동. ★행당한일 2123세대(임0), 시총2.55조(6.6%), 평균 12억원(84.05㎡), 2000년
7. 성동구 금호동1. 성수트리마제 688세대(임0), 시총1.77조(4.6%), 평균 25.7억원(88.88㎡), 2017년
8. 성동구 금호동1. 금호벽산e 1707세대(임0), 시총1.8조(5%), 평균 11.3억원(86.1㎡), 2001년
9. 성동구 금호동1. e편한금호 1330세대(임137), 시총1.8조(4.6%), 평균 15.1억원(75.68㎡), 2019년
10. 성동구 행당동. 서울숲리버뷰 1034세대(임173), 시총1.42조(3.7%), 평균 16.5억원(85.26㎡), 2018년

8.광진구/성동구A

Market Cap

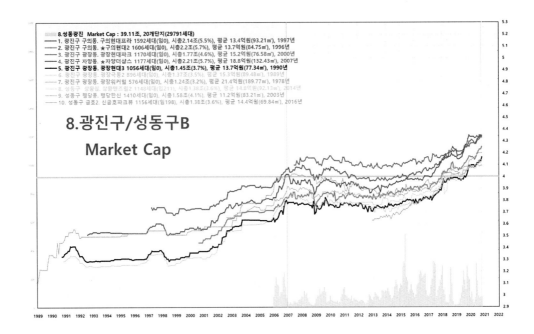

8.성동광진 Market Cap : 39.11조, 20개단지(29791세대)
1. 광진구 구의동. 구의현대프라 1592세대(임0), 시총2.14조(5.5%), 평균 13.4억원(93.21㎡), 1997년
2. 광진구 구의동. ★구의현대2 1606세대(임0), 시총2.2조(5.7%), 평균 13.7억원(84.75㎡), 1996년
3. 광진구 광장동. 광장현대파크 1170세대(임0), 시총1.77조(4.6%), 평균 15.2억원(76.58㎡), 2000년
4. 광진구 자양동. ★자양더샵스 1177세대(임0), 시총2.21조(5.7%), 평균 18.8억원(132.43㎡), 2007년
5. 광진구 광장동. 광장현대3 1056세대(임0), 시총1.45조(3.7%), 평균 13.7억원(77.34㎡), 1990년
6. 광진구 광장동. 광장극동2 896세대(임0), 시총1.37조(3.5%), 평균 15.3억원(89.48㎡), 1989년
7. 광진구 광장동. 광장워커힐 576세대(임0), 시총1.24조(3.2%), 평균 21.4억원(189.77㎡), 1978년
8. 광진구 광장동. 광장현대2 1140세대(임21), 시총1.38조(3.6%), 평균 14.8억원(92.13㎡), 2014년
9. 성동구 행당동. 행당한신 1410세대(임0), 시총1.58조(4.1%), 평균 11.2억원(83.21㎡), 2003년
10. 성동구 금호2. 신금호파크뷰 1156세대(임198), 시총1.38조(3.6%), 평균 14.4억원(69.84㎡), 2016년

8.광진구/성동구B
Market Cap

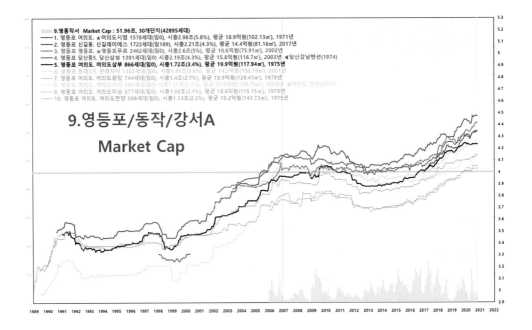

9.영동작서 Market Cap : 51.96조, 30개단지(42895세대)
1. 영등포 여의도. ★여의도시범 1578세대(임0), 시총2.98조(5.8%), 평균 18.9억원(102.13㎡), 1971년
2. 영등포 신길동. 신길래미안스 1722세대(임189), 시총2.21조(4.3%), 평균 14.4억원(81.16㎡), 2017년
3. 영등포 영등포. ★영등포푸르 2462세대(임0), 시총2.6조(5%), 평균 10.6억원(75.91㎡), 2002년
4. 영등포 당산동5. 당산삼성 1391세대(임0), 시총2.19조(4.3%), 평균 15.8억원(116.7㎡), 2003년 ◀당산강남맨션(1974)
5. 영등포 여의도. 여의도삼부 866세대(임0), 시총1.72조(3.4%), 평균 19.9억원(117.94㎡), 1975년
6. 영등포 문래3가. 문래자이 1302세대(임0), 시총1.85조(3.6%), 평균 14.2억원(106.19㎡), 2001년
7. 영등포 여의도. 여의도광장 744세대(임0), 시총1.4조(2.7%), 평균 18.9억원(128.41㎡), 1978년
8. 영등포 여의도. 여의도미주 580세대(임0), 시총1.37조(2.7%), 평균 23.5억원(159.75㎡), 2008년 ◀여의도 한성(1977)
9. 영등포 여의도. 여의도미성 577세대(임0), 시총1.08조(2.1%), 평균 18.6억원(115.15㎡), 1978년
10. 영등포 여의도. 여의도한양 588세대(임0), 시총1.13조(2.2%), 평균 19.2억원(143.73㎡), 1975년

9.영등포/동작/강서A
Market Cap

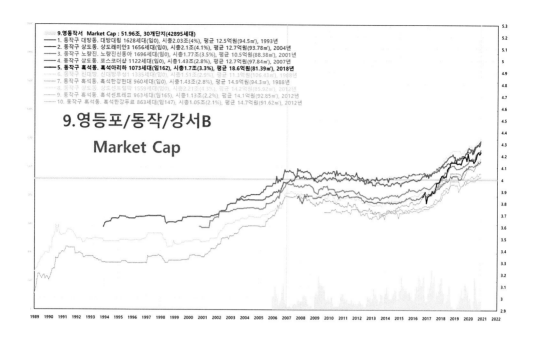

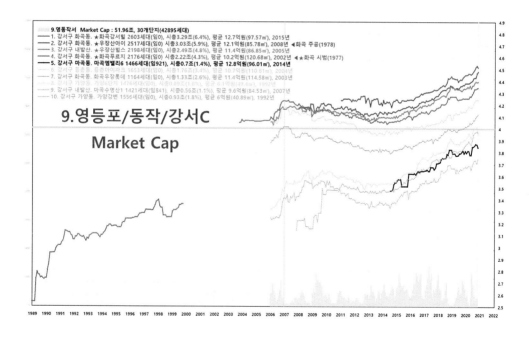

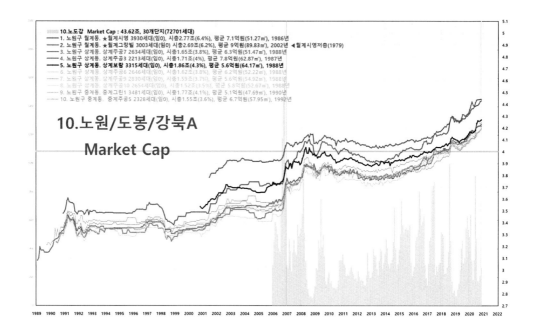

10.노도강 Market Cap : 43.62조, 30개단지(72701세대)
1. 노원구 월계동. ★월계시영 3930세대(임0), 시총2.77조(6.4%), 평균 7.1억원(51.27㎡), 1986년
2. 노원구 월계동. ★월계그랑빌 3003세대(임0), 시총2.69조(6.2%), 평균 9억원(89.83㎡), 2002년 ◀월계시영저층(1979)
3. 노원구 상계동. 상계주공7 2634세대(임0), 시총1.65조(3.8%), 평균 6.3억원(51.47㎡), 1988년
4. 노원구 상계동. 상계주공3 2213세대(임0), 시총1.71조(4%), 평균 7.8억원(62.87㎡), 1987년
5. 노원구 상계동. 상계보람 3315세대(임0), 시총1.86조(4.3%), 평균 5.6억원(64.17㎡), 1988년
6. 노원구 상계동. 상계주공6 2646세대(임0), 시총1.62조(3.8%), 평균 6.2억원(62.87㎡), 1988년
7. 노원구 상계동. 상계주공3 2830세대(임0), 시총1.59조(3.7%), 평균 5.6억원(54.92㎡), 1988년
8. 노원구 상계동. 상계주공10 2654세대(임0), 시총1.52조(3.5%), 평균 5.6억원(52.67㎡), 1988년
9. 노원구 중계동. 중계그린1 3481세대(임0), 시총1.77조(4.1%), 평균 5.1억원(47.69㎡), 1990년
10. 노원구 중계동. 중계주공5 2328세대(임0), 시총1.55조(3.6%), 평균 6.7억원(57.95㎡), 1992년

10.노원/도봉/강북A

Market Cap

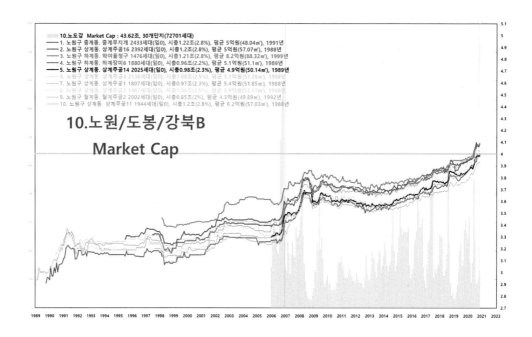

10.노도강 Market Cap : 43.62조, 30개단지(72701세대)
1. 노원구 중계동. 중계무지개 2433세대(임0), 시총1.22조(2.8%), 평균 5억원(48.04㎡), 1991년
2. 노원구 상계동. 상계주공16 2392세대(임0), 시총1.2조(2.8%), 평균 5억원(57.07㎡), 1988년
3. 노원구 하계동. 학여울청구 1476세대(임0), 시총1.21조(2.8%), 평균 8.2억원(88.32㎡), 1999년
4. 노원구 하계동. 하계장미6 1880세대(임0), 시총0.96조(2.2%), 평균 5.1억원(51.1㎡), 1989년
5. 노원구 상계동. 상계주공14 2025세대(임0), 시총0.98조(2.3%), 평균 4.9억원(50.14㎡), 1989년
6. 노원구 상계동. 상계주공4 2136세대(임0), 시총1.08조(2.5%), 평균 5억원(51.28㎡), 1988년
7. 노원구 상계동. 상계주공1 1807세대(임0), 시총0.97조(2.3%), 평균 5억원(51.85㎡), 1988년
8. 노원구 상계동. 상계주공2 1807세대(임0), 시총1.06조(2.4%), 평균 5억원(53.17㎡), 1988년
9. 노원구 월계동. 월계주공2 2002세대(임0), 시총0.85조(2%), 평균 4.3억원(49.89㎡), 1992년
10. 노원구 상계동. 상계주공11 1944세대(임0), 시총1.2조(2.8%), 평균 6.2억원(57.03㎡), 1988년

10.노원/도봉/강북B

Market Cap

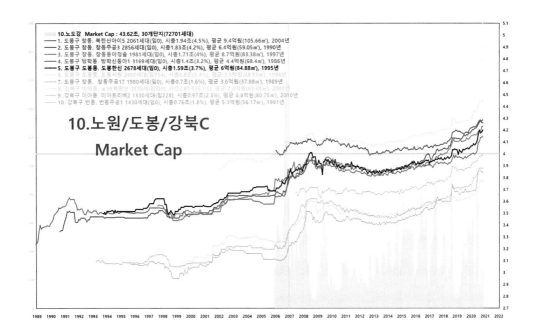

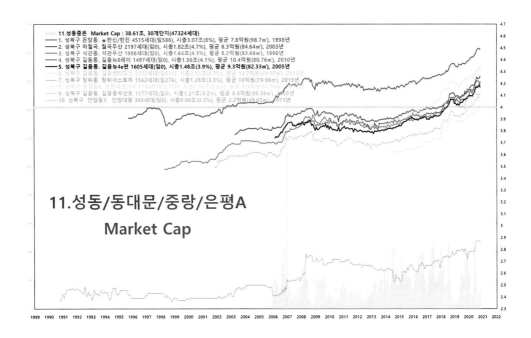

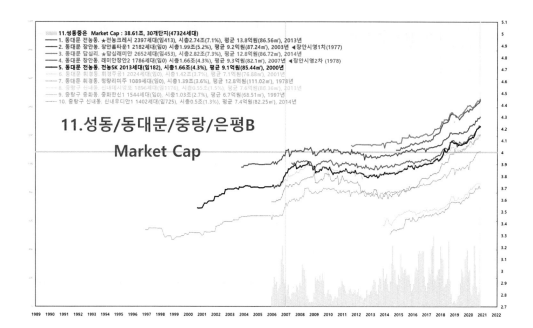

11.성동중은 Market Cap : 38.61조, 30개단지(47324세대)
1. 동대문 전농동. ★전농크레시 2397세대(임413), 시총2.74조(7.1%), 평균 13.8억원(86.56㎡), 2013년
2. 동대문 장안동. 장안힐스테이트1 2182세대(임0) 시총1.99조(5.2%), 평균 9.2억원(87.24㎡), 2003년 ◀장안시영1차 (1977)
3. 동대문 답십리. ★답십리미안 2652세대(임453), 시총2.82조(7.3%), 평균 12.8억원(86.72㎡), 2014년
4. 동대문 장안동. 래미안장안2 1786세대(임0) 시총1.66조(4.3%), 평균 9.3억원(82.1㎡), 2007년 ◀장안시영2차 (1978)
5. 동대문 전농동. 전농SK 2013세대(임182), 시총1.66조(4.3%), 평균 9.1억원(85.44㎡), 2000년
6. 동대문 휘경동. 휘경주공1 2024세대(임0), 시총1.42조(3.7%), 평균 7.1억원(76.88㎡), 2001년
7. 동대문 휘경동. 청량리미주 1089세대(임0), 시총1.39조(3.6%), 평균 12.8억원(111.02㎡), 1978년
8. 중랑구 신내동. 신내데시앙2 1896세대(임1176), 시총0.55조(1.5%), 평균 7.6억원(88.36㎡), 2013년
9. 중랑구 중화동. 중화한신1 1544세대(임0), 시총1.03조(2.7%), 평균 6.7억원(68.51㎡), 1997년
10. 중랑구 신내동. 신내우디안1 1402세대(임725), 시총0.5조(1.3%), 평균 7.4억원(82.25㎡), 2014년

11.성동/동대문/중랑/은평B
Market Cap

11.성동중은 Market Cap : 38.61조, 30개단지(47324세대)
1. 은평구 진관동. 녹번래미베라 1305세대(임258), 시총1.19조(3.1%), 평균 11.3억원(77.39㎡), 2019년
2. 은평구 녹번동. 녹번북한푸르 1230세대(임155), 시총1.12조(2.9%), 평균 10.5억원(87.24㎡), 2015년
3. 은평구 불광동. 불광미성 1340세대(임0), 시총1.06조(2.8%), 평균 7.9억원(81.87㎡), 1988년
4. 은평구 불광동. 북한산힐스3 1185세대(임0) 시총0.98조(2.6%), 평균 8.3억원(76.5㎡), 2010년
5. 은평구 진관동. 진관박석휠1 947세대(임341), 시총0.52조(1.4%), 평균 8.5억원(82.27㎡), 2009년
6. 은평구 녹번동. 녹번힐스 952세대(임182), 시총0.82조(2.2%), 평균 10.7억원(69.72㎡), 2018년
7. 은평구 응암동. 백련산힐스2 1148세대(임255), 시총0.76조(2%), 평균 8.5억원(76.08㎡), 2011년
8. 은평구 불광동. 불광현대대로 488세대(임0), 시총0.47조(1.3%), 평균 9.5억원(72.46㎡), 2018년
9. 은평구 불광동. 불광현대힐 662세대(임0), 시총0.52조(1.4%), 평균 7.9억원(82.34㎡), 2004년
10. 은평구 신사동. 신사현대2 445세대(임0), 시총0.26조(0.7%), 평균 5.8억원(84.83㎡), 1997년

11.성동/동대문/중랑/은평C
Market Cap

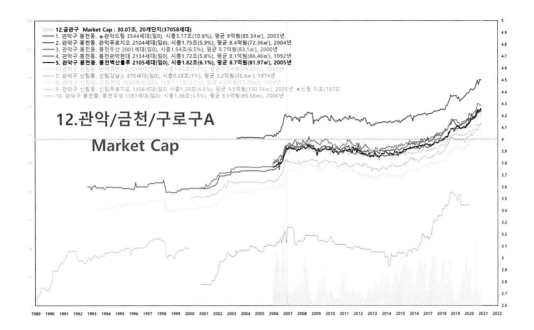

12.금관구 Market Cap : 30.07조, 20개단지(37058세대)
1. 관악구 봉천동. ★관악드림 3544세대(임0), 시총3.17조(10.6%), 평균 9억원(85.34㎡), 2003년
2. 관악구 봉천동. 관악푸르지오 2104세대(임0), 시총1.75조(5.9%), 평균 8.4억원(72.36㎡), 2004년
3. 관악구 봉천동. 봉천두산 2001세대(임0), 시총1.94조(6.5%), 평균 9.7억원(83.1㎡), 2000년
4. 관악구 봉천동. 봉천관악현대 2134세대(임0), 시총1.72조(5.8%), 평균 8.1억원(86.46㎡), 1992년
5. 관악구 봉천동. 봉천벽산블루 2105세대(임0), 시총1.82조(6.1%), 평균 8.7억원(81.97㎡), 2005년
6. 관악구 신림동. 신림현대 2265세대(임0), 시총1.63조(5.4%), 평균 7억원(84.45㎡), 2005년
7. 관악구 신림동. 신림강남② 876세대(임0), 시총0.28조(1%), 평균 3.2억원(45.6㎡), 1974년
8. 관악구 신림동. 신림현대I 1634세대(임0), 시총1.11조(3.7%), 평균 6.8억원(77.23㎡), 1993년
9. 관악구 신림동. 신림푸르지오 1456세대(임0), 시총1.38조(4.6%), 평균 9.5억원(100.14㎡), 2005년 ◀신림 미도(1978)
10. 관악구 봉천동. 봉천우성 1597세대(임0), 시총1.36조(4.5%), 평균 8.5억원(85.68㎡), 2000년

12.관악/금천/구로구A

Market Cap

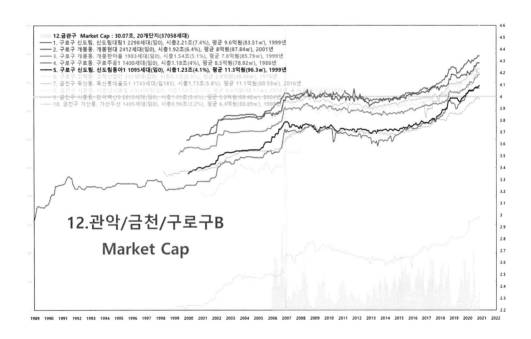

12.금관구 Market Cap : 30.07조, 20개단지(37058세대)
1. 구로구 신도림. 신도림대림1 2298세대(임0), 시총2.21조(7.4%), 평균 9.6억원(83.51㎡), 1999년
2. 구로구 개봉동. 개봉현대 2412세대(임0), 시총1.92조(6.4%), 평균 8억원(87.84㎡), 2001년
3. 구로구 개봉동. 개봉한마을 1983세대(임0), 시총1.54조(5.1%), 평균 7.8억원(85.79㎡), 1999년
4. 구로구 구로동. 구로주공1 1400세대(임0), 시총1.18조(4%), 평균 8.5억원(78.92㎡), 1986년
5. 구로구 신도림. 신도림동아1 1095세대(임0), 시총1.23조(4.1%), 평균 11.3억원(96.3㎡), 1999년
6. 구로구 고척동고척상우인 342세대(임0), 시총0.10조(0.3%), 평균 2.9억원(48.45㎡), 1976년
7. 금천구 독산동. 독산롯데골드1 1743세대(임183), 시총1.73조(5.8%), 평균 11.1억원(80.59㎡), 2016년
8. 관악구 신림동. 신림(서울대) 1762세대(임0), 시총1.52조(5.1%), 평균 7.5억원(89.11㎡), 2014년 ◀신림 미도(1978)
9. 금천구 시흥동. 관악벽산5 2810세대(임0), 시총1.01조(3.4%), 평균 5.8억원(86.36㎡), 2004년
10. 금천구 가산동. 가산두산 1495세대(임0), 시총0.96조(3.2%), 평균 6.4억원(80.89㎡), 1998년

12.관악/금천/구로구B

Market Cap

강동구 동별 시가총액 차트

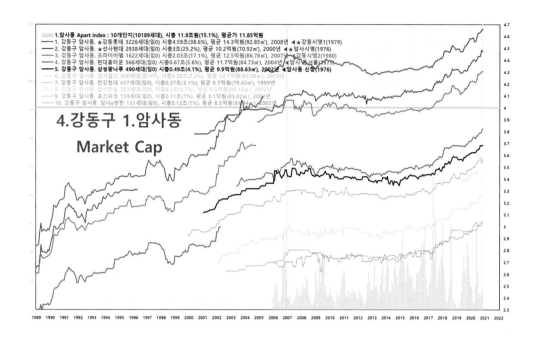

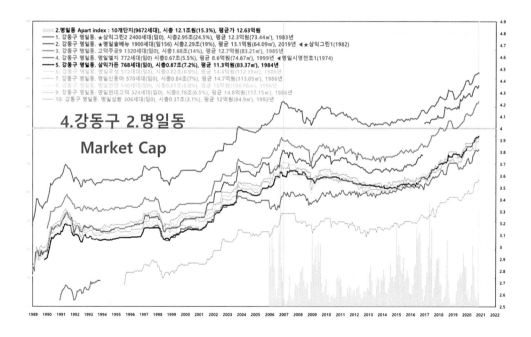

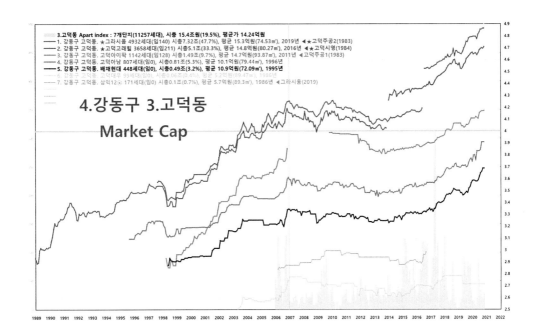

3.고덕동 Apart index : 7개단지(11257세대), 시총 15.4조원(19.5%), 평균가 14.24억원
1. 강동구 고덕동. ★그라시움 4932세대(임140) 시총7.32조(47.7%), 평균 15.3억원(74.53㎡), 2019년 ◀★고덕주공2(1983)
2. 강동구 고덕동. ★고덕그래티일 3658세대(임211) 시총5.1조(33.3%), 평균 14.8억원(80.27㎡), 2016년 ◀◀고덕시영(1984)
3. 강동구 고덕동. 고덕아이팍 1142세대(임128) 시총1.49조(9.7%), 평균 14.7억원(93.87㎡), 2011년 ◀고덕주공1(1983)
4. 강동구 고덕동. 고덕아남 807세대(임0), 시총0.81조(5.3%), 평균 10.1억원(79.44㎡), 1996년
5. 강동구 고덕동. 배재현대 448세대(임0), 시총0.49조(3.2%), 평균 10.9억원(72.09㎡), 1995년
6. 강동구 고덕동. 고덕대우 99세대(임0), 시총0.06조(0.4%), 평균 5.2억원(89.47㎡), 1986년
7. 강동구 고덕동. 삼익12 171세대(임0) 시총0.1조(0.7%), 평균 5.7억원(89.3㎡), 1986년 ◀그라시움(2019)

4.강동구 3.고덕동
Market Cap

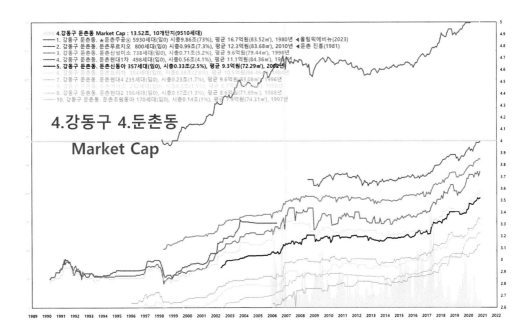

4.강동구 둔촌동 Market Cap : 13.52조, 10개단지(9510세대)
1. 강동구 둔촌동. ★둔촌주공⊗ 5930세대(임0) 시총9.86조(73%), 평균 16.7억원(83.52㎡), 1980년 ◀올림픽에비뉴(2023)
2. 강동구 둔촌동. 둔촌푸르지오 800세대(임0) 시총0.99조(7.3%), 평균 12.3억원(83.68㎡), 2010년 ◀둔촌 진흥(1981)
3. 강동구 둔촌동. 둔촌신성미소 738세대(임0), 시총0.71조(5.2%), 평균 9.6억원(79.44㎡), 1998년
4. 강동구 둔촌동. 둔촌현대1차 498세대(임0), 시총0.56조(4.1%), 평균 11.1억원(84.36㎡), 19△△년
5. 강동구 둔촌동. 둔촌신동아 357세대(임0), 시총0.33조(2.5%), 평균 9.3억원(72.29㎡), 2002년
6. 강동구 둔촌동. 둔촌프라자 354세대(임0), 시총0.38조(2.8%), 평균 10.5억원(96.46㎡), 1984년
7. 강동구 둔촌동. 둔촌현대4 235세대(임0), 시총0.23조(1.7%), 평균 9.6억원(83.08㎡), 1996년
8. 강동구 둔촌동. 둔촌쥬어스 232세대(임0), 시총0.2조(1.5%), 평균 8.6억원(71.69㎡), 1988년
9. 강동구 둔촌동. 둔촌현대2 196세대(임0), 시총0.17조(1.3%), 평균 8.65억원(71.69㎡), 1988년
10. 강동구 둔촌동. 둔촌초원동아 170세대(임0), 시총0.14조(1%), 평균 7.9억원(74.31㎡), 1997년

4.강동구 4.둔촌동
Market Cap

5.강동구 상일동 Market Cap : 13.25조, 8개단지(13060세대)
1. 강동구 상일동. ★아르테온 4066세대(임108) 시총5.83조(44%), 평균 14.8억원(79.22㎡), 2020년 ◀★고덕주공3(1983)
2. 강동구 상일동. 고덕베네루체 1859세대(임97) 시총2.46조(18.6%), 평균 14억원(80.05㎡), 2019년 ◀고덕주공7(1983)
3. 강동구 상일동. ★고센아 1745세대(임96) 시총2.26조(17.1%), 평균 13.8억원(76.51㎡), 2019년 ◀고덕주공4(1983)
4. 강동구 상일동. 고덕숲아이 687세대(임247) 시총0.78조(5.9%), 평균 11.8억원(77.6㎡), 2018년 ◀고덕주공4(1983)
5. 강동구 상일동. 고덕리엔즈 2283세대(임1814) 시총0.47조(3.6%), 평균 10억원(81.11㎡), 2011년
6. 강동구 상일동. 중앙하이츠 410세대(임0) 시총0.35조(2.7%), 평균 8.5억원(74.54㎡), 1992년
7. 강동구 상일동. 상일동아 186세대(임0) 시총0.12조(0.9%), 평균 6.1억원(69.21㎡), 1997년
8. 강동구 상일동. ★고덕자이 1824세대(임0) 시총2.59조(7.6%), 평균 14.2억원(100.98㎡), 2021년 ◀고덕주공6(1983)

4.강동구 5.상일동
Market Cap

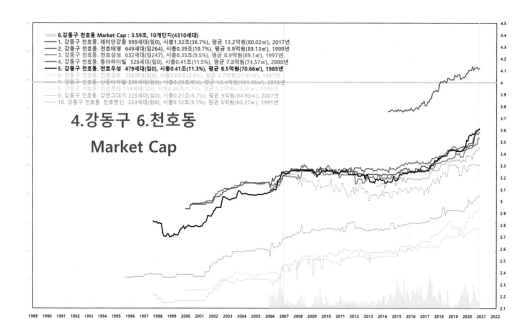

6.강동구 천호동 Market Cap : 3.59조, 10개단지(4310세대)
1. 강동구 천호동. 래미안강동 999세대(임0) 시총1.32조(36.7%), 평균 13.2억원(80.02㎡), 2017년
2. 강동구 천호동. 천호태영 649세대(임264) 시총0.39조(10.7%), 평균 9.9억원(89.13㎡), 1999년
3. 강동구 천호동. 천호삼성 632세대(임247) 시총0.35조(9.5%), 평균 8.9억원(89.1㎡), 1997년
4. 강동구 천호동. 동아하이빌 526세대(임0) 시총0.41조(11.5%), 평균 7.8억원(74.57㎡), 2000년
5. 강동구 천호동. 현대우성 479세대(임0) 시총0.41조(11.3%), 평균 8.5억원(70.66㎡), 1985년
6. 강동구 천호동. 천호금호 232세대(임0) 시총0.09조(2.4%), 평균 3.7억원(27.61㎡), 1987년
7. 강동구 천호동. 신동아리버 230세대(임0) 시총0.29조(8%), 평균 12.4억원(101.06㎡), 2015년
8. 강동구 천호동. 천호로데오 114세대(임0) 시총0.06조(1.7%), 평균 5.2억원(73.58㎡), 1999년
9. 강동구 천호동. 강변그대가 225세대(임0) 시총0.21조(5.7%), 평균 9억원(84.93㎡), 2007년
10. 강동구 천호동. 천호한신 224세대(임0) 시총0.12조(3.1%), 평균 5억원(63.27㎡), 1991년

4.강동구 6.천호동
Market Cap

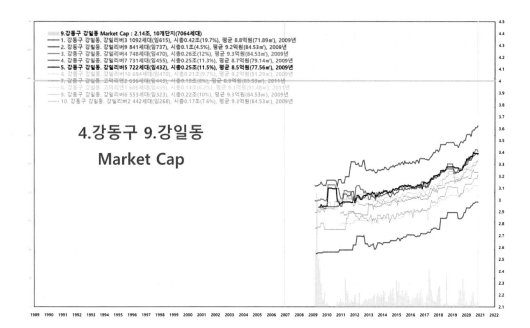

서울시 구별 4년간 수익률 차트

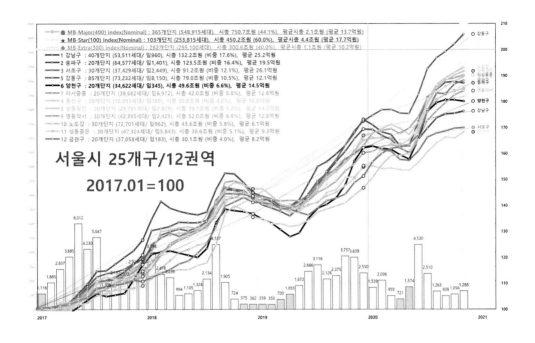

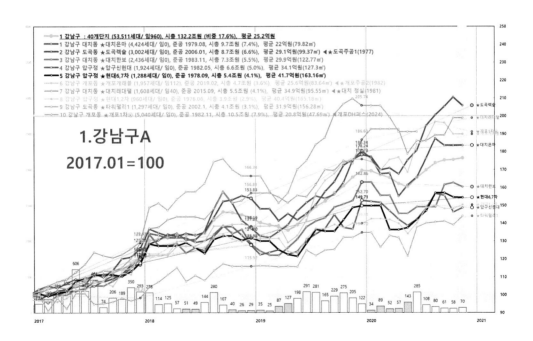

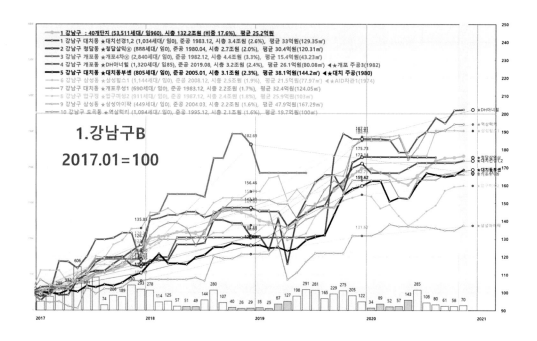

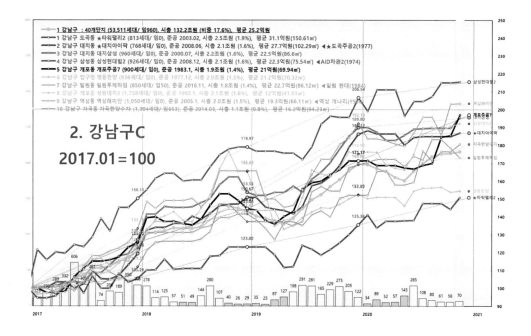

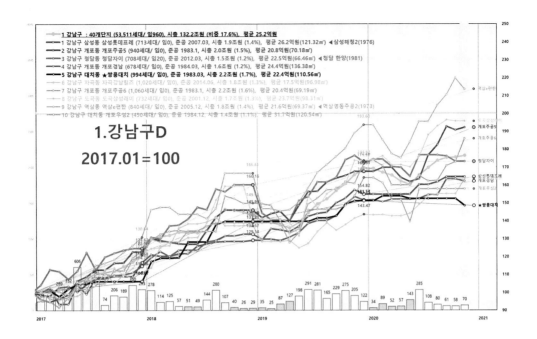

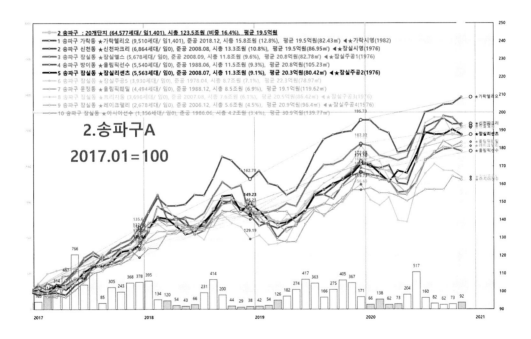

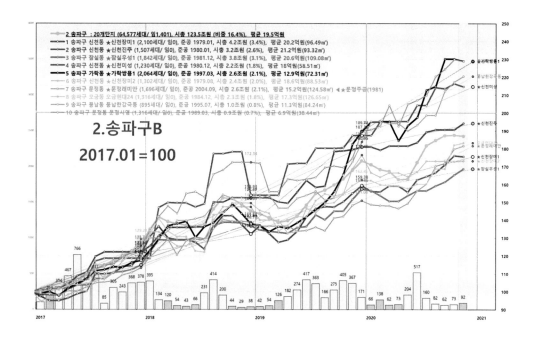

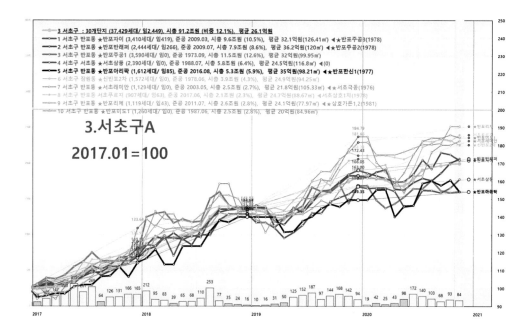

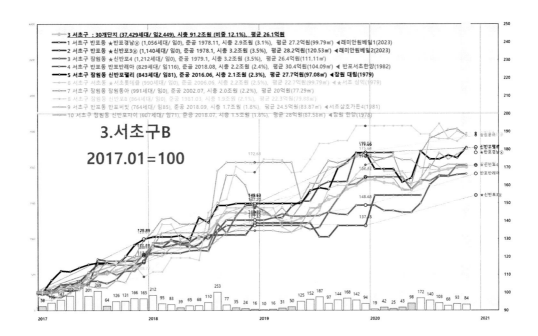

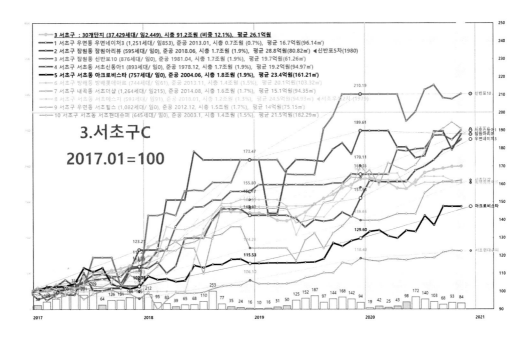

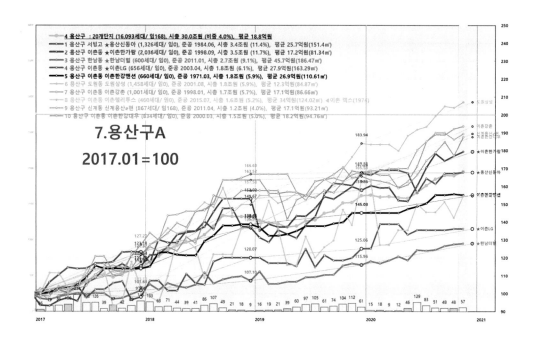

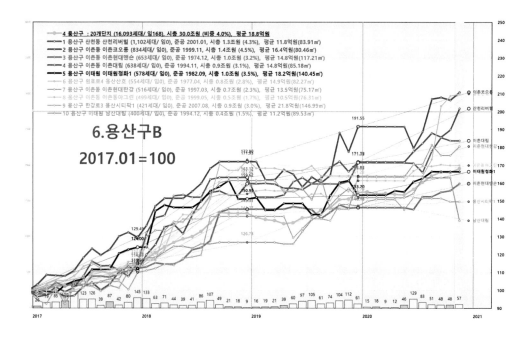

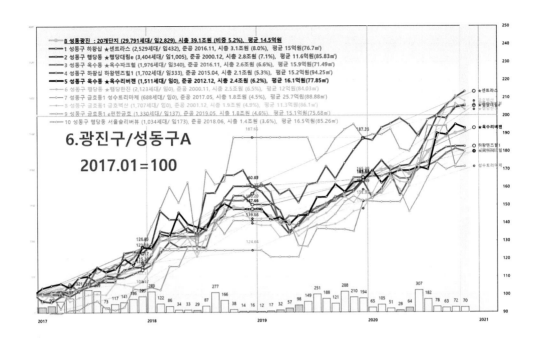

6.광진구/성동구A

2017.01=100

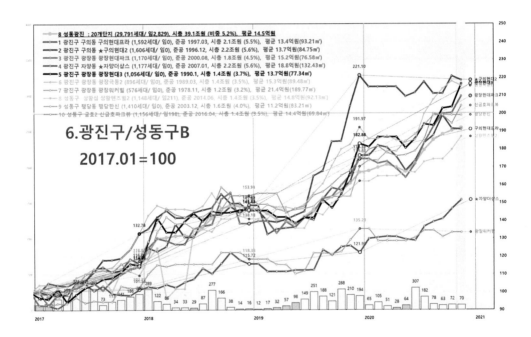

6.광진구/성동구B

2017.01=100

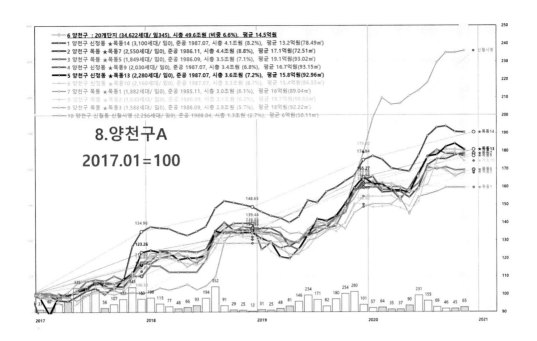

8.양천구A

2017.01 = 100

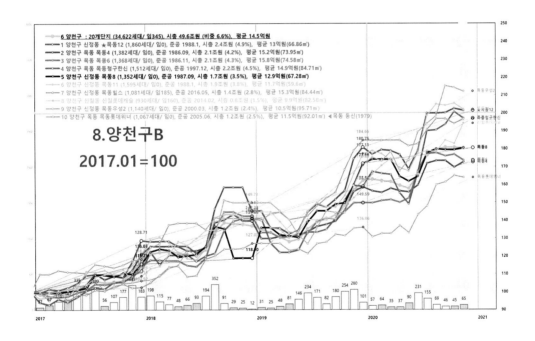

8.양천구B

2017.01 = 100

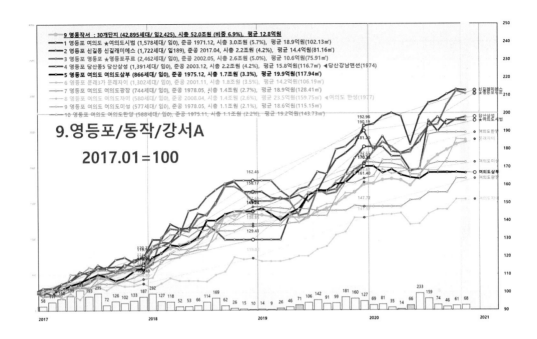

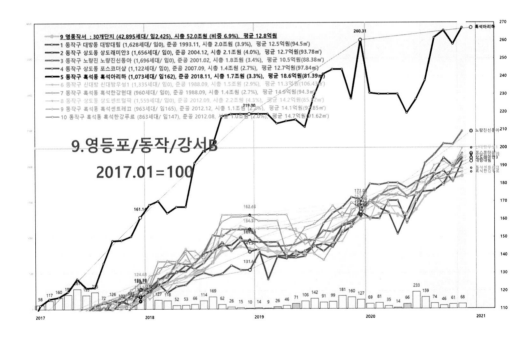

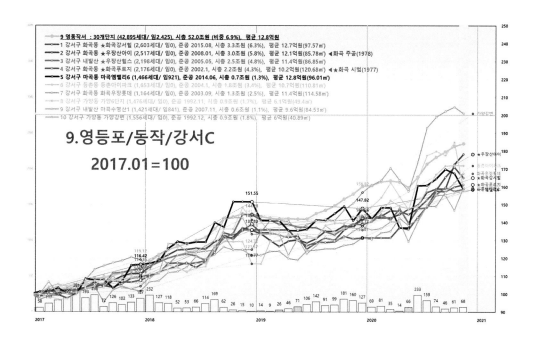

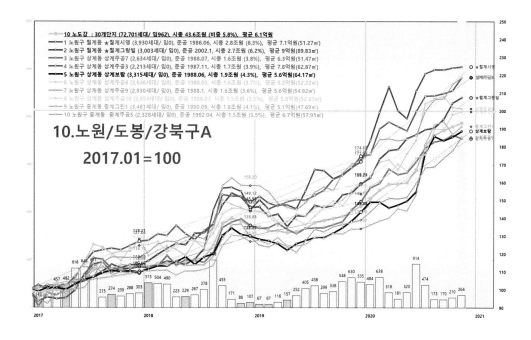

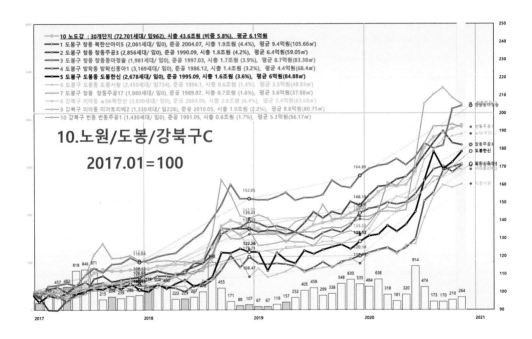

11. 성동구영 : 30개단지 (47,324세대/ 임5,843), 시총 38.6조원 (비중 5.1%), 평균 9.3억원
1 은평구 녹번동 녹번래미베라 (1,305세대/ 임258), 준공 2019.08, 시총 1.2조원 (3.1%), 평균 11.3억원(77.39㎡)
2 은평구 녹번동 녹번북한푸르 (1,230세대/ 임155), 준공 2015.07, 시총 1.1조원 (2.9%), 평균 10.5억원(85.18㎡)
3 은평구 불광동 불광미성 (1,340세대/ 임0), 준공 1988.1, 시총 1조원 (2.7%), 평균 7.9억원(81.87㎡)
4 은평구 불광동 북한산힐스3 (1,185세대/ 임0), 준공 2010.08, 시총 1조원 (2.5%), 평균 8.3억원(76.5㎡)
5 은평구 진관동 진관박석힐1 (947세대/ 임341), 준공 2009.01, 시총 0.5조원 (1.3%), 평균 8.5억원(82.27㎡)
6 은평구 녹번동 녹번힐스2 (952세대/ 임182), 준공 2018.1, 시총 0.8조원 (2.1%), 평균 10.7억원(69.72㎡)
7 은평구 응암동 백련산힐스2 (1,148세대/ 임255), 준공 2011.12, 시총 0.8조원 (2.0%), 평균 8.5억원(76.08㎡)
8 은평구 불광동 불광롯데캐슬 (488세대/ 임0), 준공 2018.11, 시총 0.5조원 (1.2%), 평균 9.6억원(72.46㎡)
9 은평구 불광동 불광현대홈 (662세대/ 임0), 준공 2004.05, 시총 0.5조원 (1.3%), 평균 7.9억원(82.34㎡)
10 은평구 신사동 신사현대2 (445세대/ 임0), 준공 1997.09, 시총 0.3조원 (0.7%), 평균 5.8억원(84.83㎡)

11.성북/동대문/중랑/은평C
2017.01=100

12 금관구영 : 20개단지 (37,058세대/ 임183), 시총 30.1조원 (비중 4.0%), 평균 8.2억원
1 관악구 봉천동 ★관악드림 (3,544세대/ 임0), 준공 2003.09, 시총 3.2조원 (10.5%), 평균 9억원(85.34㎡)
2 관악구 봉천동 관악푸르지오 (2,104세대/ 임0), 준공 2004.08, 시총 1.7조원 (5.8%), 평균 8.4억원(72.36㎡)
3 관악구 봉천동 봉천두산 (2,001세대/ 임0), 준공 2000.12, 시총 1.9조원 (6.4%), 평균 9.7억원(83.1㎡)
4 관악구 봉천동 봉천관악현대 (2,134세대/ 임0), 준공 1992.04, 시총 1.7조원 (5.7%), 평균 8.1억원(86.46㎡)
5 관악구 봉천동 봉천벽산블루 (2,105세대/ 임0), 준공 2005.07, 시총 1.8조원 (6.0%), 평균 8.7억원(81.97㎡)
6 관악구 신림동 관악휴먼1 (2,265세대/ 임0), 준공 2008.03, 시총 1.6조원 (5.4%), 평균 7.2억원(84.45㎡)
7 관악구 신림동 신림강남⊛ (876세대/ 임0), 준공 1974.05, 시총 0.3조원 (0.9%), 평균 5.5억원(45.6㎡)
8 관악구 신림동 신림현대 (1,834세대/ 임0), 준공 1993.05, 시총 1.1조원 (3.7%), 평균 6억원(77.28㎡)
9 관악구 신림동 신림푸르지오 (1,456세대/ 임0), 준공 2005.06, 시총 1.4조원 (4.6%), 평균 9.5억원(100.14㎡) ◀신림 미도(1978)
10 관악구 봉천동 봉천우성 (1,597세대/ 임0), 준공 2000.12, 시총 1.4조원 (4.5%), 평균 8.5억원(85.68㎡)

12.금천/관악/구로구A
2017.01=100

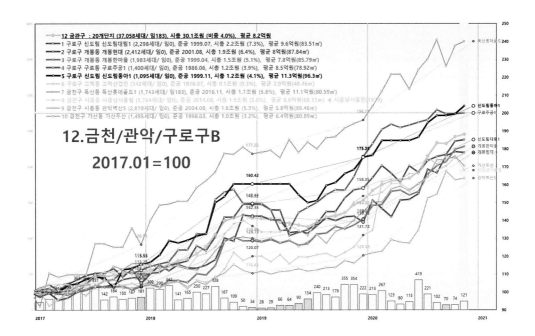

12.금천/관악/구로구B

2017.01=100

강동구 동별 4년간 수익률 차트

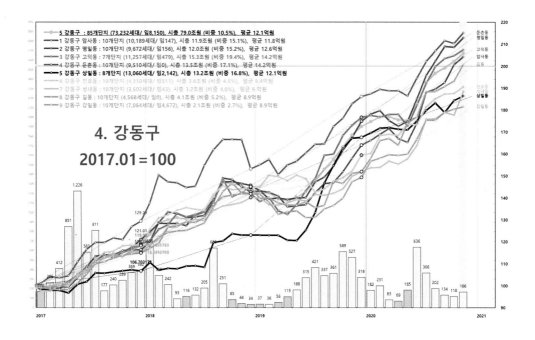

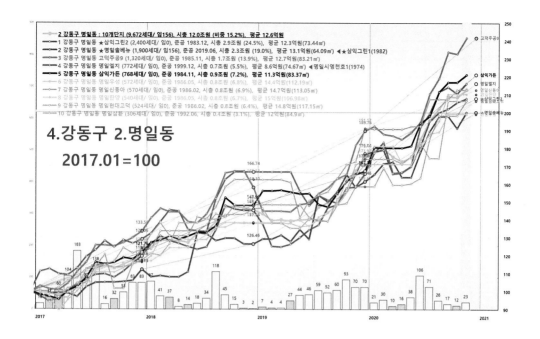

4.강동구 2.명일동

2017.01＝100

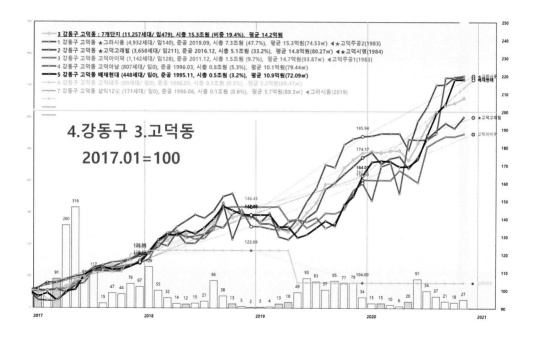

4.강동구 3.고덕동

2017.01＝100

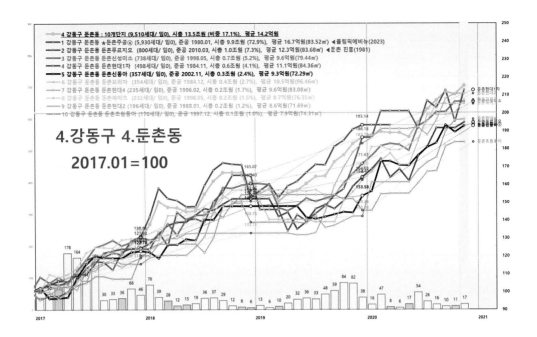

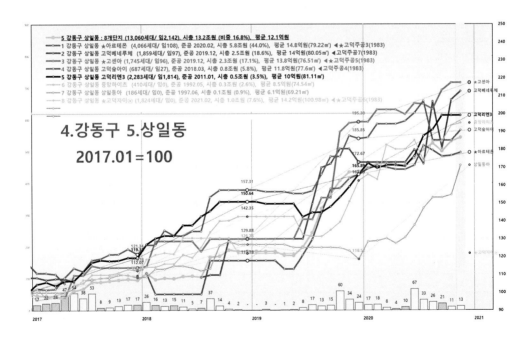

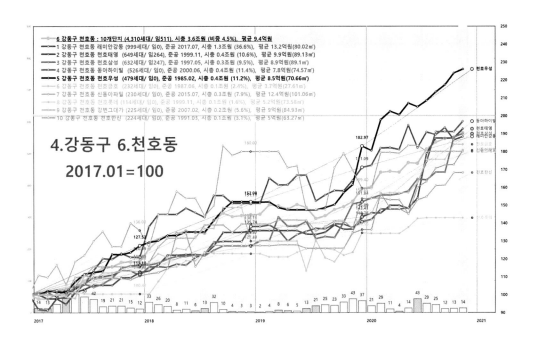

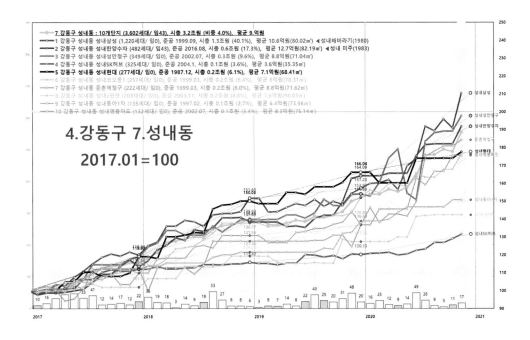

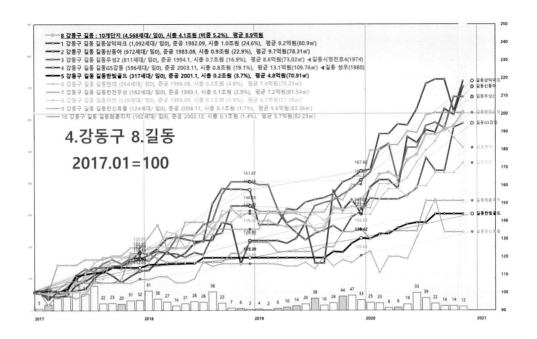

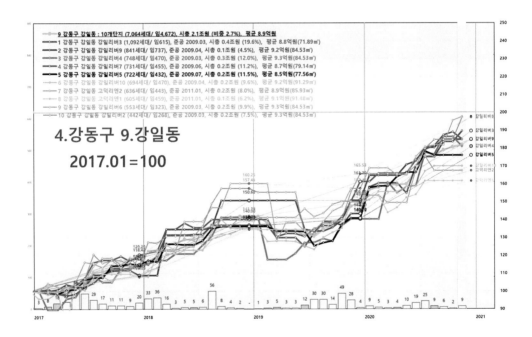